タウト建築論講義

沢 良子 監訳
落合桃子 訳

タウト建築論講義

鹿島出版会

MİMARÎ BİLGİSİ
by BRUNO TAUT
Originally Published in Istanbul,
Güzel Sanatlar Akademisi Nesriyatindan 1938.
Published in Japan
by Kajima Institute Publishing Co., Ltd., 2015

目次

凡例

傍点　原文の強調

（　）　タウトによる記述

［　］　訳者による補記

原註はなく、訳註は章末にまとめた。

図版

岩波書店所蔵

早稲田大学図書館提供

I　建築とは何か

私たちが生きている時代の文化を、人類の歴史の一時代として捉えてみましょう。その際、一般的な哲学的考察や、文化の多彩な表現である絵画・彫刻・工芸、あるいは詩・演劇・音楽・映画などの諸芸術に深入りするのではなく、あるひとつの領域に留まることにしましょう。つまり建築です！

そうすると、私たちの前に、次のようなイメージが浮かんできます。

世界のすべての国々で膨大な数の建築物が建てられています。その数は、私たちに感動を与える建築作品を生み出した、歴史上のいくつもの時代をはるかに上回っているでしょう。現代の建築が成し遂げるべき建築物の数や規模については疑う余地はありません。しかし後世の人々が、現代の建築を賞賛するかどうかは、きわめて疑わしくなります。現代の建築がいつの日か評価されるとしても、どのような点が評価されるのか、私たちにはわかりません。現代人は今日の文明のなかで、自分たちが成し遂げたことを誇らしく思うかもしれませんが、少し考えれば謙虚にならざるを得ないでしょう。あらゆる現代建築で、その美しさゆえに後世に賞賛されるものがひとつでもあるのかどうかは、大きな疑問だからです。

優れた建築家や建築を愛するパトロンが現代には存在しないこと、あるいは人々の関心が欠如していることに、こうした疑問の原因があるのではありません。これらは、すべて十分にそろっているはずです。おそらく、建築美をどこに見いだすべきかについての意見が一致していないのでしょう。さまざまな理論や見解があるなかで、それぞれが自分の主観的な趣味だけに基づいて、まるで食事のメニューを選ぶかのように、あれこれの様式を愛好しているのです。

2

19世紀中頃から、多くの著述家や思想家たちが、建築の基礎を発見しようと試みてきました。[1]こうした人々のなかに、特に優れた建築家がいたことで、私たちがいうところの様式が誕生することになりました。現在から見れば判断基準がまったく統一されておらず、このような試みのすべては無意味であったようにも思われます。しかし、現代を歴史上の一時代として捉えるならば、けっして無駄なものではありませんでした。ヴィオレ・ル・デュク[2]やゴットフリード・ゼンパー[3]が確立した建築の基礎を、ベルラーヘ[4]やペレ[5]と同じように、私たちも引き継いでいかなければなりません。20世紀建築は、こうして徐々に確立されていくのです（図1）。

　このような名前をあげるとき、一連の建築作品が目の前に浮かんできます。これらの建築作品は、設計者の感情の高揚ゆえに賞賛され、その偉大な価値は永遠に続いていくに違いありません。しかしながら、こうした優れた仕事でさえも、ひとつの安定した建築イメージを私たちの時代に提示することはできませんでした。この先どこへ向うべきなのか、美術愛好家も建築家もわからないのです。

　このような建築作品は、その作品に付随する理論と同様に、いわば特有の衣装をまとっています。この衣装こそが、様式といわれるものです。その結果、建築に関する議論も、どのような「時代の様式」が創造されるべきかをめぐって展開されました。たしかにとても重要なことではありますが、これまでの結果を見れば時期尚早であったことがわかります。

　むしろ私たちがしなければならないのは、建築とは何か、という最も単純な問いに立ち返り、まずはこのことをある程度まで明らかにすることです。この問いに対して、ためらうことなく差し当た

図1　国立家具保存館　オーギュスト・ペレ　パリ　1936年

り次のように答えておきましょう。すなわち、

建築はひとつの芸術である、と。

けれども、この建築という芸術はいかなる点で他の芸術と区別されるのでしょうか？　建築芸術を成立せしめる前提条件とは何なのでしょうか？

建築物は技術によって堅固なものとなり、厳しい天候から保護されます。構造によって耐久性が与えられ、自然の猛威をも耐え抜きます。そして機能によって建物を利用することが快適で喜ばしいものになります。

こう考えてみると、技術・構造・機能の三位一体以外には、建築の前提条件は実際には何も存在しないかのように思われます。

しかしもっと深く考えようとするならば、それでは先に進むことができません。建築が本当にひとつの芸術であるならば、技術・構造・機能という単純な概念は、建築の前提条件とはならないはずです。建築は技術・構造・機能に依存するものでもなく、ましてや技術・構造・機能から生まれるものでもありません。

一般的に技術・構造・機能によって、一軒の家が建てられるというのは事実です。だからといって、この家が建築作品であるとはいえません。技術・構造・機能の点では過不足がなくても、まったく建築でないものもあるのです。

つまり、技術・構造・機能は、建築が成立するための、より正確にいえば、建築が成立し得るための補助手段にすぎないということです。しかも、技術・構造・機能は建築独自の補助手段であり、建築だけにあって他の芸術にはみられないものです。その際、「技術・構造・機能」という語は、本来の単純な意味で捉えられなければならず、画家や彫刻家のアトリエで使われるような、芸術的に誇張された意味合いで理解されてはなりません。たとえば、蛇腹装飾が施された鍵・閂［かんぬき］付きの美しい窓は建築的技術の対象ですが、画家の描いた絵とはまったく違うものです。繰形や文様装飾のある天井を支える円柱も建築的構造の一部分ですが、彫刻家の作品ではありません。私たちが出入りし、生活する室内空間は、建築的機能を示しています。これらのことから、技術・構造・機能が、絵画や彫刻とは何の関係もないことは、実に明らかです。

技術・構造・機能という３つの基礎概念を、まずはできるだけ単純に定義し、比喩的な意味とは区別することがとても重要です。これらの基本概念は、実際のいかなる建築物にきわめて厳密に適用されたとしても、決して簡単には混乱を免れることはできないからです。

建築について単純明快に考えることを特にむずかしくしているのが、現代の工業製品です。たとえば、技術・構造・機能によって大量生産されるものは、きわめて美しいことすらあるかもしれませんが、しかしそれらは建築ではありません。抜群の機能性や卓越した技術と構造を持つ精巧に作られた、道具類や機器類も同様です。こうしたものによって大きな美的満足が与えられることがあっても、建築とは何も関係ないのです（図2）。

では、美しい構築物、たとえば大型の橋梁やアンテナ塔、送電塔やこれに類する構築物は、どうでしょうか（図3、4）？　こうした構築物には、建築家もある程度関わることがあります。しかし、そのような場合でも、建築家は、過剰な装飾を取り除いて本来の力を発揮させるよう、つまり、技術者の製品が本来持っているプロポーション[6]「比例、均整、均衡」の力を弱めないよう、技術者に助言するくらいなのです。

ですから、優れた建築家とは、何よりもまず、プロポーションに取り組む人なのかもしれません。そして、プロポーションが建築家を真の建築家た

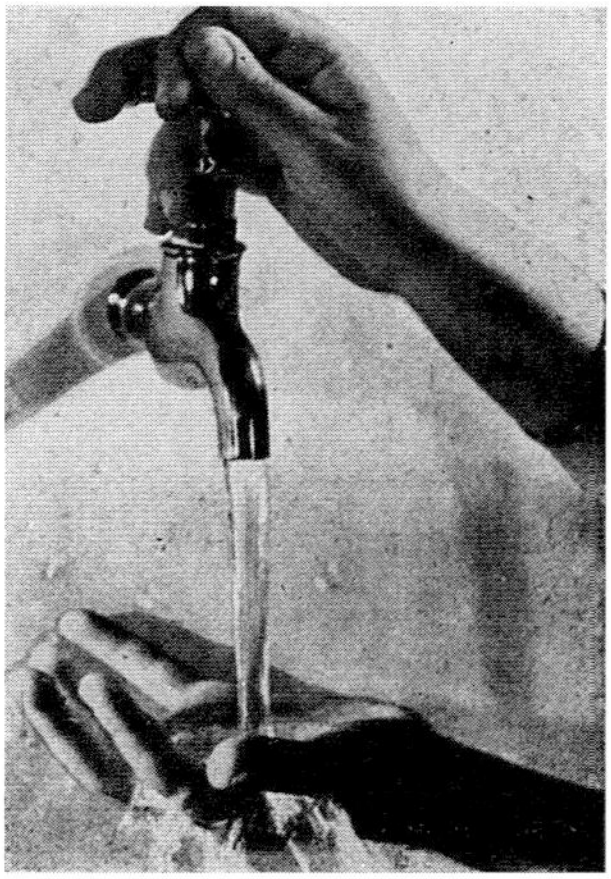

図2　現在の工業製品、蛇口

らしめ、プロポーションによってはじめて、技術・構造・機能は建築芸術の手段になると考えられるのです。これまでに見てきたように、技術・構造・機能は、たしかに建築以外の分野にも大きな影響を及ぼしています。しかし、プロポーションの力でこれらが制御されたところにこそ、建築本来の領域があるのではないでしょうか。(技術者と建築家の仕事の厳密な区別については、後に詳しく検討しなければならない。)

それでは、プロポーションとは何なのでしょうか？　プロポーションは建築にとってなぜ特別なものなのでしょう？——結局のところ、世界の万物は互いに釣合《プロポーション》を保っており、全体と部分、そして部分と部分は、それぞれが決められた関係性で存在しています。それは大変美しいこと

図3　橋　クルト・ヤーン　ヴァルトバードレウナ　1931年

図4　鉄道の駅　ベルリン

も、たいそう醜いこともあります。芸術作品だけではなく自然にも見られますが、自然におけるプロポーションは、美しく感じられる場合がほとんどです。人間同士の関係、すなわち結婚・家族・学校・役所・国家そして外交関係にもプロポーションは見られますが、国家間の関係つまりプロポーションはつねに美しいわけではありません。私たちが知覚しうる世界の包含する万物、すなわち森羅万象は、一定のプロポーションを徹底して示しています。プロポーションのおかげで、私たちは全体と部分とを認識して理解することができるのです。

それにも関わらず、プロポーションという概念は、おもに建築の領域に属するように思われます。今日ある概念があいまいなときには、その概念が日常的にいかに感覚的に使われているかを考察するのが、まずは一番簡単な方法でしょう。そうすると、太古の時代と同じように現在でもあらゆる国々で、建築という概念がきわめて特殊な関係性と意味で比喩的に用いられていることに気づかされます。たとえば詩人・預言者・宗教の開祖・哲学者が使う「世界構造物」という語があります。一語で表現されうる最大の概念、すなわち宇宙を、彼らは建築から借用した一語で表現しました。「世界構築物」、直接的に「宇宙の建築」という場合もあります。こうしたことは、神を「世界建築家」や「天穹の創造主」などと名付けるような壮大な哲学的・宗教的思想の世界だけに見られるのではありません。人間に関するあらゆる現実の事物でより大規模なもの、つまり人間社会の多様な形態を表現する場合も同様です。そこでは国家の「建設」について語られ、あらゆる政治家や政論家などが、自らの演説や公布文書、法律やその他の意見表明で、建築上の専門用語を好んで多用します。国家の「基礎」「土台」「支柱」「先端」といった言い方です。国家体制が優れていることを強調しようとする場合には、国家を「構成する」各部分がよいプロポーションを保っていると、それほど直接的ではないにしても用いられることがあります。同様のことは、その他の社会制度や社会組織に関わるすべての言説に見られるもので、小さな団体の演説者でさえも、建築用語による比喩的表現を用いるほどです。

プロポーションが、美しく調和の取れた秩序や、構成のなかの均整を意味することには、疑問の余地がありません。音楽・詩、とりわけ演劇、そしてダンス・絵画・彫刻といった他の芸術分野で

「建築」という語が用いられるときも、これらのプロポーションだけが念頭に置かれているのです。

画家のアトリエでは「この絵画はよく構成されている」といわれることがあります。しかし、文字どおりの意味で構成されているわけではなく、絵具と筆で描かれているにすぎません。優れた彫刻・詩・演劇・交響曲・憲法・団体規約なども同じで、実際に構成されているわけではなく、彫刻されたり、詩作されたり、作曲されたり、論理的に考案されたりしているのです。こうしたすべてのものは、実際には建築と関係ありませんし、美しい建物もまた、音楽・絵画・彫刻・劇作品・国家体制とは何の関係もありません。美しい建物は響きを持っており、素晴らしい絵のように強烈な印象を持っている、あるいはその建物の構造は卓越した国家の各組織のように美しいなどといわれることがあります。このような表現からわかるように、美的なものに明確な根拠はないのです。この美的感情を何とか表現したいと思い、率直な気持ちから生じた響きの美しい詩的表現を用いるのですが、それによって概念がさらに混乱してしまうのです。「建築は凍れる音楽である」[7]とは、何と無意味な表現でしょう！

概念がこのようにあいまいになってしまったのは、私たちが宇宙や自然にまっすぐ向き合っていないためかもしれません。理性や感情を平静に保つことではなく、感傷的でロマンティックな態度になっています。こうした気分でいると、たしかに自然のなかのすべてを好きなように見聞きすることができるでしょう。しかし自然を本当に愛しているならば、その愛を積極的な行動へと変えていかなければなりません。そうでなければ、よくわからないままに自然を賛美し崇拝し続けるだけで、つまりは感傷的でロマンティックな気分から脱け出すことはできないのです。私たちは何かがほしいとき、「それをどうにかしよう」といいます。このことは、愛が自然にひとつの行為につながること、愛情はそれにふさわしい創造行為へ結晶化されなければ無意味であるということを意味しています。このように、宇宙と自然は、芸術がなければ単なる広大な素材にすぎません。私たちはこの素材を使って芸術的能力を証明していかなければならないのです。自然はあくまでも生の素材であり、芸術ではないのです。

ここで再び、建築の問題にもどりましょう。

プロポーションという語が、建築と特別な関係があることは、本来の一般的な使い方からも明らかです。しかしこの使い方はおそらく間違っており、本来のみずみずしさを失って、今では硬直した言い回しになっているのかもしれません。

それでは、このことを消去法で明らかにしてみましょう。

いったい何が建築ではなく、何を建築は成し得ないのでしょう？

建築は基本的に色彩の効果を求めません。色彩は決して建築の始まりではなく、むしろ終わりにあるのです。建築家は自分の作品を一枚の絵にするために仕事をしているわけでもなく、絵のなかで美しく見せるために仕事をしているわけでもありません。つまり建築は絵画ではないのです。また彫刻でもありません。彫像のような立体的な効果も、最終的に建築に付与されることもありますが、色彩の場合と同じで、建築の始まりではなく終わりにあるものです。絵画的で立体的な効果が、建築に特別なアクセントや独特の魅力を与えることがあります。それは建築家の才能によることもあれば、絵画や彫刻を建築に取り入れようという時代潮流によることもあります。その大規模な例に、ヨーロッパのバロック様式（図5）

図5　ツヴィンガー宮殿　マットウス・ダニエル・ペッペルマン（設計者）、バルサザール・ペルモーザー（彫刻家）　ドレスデン　1709年頃

図6　巨大なパゴーダ　ウデプール　インド

やインドの建築（図6）があります。ただこれは、いわば熟成した芳りであり、ある意味で衰退の徴候ともいえるでしょう。この最も顕著な例を、アテネのアクロポリスにあるエレクテイオンのカリアティード[8]に見ることができます。この古代ギリシャの女性像は、円柱なのでしょうか、それとも彫刻なのでしょうか？　写実的な彫刻様式からすれば、建築の一部ではなく屋外彫刻と言えるでしょう。しかし、この実際の人間のように造形された女性像は、その華奢な頭部で重い石塊を支えなければなりません。これは現実の女性には絶対に耐えられないほどの重さです。

彫像の女性たちにとっても重すぎたために、像と像の間に鉄棒が立てられ、彼女たちの負担が軽減されることになりました（図7）。エレクティオンのカリアティードの例は、かつて存在していた建築と彫刻の結びつきがもはや維持できなくなったことを示しています。ギリシャの古代芸術は、ここで大きく衰退することになりました。自然と芸術の境界は曖昧になり、建築と彫刻の境界も曖昧になったのです。

建築の概念を明らかにするためには、真に古典的な作例、たとえばエレクティオンの正面にあるパルテノン宮殿[9]やプロピュライア[10]を取り上げなければなりません。こうした純粋な古代建築だけが、この問題について判断するための基準となりうるからです。

しかし、ペッペルマン設計のドレスデンのツヴィンガー宮殿[11]や、ウィーンにあるフィッシャー・フォン・エルラッハ設計の宮廷図書館[12]の

図7　カリアティードのエレクティオン
アクロポリス　アテネ　紀元前5世紀ごろ

ように、彫刻と絵画が完全に建築と調和している場合でも、絵画や彫刻はある種の雰囲気的要素を建築に与えているにすぎません。建築は、絵画や彫刻が自立して存在することを、決して認めません。建築は常に支配者であり、絵画と彫刻はこれに仕える僕にすぎないのです。[13] 建築はまさに専制的な独裁者であり、建築とは、プロポーションが一切を支配する抽象芸術なのです。(抽象的なプロポーションと、破風やフリーズ部の個々の彫刻が、見事に調和しているドーリス式神殿の偉大な例はどのように解釈すべきでしょうか。これについてはVII章で取り上げることにしよう。)

バロック建築の美は、多彩な色彩と形態、夥しい数の彫像や装飾にあります。ここから、建築とは色彩・形態による陶酔の世界であり、抽象的プロポーションによる冷静な世界ではないという誤解が生じることになりました。

しかし最近の建築理論はこれとは正反対の立場を取りました。建築とは技術・構造・機能というもっぱら実用的に役立つ「現実的な」前提のもとに生まれると主張したのです。モードのように移り変わる多様な歴史的様式から自由になりたいと思っていた当時は、技術・構造・機能ということばが必要であったのかもしれません。こうした冷めた理論は、まるで陶酔の後の虚脱感のようでした。けれどもこの理論も建築の表面的衣装だけを問題としており、先行する理論に挑んではみたものの、あらゆる論駁者と同様に相手と同じ立場になってしまいました。こうして、この理論自体が酩酊状態になり、今ではもう宿酔が始まっています。人々はこのままではいけないと感じています。こうした状況のなかで、これ以上同じことを続けるべきではありません。新たな陶酔に陥って、現在のソビエト連邦などで見られるような歴史的様式に熱狂してはならないのです。[14]

このような思想や理論の根底にあるのは、建築とは装飾芸術であるという考えです。しかし、文様や彫像で豊かな印象が与えられたり、平らな面で簡素な効果が生まれても何の役にも立ちません。こうしたすべては建築の創造とは無関係なのです。すでに述べたとおり、文様や装飾を排除しても、機械や橋梁は充分に機能します。機械や橋は建築ではありません。船も本来はひとつの大きな機械です（図8、9、10）。イギリスで艦艇設計技師が船舶建築家・艦隊建築家と呼ばれていることからも、この概念がいかに混乱しているかがわかります。

では、このように不思議に見えるプロポーションは、いっ

図8　船—「建築」

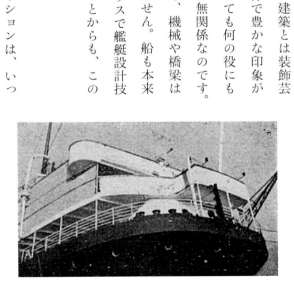

図９　油彩を施した甲板の荒石壁

たいどこに隠れているのでしょう。その隠された片鱗から、プロポーションを見つけ出すことができるにちがいありません。私たちは次のようなやり方で、それを見つけ出しましょう。

現代の私たちの生活は、これまで以上に技術化されていくでしょう。しかし、技術や構造、機能的な精巧さが進歩するとしても、常にあらゆる建築物には利用されないで残る一隅があります。またそうした寸法で建てるべきではなかったということもあり、あと数センチの遊びの余地があればよかった思うこともあるでしょう。こうした余地こそ、好き勝手なやり方に代わって高次の秩序が生まれ、プロポーションが作用し始める決定的な場所なのではないか？　私はそう思うのです。

ひとつの建築物のなかで技術・構造・機能が美しく調和され得ることには、疑いの余地はありません。本当に美しく調和していると、私たちは技術も構造も機能も忘れてしまうのです。こうして私たちは建築と出会い、芸術に出会うのです。建築や芸術は、技術・構造・機能という基本的要素の上位に位置しているからこそ、まさにこれらを制することができたのです。しかしこの建築という芸術には、異なる起源、他の芸術とはちがうもうひとつの故郷があるに違いありません。

では、建築という特別な芸術は、どこで生まれたのでしょう。

自然は、色や形、音、匂いで私たちに語りかけてきます。自然がそうするのは、私たちが目や耳、触覚といった感覚器官を持っているからです。ですから、自然が私たちに語りかけるという表現は、本当は正しくありません。自然そのものは沈黙しており、私たちこそが自然に語らせているのです。最初の段階では、ただ知覚されるだけで、いくらか曖昧な感情が生じるだけですが、より高度な段階になると、知覚したものが形を帯びるようになります。見聞きしたことを色彩・立体・音色・ことばで表現すると

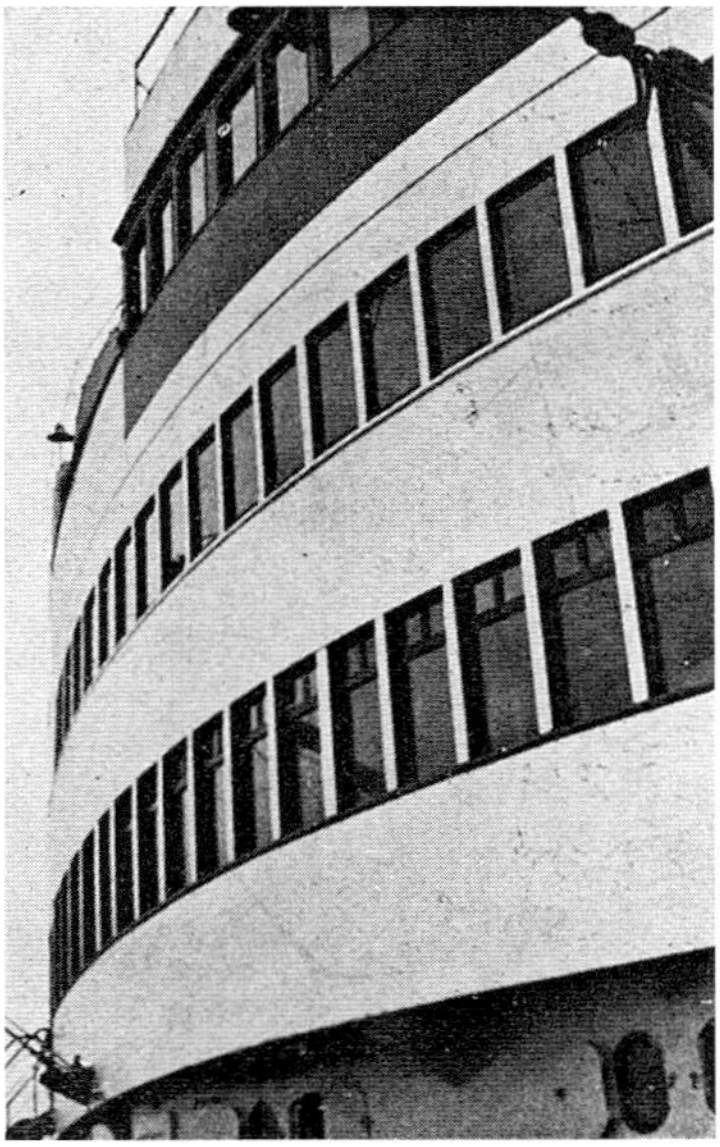

図 10　汽船

き、絵画・彫刻・音楽・詩などが生まれるのです。表現する能力を持たない人にとっても、芸術は必要です。芸術がなければ、人間にとって自然はカオスであり、野蛮で恐怖を呼び起こすもの、悪夢のようであるが悪夢以上に不吉なものなのです。現実世界は、たえず恐ろしい暴力で人間をおびやかし、心の平穏を失わせるからです。一部の人間が芸術を生み出す能力を有することは、有益で不可欠な神の摂理であり、芸術家ではないが芸術を愛する人々の特質もまた、同様に神の摂理なのです。

芸術は自然を映す鏡です。しかし単なる機械的な鏡ではなく、完全に客観的な鏡でもありません。芸術はたしかにひとつの鏡ですが、すでに存在するものを、冷静かつ客観的正確さを持って再現することを目的にはしていません。むしろ、この鏡にははっきりと決められた目的があります。すなわち、人間が自然に適合するための補助手段となることです。自然の印象から呼び起こされる感情は、最初は曖昧なものですが、人間の感覚器官しだいで、はっきりした形を帯びることになります。この形はできるだけ多くの連想につながらなければなりませんが、形が単純であればあるほど、それが可能となるのです。「シンボル」という語は、そうした形につけられた名前のひとつなのです。

このような形は人間の感覚器官に応じて異なった特質を帯びて、構成された音楽・ことば・色彩・素描・彫刻などになります。このようにして多様な芸術作品が誕生するのです。

こうしたさまざまな芸術は、形式上は完全に区別されるわけではありません。たとえば、ことばと音声、色彩と彫像は完全に切り離すことはできません。しかしこのような芸術は原則として人間の感覚器官に従って分類され、耳や目の発達に応じて創造され、洗練されていきます。

当然のことながら、あらゆる芸術が生み出した形態は、それぞれのプロポーションを具えています。しかし前述のように、均整の取れた美しい構造が話題になるとき、すでに一般的な用語法が示すように建築が引合いに出されるのです。

私たちは絵画や彫刻、その他の芸術作品を好みますが、芸術ではないものも愛好しています。しかし、愛好するものの質が高ければ高いほど、次のようなことにも敏感になるでしょう。これらのものは相互に、また周囲の環境と正しい関係にあるだろうか、プロポーションはとれているのだろうか、と。こうして人間は、目・耳・嗅覚などの感覚器官以外に、もうひとつの特別な感覚を持つようになるのです。これは、空間や関係のなかの秩序に反応して、しかも能動的かつ創造的に働きます。

この特殊な器官は、大きさ・寸法・分割を知覚するもので、この器官によってはじめて、ある居間や部屋またはホールの床・壁・天井を一体のものとして認識できるようになるのです。ドイツの理論家たちは、ここから「空間」という抽象概念を生み出しました。しかし空間は空虚な抽象概念という数学的思考の産物にすぎず、決して芸術の所産ではありません。芸術において問題となるのは、感覚が知覚できる具体的な形だけです。芸術にとって「空間」は実体のない無なのですが、床・壁・天井などの外観が相互によい関係にある部屋やホールは、私たちの関心を引くのです。ひとつの空間を構成する各部分に美しい関係を与えたいのであれば、言うまでもなく何よりも自然が示唆を与えてくれます——自然の美しい編成は、天空に向かって無限のヴァリエーションで区分されています（図11）。このような自然の編成に対面したときに、寸法やプロポーションを知覚したことが刺激となってある感情が生じます。この点から、人間がプロポーションに対する特別な感覚を持っていることは、まぎれもない事実といえます。

プロポーションに対する感覚は、まずは自然によって育てられます。プロポーションの感覚は感じたことを特別な芸術、つまり建築へと変化させるのです。プロポーションの感覚はバランス感覚とよく似ています。サイズが調和して美しい安定感を与えるときには、バランス感覚と同一の場合もあるのかもしれません。しかし、バランス感覚は、物理的・機械的現象と密接に関係するものですから、プロポーションの感覚と混同されるべきではありません。

しかし建築は、プロポーションの感覚から生まれるのです。それ以外の何物でもなく、プロポーションの感覚だけが建築に反応するのです。

プロポーション！——このことばは、色・形・音・匂い・味覚・触覚・皮膚感覚などと比べると、

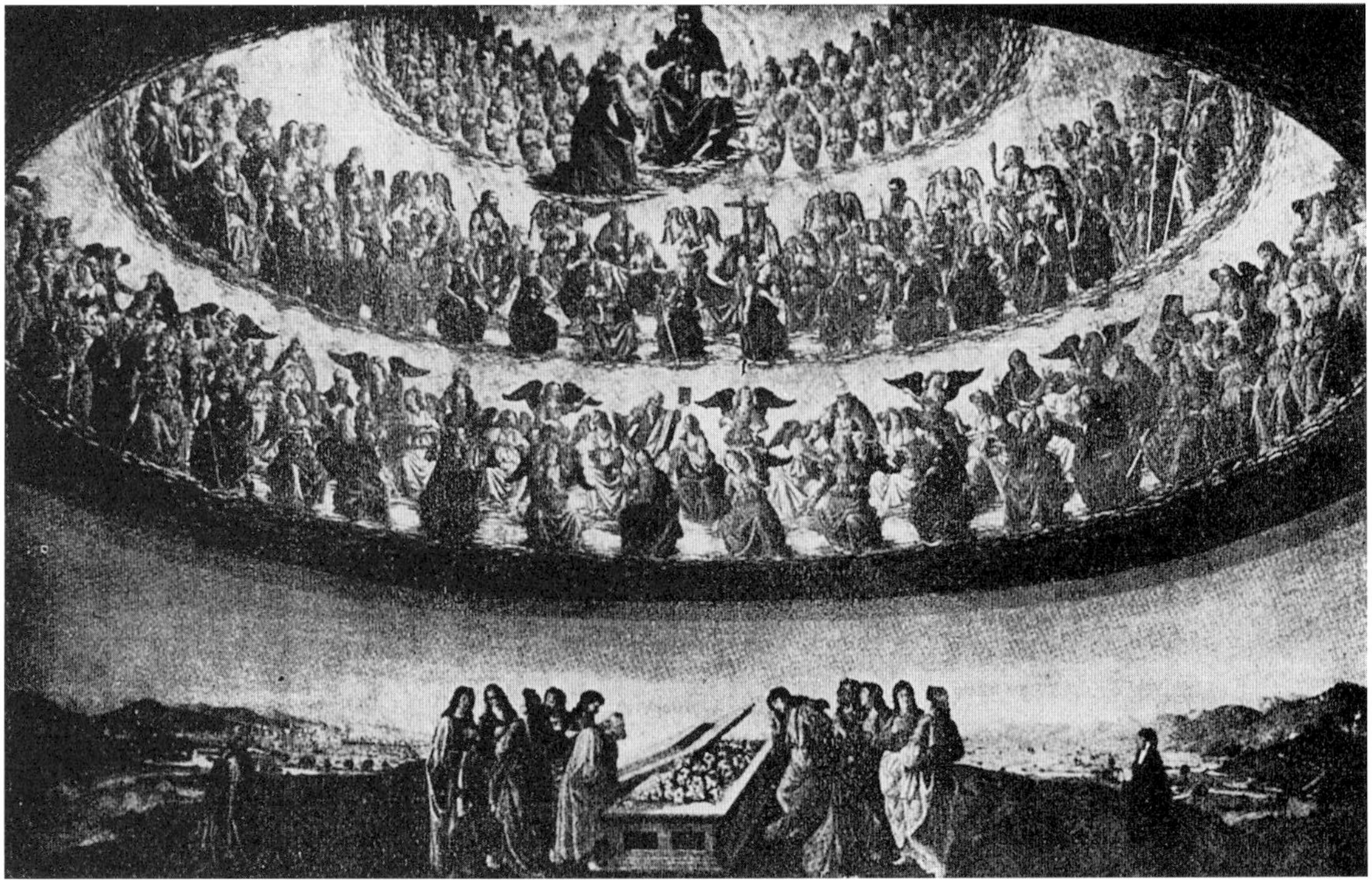

図11　マリアの昇天「天のドーム」　フランチェスコ・ボッティチーニ　ロンドンナショナルギャラリー
［タウトは手稿のなかでヴァザーリの間違いのまま、サンドロ・ボッテイィチェリと記している］

きわめて冷たく客観的な感じがします。それゆえにまた建築も、冷静で簡素な芸術のように思われるかもしれません。しかし、それは本当でしょうか。またそうあるべきなのでしょうか。これについては、後ほど考察することにしましょう。

建築とは何か？　という一般的な問いに対して、差しあたりひとつの答えしかありません。つまり、

建築とはプロポーションの芸術なのです。

訳註

1　ウィーン学派やバーゼル学派など美術史の学派によって、現在の「様式」が体系化されたといわれる。

2　ヴィオレ・ル・デュク（Eugene Emmanuel Viollet-le-Duc, 1814–1879）、フランスの建築家。パリ・ノートルダム寺院をはじめ、19世紀半ばにおこなわれた中世建築の修復を多数手がけた。19世紀の様式模写傾向を支持するとともに、構造の合理性が必要であるとも主張し、“Entretiens sur l'architecture”（1863–1872）（『建築講話』飯田喜四郎訳、中央公論美術出版社　１９８６年）などの著作を通して大きな影響を与えた。

3　ゴットフリート・ゼンパー（Gottfried Semper, 1803–1879）、ドイツの建築家。ドレスデンの「ゼンパー・オーパー」（1842）など、19世紀の歴史様式主義を代表する作品を設計するほか、建築における色彩の利用を推奨した。

4　ヘンドリック・P・ベルラーヘ（Hendrick Petrus Berlage, 1856–1934）、オランダの建築家。19世紀の歴史様式主義、折衷主義に反発し、アムステルダムの「株式取引所」（1903）に代表される材料の即物性を強調する設計をおこなった。

5　オーギュスト・ペレ（Auguste Perret, 1874–1954）、フランスの建築家。19世紀末からコンクリートの建築を設計し、「フランクリン通りのアパート」（1903）の設計によって、鉄筋コンクリート構造の先駆的作品を残した。また、ネオ・ゴシックと新古典主義に代表されるフランス合理主義の伝統が、鉄筋コンクリート構造による新しい形態として示された。

6　Proportion はⅡ章で示されているようにラテン語の pro-portio「対する分割」の意であり、タウトの建築観において重要な意味を持つ概念である。各章での使い方も広義にわたるため、本書ではあえて訳出せず「プロポーション」のままにしている。詳しくは「解題」３５４頁参照。

7　「凍れる音楽」は、日本では、明治時代にアーネスト・フェノロサが奈良・薬師寺の東塔を訪れた際に評したことばとして知られているが、近年では建築史家・黒田鵬心による表現とする説もある。本来は、ドイツの哲学者フリードリヒ・シュレーゲル（Karl Wilhelm Friedrich von Schlegel, 1772–1829）、シェリング（Friedrich Wilhelm Joseph von Schelling, 1775–1854）、ゲーテ（Johan Wolfgang von Goethe, 1749–1832）などに由来するといわれるが、表現がそれぞれにわずかに異なるため特定されていない。

8 エレクティオンは、紀元前5世紀末に建造されたイオニア式を代表するギリシア神殿。かつてはアテナ女神像が安置されていた。カリアティードは6体の少女の姿の柱像。

9 パルテノン神殿（438 B.C.–431 B.C.）はドーリス式を代表するギリシア神殿。アテネの守護神アテナを祀るための神殿で、1987年に世界遺産となった。

10 プロピュライアは、アクロポリスの入口に設置された門となる建物。

11 ツヴィンガー宮殿（図5）は、ドイツの建築家ダニエル・ペッペルマン（Daniel Pöppelmann, 1662–1736）、によって1709年頃に造営された。現在、ドレスデン美術館のひとつ「アルテ・マイスター絵画館」として利用されている。

12 宮廷図書館（Bibliothek, 1723）は、バロック建築の巨匠といわれるウィーンの宮廷建築家親子ヨハン・ベルンハルト＆ヨーゼフ・エマヌエル・フィッシャー・フォン・エルラッハ（Fischer von Erlach, 1656–1723）の設計による。設計者である父ヨハンの死後、息子ヨーゼフによって完成された。

13 「建築は専制的な独裁者である」というタウトの考え方については、本書「解題」356頁参照。

14 タウトが本稿を記した1930年代の後半には、1917年のロシア革命以降のロシア構成主義の建築に代表される前衛的な動きに対して、スターリニズムによる反動的な粛清がおこなわれ、建築は国家体制を体現する巨大さをともなった歴史主義に移行していた。

II プロポーション

ラテン語の pro-portio は、文字どおりには「――のための分割」という意味ですが、いったい何のための分割なのでしょうか。言うまでもなく、最も良い効果のための分割です。

全体が調和的に分割されているとき、私たちは美しいプロポーションだといいます。ですから、英語のプロポーションには「比例」［割合］だけでなく、「均整」［バランス、均衡］という意味もあり、これはフランス語でもドイツ語でも同じです。建築の分野では当然、美しい分割や量的調和、つまり均・整の意味で用いられなければなりません。

建築においてプロポーションがどのような効果を持つのかを検討する前に、次のことを明らかにしておきましょう。建築家たちは、どのような作業プロセスでプロポーションを生み出すのでしょう。現代の建築家は、いつどのようにしてプロポーションを創造するのでしょう。むろんこれは建築家個々の資質によるところが大きく、性格や生活習慣、さまざまな生活条件によって異なります。まずは私自身のやり方を例として取り上げるのが一番良いと思います。しかも、最も責任ある立場にあった頃に、ベルリンの集合住宅、巨大なジードルンク建設に取り組んでいたときのことです。[1] それは次のような手順で進められました。

はじめに、さまざまな交渉がおこなわれます。ジードルンクを建設する意義はあるのか、住民がアクセスしやすいか、建設地域には道路や送電線、整地などの点で問題はないか、建設費を少しでも軽減できないか、家賃は高すぎないか、などが話し合われます。現場へ赴き、時には何度も視察して、新たな検討を重ねます。そして最終的に計画が完成し、家屋・住宅のおおよその種類や面積、戸数が決定すると、建築家は配置計画を検討し、物件の方角や景観上の配置など、建築全体に影響を与えるあらゆる条件を純粋に合理的に考察して下図を描きます。これはあくまでも草案で、科学的な考察を紙上に表したものにすぎず、まだ建築とは関係がありません。その後、邪魔が入らない夜が一番良いのですが、まずは図面は描かずに気持ちを集中させます。図面を描いてはいけません。完成が急がれたとしても、待たなければならないときもあり、待つ力が必要になることもあります。草案にすぎなかったものに生命が吹き込まれるまで、考えるのをやめて、ただ感じられるようになるまで待たなければなりません。これまでにさまざまな過去の類似する建物について考えてきました。今や、特別な前提条件が新しい生命のように立ち現れ、「着想」と呼ばれるものが漠然と感情のなかに生まれてくるのです。感情はフィルターのようなもので、新たな課題に必要な経験や知識だけは漏らしません。そうすると、手がほとんど自ら無意識に図を描き始めます。思考は停止しています。しかし手が抽象的な線を紙に描き出し、道路や区画、住宅を配置します。このようにして全体が調和的に分割されて、最初の図が作成されるのです。

ジードルンク内部の住居やその細部でも、その過程はまったく同じです。住宅の型それぞれの平面図はすでに完成しており、事務所で住宅図面を作図します。全体はできるだけ価格を抑えるべきですから、ドア、窓、階段、雨樋、屋根など個々の部分は規格化されます。また、できるだけ使い勝手の良いものでなくてはなりません。平面図や細部についても長時間にわたる話し合いを事務所で幾度もおこない、自宅でも落ちついた時間に可能な限り推敲を重ねて、サイズや断面などができるだけ実用的で美しくなるようにしました。これだけのことをして初めて、事務所で住宅図面を製図することになります。たしかに、住宅は簡素でなければなりません。しかし事務所で仕上げられる図面は、技術上は十分に検討されているものの、無味乾燥なものです。このような図面は、建築科や工科大学を卒業した十分な能力や知識のある人によって手際よく書かれています。それにもかかわらず、こうした図面が無味乾燥だというのは、きわめて危険です。この住宅が何度も繰り返し、時に数百戸も建てられるようなことになれば、その危険性はますます大きくなります。この図面を自宅に持ち帰るのは重荷に感じられます。机の上に図面を置いて、何日間もそのままにして、繰り返し眺めては、実用的にも技術的にも大丈夫で何の問題もないように推敲します。最後にはどこかを5センチあるいは10センチ上下左右にずらすといった「些細なこと」では何も変わらない、実用的にも技術的にも問題がないと感じるようになっていきます。そうしてついに、夜に新たな仕事をおこなうことになり、図面の上にトレーシングペーパーをおいて製図します。手は思考から自由なのです。

最初の段階で配置計画に与えられる優れたプロポーションは、ジードルンクが建設されてしまえば、実際に目で見ることはできません。しかし、ここに住んでここを散歩する人々は、構成された全体の調和を無意識のうちに感じ取るでしょう。

ところが夜の仕事の別の成果は、じかに見て取ることができます。窓やドアが住宅の壁に美しくはめ込まれていることが賞賛されたり、建物の美しさが褒められたりします。そのとき建築家は、夜におこなった作業については語りません。しかし、どのような時間を経てこの住宅がこうした美しさへと辿り着いたのかを、彼は知っているのです。

これまでの話は、夜に仕事をおこなうという個人的な仕事のやり方を強調したいためではありません。どのようにしてそのような成果に到達したかということは、差し当たりそれほど問題ではありません。重要なことは、ここから生じた次のような結論です。設計や工事のあらゆる点が実用面・技術面で卓越しており、外観も立派ならば、よほど批判的な人でない限り、満足するでしょう。しかし、建築をプロポーションの芸術と考えるならば、これでは不十分なのです。ここでいう芸術とは、きわめて繊細な人間の感覚を満たさなければならないような芸術であり、音楽や詩などと同じ高次の芸術です。堅牢で外見も立派な建物を、そうした芸術へと高めるためには、さらに何かが必要になるのです。これは定義が難しく、ただ研ぎ澄まされた感覚だけが生み出し得るものです。

建築家の「芸術的な」仕事がときおり話題になりますが、そのような場合、新しい建物の図をすらすらと巧みに描くことができるような器用な手のことが考えられているのがふつうです。一般的かつ理論的に考えれば、それは建築家の手ではなく、版画家や画家の手であり、たまたまそのテーマが建築物であったにすぎません。そのような手は、はじめから自由ですが、建築家の手は、思考すなわち理性から離れて初めて自由になります。まず思考によって、実用面のあらゆる前提条件が整理されなければなりません。しかし、実際にはすでに感情も関与しているのです。

前に述べたジードルンク設計の過程は、もちろん一例にすぎません。しかし、ジードルンク計画のために行われたことは、建築家のあらゆる仕事に根本的に当てはまります。

竣工した建築作品が完璧なプロポーションを持つためには、そのための土台が初めから必要になります。つまりプロポーションは、作業プロセスのある時点で初めて芸術的要求として立ち現れるわけではないのです。建築は、建築資材とそれに適った技術や構造から成り立ちます。つまり、建築資材を選択して取扱うときから、すでにプロポーションが問題になっているのです。機能においてはなおさらのことです。建物は目的に適っていなければなりませんが、建物の単なる有用さ以上のものが、建築家には期待されています。新しい建物が、ただ単に使用できるだけでなく、より美しく快適な生活を可能にすることも求められています。建築家は一般的に、図面などを描く前の建物の計画段階からプロポーションの問題に取り組んでいます。依頼主や専門家から提示された計画を検討して、指定された部屋数や大きさが、新しい建物の機能に対して正しいプロポーションとなっているかどうか、考察しなければなりません。より良い建物にするためには、それまでの計画を根本から見直さなければならないということも起こりうるのです。

しかし、計画に先立ってきわめて冷静な検討や議論が行なわれる折に、施工費が確定される場合には、早くもプロポーションが問題になることがあります。新しい建築物の基礎計画は調和的か、つまりバランスが取れているかどうかを、決定された建築費用がすでに示しているからです。それは多すぎてもいけないし、少なすぎても問題です。簡素で日常的な用途の建築物を金に糸目をつけないで豪華にしてもバランスが取れないし、逆に資金が十分にない場合も、バランスが取れていません。こうした場合に適切に判断するには、むろん実際の経験が物をいいます。しかし、そうした経験は、調和への感覚によって支えられているのです。真に優れた建築家であれば、あらゆる問題、建物内のあらゆる細部においても、プロポーションに対する感覚を、最高の義務として持たなければなりません。たしかに、勝手な希望をすべて受け入れ、調和やプロポーションを欠く依頼を断ることができないのは、たとえ生計を立てるためであっても、当然良い兆候ではありません。すでにこの時点で、何人もの偉大な建築家の人生に起こった悲劇は始まっているのです。

さまざまな建築物に関する多くの経験から、現在ではひとつの学問が成立しています。そして、無数の書籍や表のなかに、標準寸法や規格、施工規則が明記されています。すべての分野の専門家であることはだれにもできないので、もちろん建築家も、ある特定の建築ジャンルで培った経験に頼ることになります。しかし、それにも関わらず、偏見を持たないアマチュアのように、建築家は経験を扱わなければなりません。そのとき、プロポーションが建築家を助けてくれるのです。いかに厳密であっても、学問上の成果にはきわめて多様な適用可能性があることを、プロポーションが教えてくれるのです。仮に、きわめて特殊な目的で建てられた建物のために、ある学問的な成果が直接適用されたとしても、プロポーションに対する感覚が決定しなければならない部分は、常に残されているものです。しかも人間は、すでに存在するものをそのままコピーしたいとは決して思いません。誰もが創造への欲求を持ち、新しいものをより良くしたいと思っているのです。

ですから現実には、つねに何らかの余地が残されています。そうした余地の大きさは問題ではありません。どのような場合でも、本来プロポーションが生じる場所は、こうした余地のなかにあるのです。

建築作品の最初の配置計画や前提条件にプロポーションが適用されなければならないならば、同じことはあらゆるエンジニアの仕事にも言えるのではないでしょうか。すでに触れたように、機械や工具、器具の類いには、大変美しいものもあります。そこでここでは、いったいどの程度、建築作品とそれらが異なっているのか、そもそも違いが存在するのかを検討することが必要になります。

初めに、機械や器具類に含まれるものをすべて建築から排除してみましょう。主に配管設備や金属類、モーター類や暖房設備などであり、これらはすべてエンジニアの仕事に属します。こうした他分野の建築技術に関しては、後に詳しく考察します。

差しあたり考えなければならないのは、ときに大変美しいがゆえに、建築と同じく、機械にもプロポーションが必要ではないか、という問題です。

これについては、次のように答えることができます。事実、機械においてプロポーションは重要な役割を果たしており、基本的に建築の場合と同じです。機械においても、プロポーションが機能する余地があります。機械の製造者でさえ、抽象的で数学的な厳密さですべての寸法を算出できるわけではありません。新たな問題が生じると、数学的計算に隠された未知の事柄や仮説が明らかになります。さらに、鋼や銅などさまざまな合金には、それぞれの秘密があります。その素材が疲労して、最終的にはどの地点で破損するのかについてはまったくわかりません。最も複雑な現象は、化学的結合にみられます。ここでは絶対的で完全な厳密さゆえにすべてを理解することはできず、感情さえも排除されてしまいます。しかし、感情の作用する方向が建築とはまったく異なっています。機械製造者の感情は建築家とはまったく異なったものなのです。機械製造者は、材質の構造上の変化による危険性を防ぐためには、どのくらいの強度が必要かと考えます。最良の製造工程においてさえ、完全な同一構造を生み出すことは絶対にできないからです。機械製造者の感情は知性に従わなければなりません。材質を検査する機械がありますが、これは合理的な補助手段です。要するに、こうした仕事においては、感覚的な直感であっても、絶対に科学的な立場に立たなければなりません。建築家のプロポーションに対する感覚は、機械製造者の立場からすると、まったく不完全にみえるかもしれません。数センチなど問題ではないという考えでは、エンジニアは作業を進められないでしょう。しかし建築家にとって、これは個人的な意見ではなくひとつの事実なのです。これについては、後に詳しく見ていくことにしましょう。

機械の美しさを愛でることは、知性による思考の喜びにも似ています。知性の論理は強い力を持ち、その表現はきわめて明快です。これは機械そのもの、たとえばモーターの内部構造やシリンダーなどに当てはまります。一方、機械の外部、発電機やモーターの外側のデザインは、そうした真に論理的な傾向からは、ほぼ完全に切り離されています。これらは知性とは関係がなく、ある意味では「美術工芸品」といえるかもしれません。エンジニアの知的な感情が、外側のデザインに深く関与したことで、数々の優れた形態が生まれたのです。このような形態が通常の工芸品より優れているのはなぜでしょうか。それはエンジニアがアトリエの芸術家ではないからです。エンジニアは、芸術家のような高い野心を抱いてはいません。彼は機械の外側にも、その内部にある機械本体を創造した精神を体現したいと考えています。このようなエンジニアは芸術作品、少なくとも工芸家や画家のアトリエにあるような芸術作品を作りたいわけではないのです。ただ単純に物自体に語らせたいと考えていて、芸術家のような個人的野心に煩わされることがありません。機械の外装や器具の形を製造過程で生み出してきたあらゆる人々のこうした謙虚さから、実際に模範的な美がたびたび誕生しました。それは客観性ゆえに、皆を喜ばすことのできる普遍的なもので、そのなかにまさに、現代の「古典」を見出すことができるでしょう。工芸がこのような製品に、現代的な制作全体のための新たな原点を見出したとしても、不思議なことではありません。機械の外装や道具類、その他の工業器具から多大な影響を受けている優れた工芸品の例が、実際に見られます（図12）。ヴァイマールとデッサウのバウハウス[2]の理論は、当時この事実の上に成り立っていたのです。

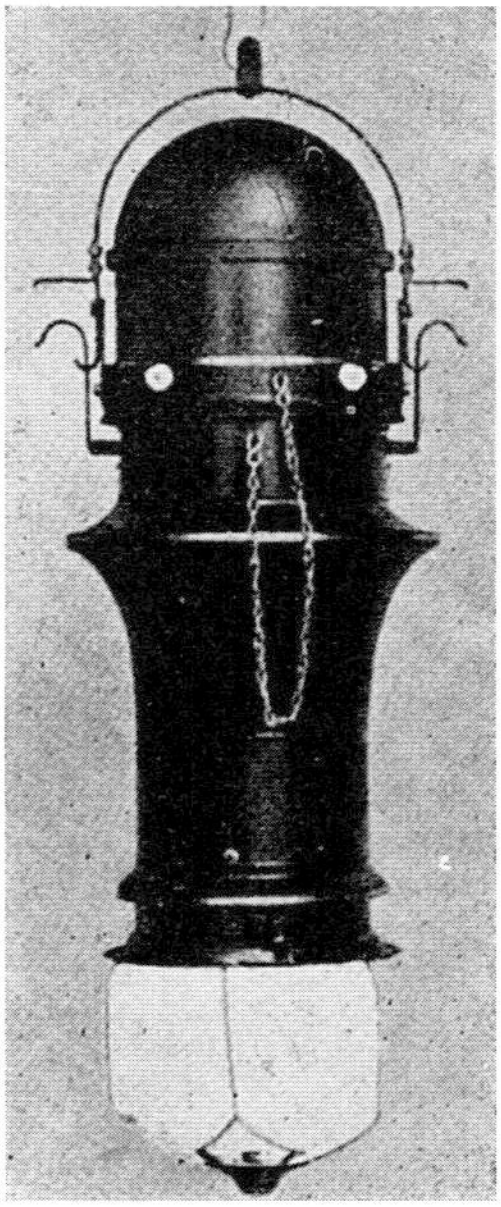

図12　ランプ
ペーター・ベーレンス
1912年

しかし、完全にエンジニアの領域だと思われていた分野においても、健全な精神の堕落を感じさせる数多くの現象が認められます。ここでは正しい思想が、事の本質とはまったく関係のない、異質な関心からの影響によって歪められています。それは商業からの悪影響です。さまざまな製品の純粋な基本形が生み出されると、工場は早くもそこから流行を仕立て上げ、意図的にエレガントに、またスマートに変形させて、最新のものをマーケットに提供しようとします。一度生み出された優れた形態が維持されるならば、品質を改善する必要はありません。そうではなく、流行の視点から理由もなく形態が変更を余儀なくされ、それまでに高められた品質が悪化することがあります。宣伝やライバル企業を出し抜くことを主眼とする商業的な観点からは、至極当然なことともいえます。しかし一般的に、流行は何をもたらすのでしょうか。流行は季節ごとに変わらなければならず、モードデザイナーは、望むと望まざるとにかかわらず、人目を引くものを制作せざるを得ないため、論理的には本質的なものに即して創造することができないのです。商人的に言うならば、モードデザイナーは自分のお金で生活しているのではなく、借金をしているということになります。遠く離れた地域や時代から奇妙なものを再発見するほどに、注目を集めて成功を収めるのです。こうしたことは、家具や照明器具、ドアノブ（図13）などに見られますが、ここでは美しい形態が奇妙に歪められています。このような分野では、いわば現代的機能の原理から、現代人は脱し切れていません。合理的なものを誇張しておかしな方向へ行くのはそのためです。それは１８８０－９０年代の古典様式よりも醜いものです。[3] 機械の外見のデザインが偽科学的であることを示す極端な例として、自動車のエンジンが挙げられます。かつては流線型が大流行し、普通の乗用車やタクシーも流線型となり、まるで時速100キロ以上で走り出すかのようでした。冷却装置のノズルも流線型に合わせて先の細いものになりました。ほんの数年前まで、現代人はこのような先細のノズルは無意味であると考えていました。実際のノズルの機能とまったく矛盾していたからです。エンジン前方に取り付けられる小さなプロペラは、空気を円滑に吸入しなければなりませんが、先の尖ったノズルではこの機能が阻害されることになります。

このような自動車の流線型とその悪しき影響に加えて、もうひとつの要因があります。かつて建築に悪影響を及ぼし、今なおいくらか影響を及ぼしているものです。つまり、機械的なものと有機的なものが混同されていることです。

私たち建築家自身もこのことを助長したのかもしれません。新しい住宅や都市は「有機的」であるべきだと言い過ぎたからです。しかしそれはあくまでも比喩的な表現であり、最初はウィットに富んだたとえに過ぎませんでした。やがてそれは比較のために用いら

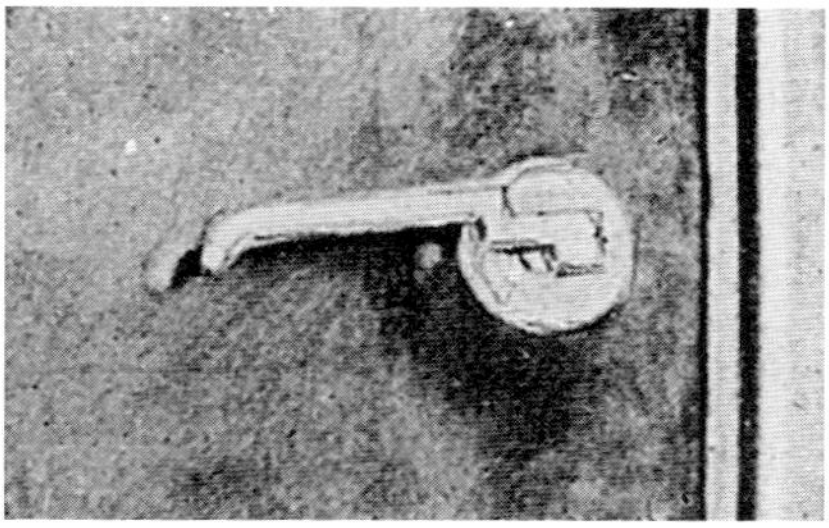

図13　ドアノブ

れ、ついには硬直した用語、スローガンになってしまいました。有機的なのは生物だけです。建築物は厳密には有機体でなく、有機的なものとは一切関係がありません。

輸送機の機械的な動きも、生物の有機性とはまったく関係がありません。輸送機のメカニズムは、エンジンで海上を航行し、タイヤで陸上を走行し、空を飛行するような、ある種の静力学です。自動車、船舶、機関車のいずれにおいても、まず静止状態から運転が始まります。これは飛行機でも同じです。高速走行するために、静止状態の機械には計算と実験に基づく一定の形が与えられ、水と空気の摩擦や抵抗を極力減らしました。最初のうちは部分が付加されるだけでしたが、後には形態全体にも影響を与えるようになり、飛行機や自動車、機関車などの型ができあがったのです。船舶も同じです（図14）。（しかし船舶の形は、飛行機や自動車、超高速機関車ほ

図14　現代の船舶、計画

どに絶えず変化しているわけではない。）

しかしそれでも、これらが有機体になることはありません。鳥や魚を一生懸命に観察してその有機的構造を引き出したとしても、これらが有機的生物、鳥や魚になることは決してないのです。

高速輸送機のメカニズムは、事実、自然現象の観察が大きなきっかけとなっていることから、様式的にはある種の自然主義といえます。ただし、画家のいう芸術的な自然主義ではなく、これらを開発したエンジニアの知性に基づく合理的な自然主義なのです。

このようなエンジニアの自然主義は、技術の本質に則した純粋なものです。しかし工芸家や建築家が、輸送機の形状から示唆を得て、これを手本に模倣しようなどと考えるならば、アトリエの自然主義に陥り、その芸術は衰退して自滅していくでしょう。自然に直接の芸術形式を見出した1910年頃と同じ状況です。「自然の芸術形式」[4]ということば自体がすでに矛盾し、まったく間違っています。プロポーションはこの当時すでに、生命を失っていました。今日では輸送機を介して間接的に工芸や建築に影響を与えており、いわば間接的な自然主義になっています（図15）。そのために現在では、プロポーションがますます脆弱で貧弱な存在になってしまったように思われるのです。

図15　家具か。いや、現代の建築だ

　このように考えるならば、科学と技術が芸術にたえず影響を与え、その逆に芸術も科学と技術に影響を与えているということは、当然否定されるべきではありません。様式に対する一般的な感覚は、知性と感情の優れた相互関係の上に生じます。ですから人間の活動すべては、ひとつの共通の基盤を見出そうとして、常に普遍性を求めるのです。１９００－１０年当時、自然を直接の裏付けとするならば、芸術は科学と同一であると考えられていました。こうした方向性が正しいことは、東方の偉大な古き文化、とりわけ日本文化によって証明されると考えられていました。数世紀前に制作された日本の芸術作品は、自然との大きな親近性に基づいているように思われたからです。しかし少なくともヨーロッパの芸術家が学んだり決して考えないような哲学的基盤の上に、そのような日本の文化様式は成り立っているのです。日本の造形物の表層にすがってみても、足場を固めることができず、そこから滑り落ちてしまうのです。

　しかし現在でもなお、同じ過ちが繰り返されています。輸送機の形はあるひとつの源泉に由来していますが、建築が同じ源泉から何かを生み出すことはけっしてありません。自然のダイナミックな現象を合理的に研究することは、交通車両の構造にとってはエンジニアを元気づける透明な水のようですが、建築家にとっては、死をもたらす毒薬でもあるのです。

つい最近まで「建築のダイナミズム」というキャッチフレーズがありました。これは広く使われるほど、いっそう無意味になっていきました。

その結果として、建築装飾に曲線が見られるようになりました。現代人は道路沿いの家々をもはや落ち着いて眺めることはなく、疾走する車から一瞥するだけだからと、その理由付けがなされたことがあります。しかしこの線は、いったいどの方向に流れ、そして離れていくべきなのでしょうか。こうしてプロポーションに関連するすべてのもの、そのわずかな部分さえも消え失せてしまい、プロポーションの芸術ではなくなってしまうのです（図16）。これは建築の決定的な死といえるでしょう。

建築内部に見られる曲線には、流動性、つまり美しく軽やかな線の戯れがあるという人もいるかもしれません。しかしここで考えているのは、それ自体で完結した曲線であり、曲線自体は静止しているのです。そうした静止状態は、ダイナミズムとは正反対の、反ダイナミズムといえるのです。

しかし、静止状態の建築においてこそ、プロポーションの動きが生き始めます。プロポーションの力はここで、人間の感情、すなわち満足を求める特殊な感覚に影響を及ぼすようになるのです。

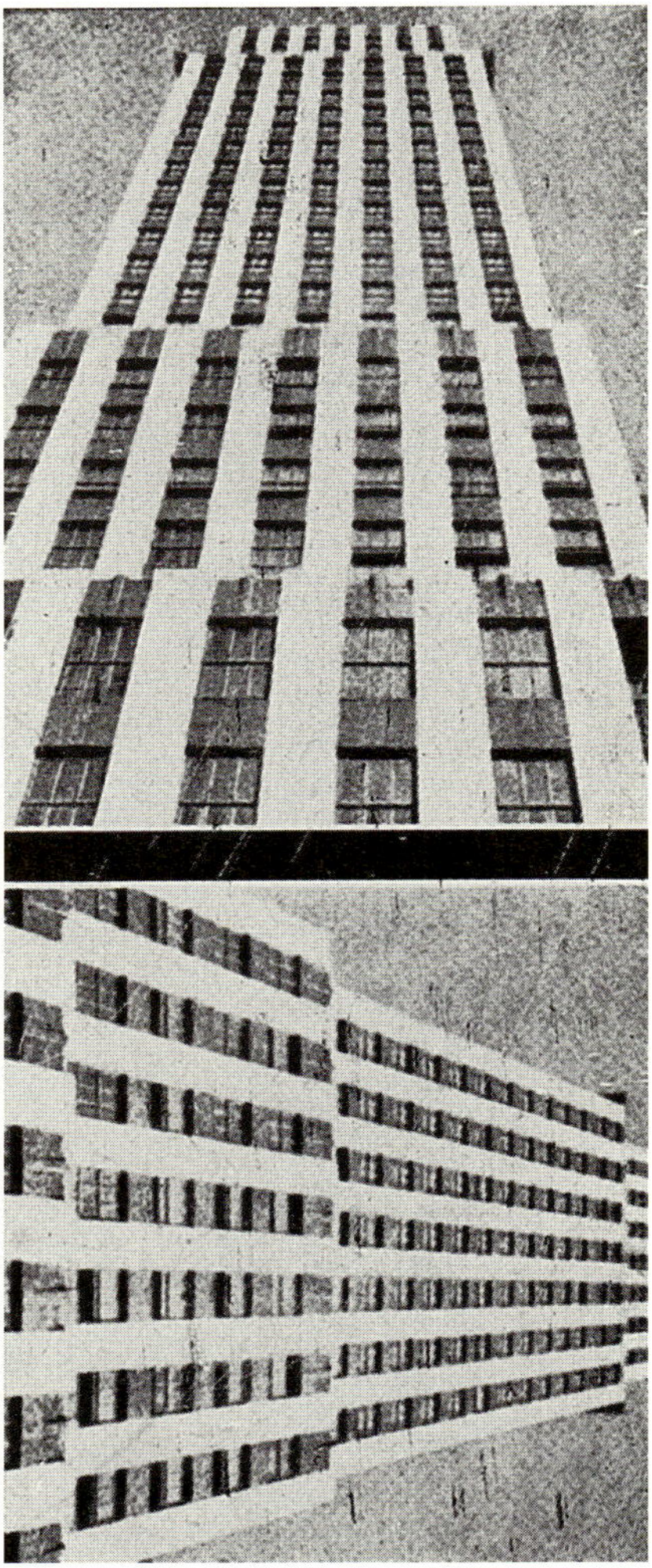

図16　回転させてみよう、
これでも建築なのである

私たちは建設協力者のエンジニアとひんぱんに議論することになるでしょう。それが必要なのは、決してエンジニアの責任ではありません。そうではなく、エンジニアの仕事と同一視することで建築家自身が自らの芸術を正当化したいためです。しかしそのことで、建築家たちは自分自身とその芸術を否定することにもなったのです。

建築の基本的な外観を検討するにあたり、はじめにエンジニアとの議論が必要になります。この外観が型［der Typ］といわれるものです。

若い建築家が親方の手伝いをして、その後自分で建設するようになると、だんだん次のようなことがわかるようになります。

「近代」[die Neuzeit]、つまり前世紀頃に世界中で建設された建築物は、実に多種多様で明暗に富んでいて、途方にくれるほどです。キッチュなものや、ときに優れたものが、まったく異なった衣装をまとって現れます。しかし実際に建築に携わると、状況はさほど悪くはないことが次第にわかります。結局は表面的に違うだけで、建築個々のジャンルの基本形態である型はますます同質化し、国際的に見ると画一化がいっそう進行していることがわかるのです。これらの型は、まるで卵のように瓜二つであり、単なる定型になってしまいました。劇場や公会堂、学校、駅、住宅を一目で見分けることはできます。しかし装飾を剥がし落とす、つまり卵から汚れた殻をむき取ると、完全に同一の型が現れます。せいぜい大きさが違う程度です。現代建築の動向によって、このような画一化が強化されているのです(図17)。この動向のなかで、外観の浄化が求められるのは、好ましいことです。建築の本質が、このことを通して次第に明らかになることも喜ばしいことです。

図17 「かくれんぼ」
日本のキュビズム的な店構え

ベルリンでも、モスクワや東京、ロサンゼルスでも、子供はこれは劇場だ、これは学校だ、などと言うでしょう。たとえ武器を持っていなくても、軍人を指さして、あの人は兵士だというのと同じことです。世界はますます画一化されています。軍服が同じなのは、兵器が画一化されたためです。兵器は一般的に国際的な目的で使用されることはありませんが、世界で最も国際的なものです。兵器とはだれもが射撃できる道具であり、機械なのです。しかし、軍人が出動するにあたり、他人の軍服を身に着け、世界各国の大部隊が同様の軍服を着用し、時にほとんど識別できないという結果については、今日でも感情的には抵抗があります。

衣服は実は、建築ときわめてよく似ています。衣服も長い時間をかけて成立してきたものです。ある体格や姿勢の人が、風土などの結果である慣習から、ある衣服を身に着けているとします。その衣服が、体格や姿勢、慣習や気候をはじめ、すべてが異なるはるか遠い地域のものであれば、バランスが悪くなり、プロポーションがなくなります。

兵士の軍服には、現代世界の文化的な弱点をはっきりと見ることができます。そして、建築についてもまったく同じ状況なのです。

私たちはここで、古代の建築を考察しなければなりません。そのことによって、型がどのようなものなのか、明らかになるでしょう。

神殿や大聖堂、モスクや住宅など、太古の建築に関連するすべてを観察してみると、それらの基本構想が、きわめて類似していることに気づかされます。私たちが生きる混乱した現代よりも、一見するとはるかに均質で、同一のものが変わらずに踏襲されていることもあり、非常に単調にも見えます。このことは、ある地域、ある国家、ある地区における古い建築物を考察するときにも当てはまります。昔の建築物は、地域や国によって大きく異なっていたのに対して、最近では建築から安っぽい衣装を脱がしてしまうと、違いはほんのわずかしかありません。

このような昔の芸術に見られる現象が、様式の創造にどのような意味を持つのかについては、後で論じることにしましょう。現代建築は、露骨には画一化されてはいませんが、表面の装飾が異なるだけで、一皮はがせばどれも差がなく、味気ないものであることを指摘するに留めたいと思います。

数千年とはいわないまでも、数世紀にわたり繰り返し使用されてきた、さまざまな国の古い神殿や住宅の平面図を見るときに、今日から見てきわめて不思議に思われるのは、いつも同一の解決策に固執して、外国や異文化の影響をかたくなに拒んでいるようにみえることです。建築と比べると、他の芸術における異文化からの影響は、今よりはるかに大きいものであらゆる点に及び、現在のように表面だけに留まるものではありませんでした。これはある単純な理由によります。つまり、少なくとも根本のところで芸術と政治を混同していなかったこと、「国民」の概念をまだ知らなかったことです。[6]「国民」の概念によって、芸術はまったく無関係なものと結び付けられてしまいました。優れた質を損なわずには満たされない要求が、芸術に課せられることになったのです。

建築の分野できわめて不思議に思われることは、いかに頻繁に遠く海外から建築家が招聘されていたか！という点です。美術の歴史はこうした事例に事欠きません。しかし、これらの建築家たちは外国で何をしたのでしょう。アウグスト強王[7]が18世紀にフランスからドレスデンのアカデミーに招聘した校長や建築家たち、ロシアへ来たイタリア人、ドイツのゴシック聖堂建設のために招聘されたフランス人、バルト海王国の騎士修道会の煉瓦造りゴシック聖堂を建設した南ドイツの職人たち、その他遠方から招待され、あらゆる時代、あらゆる地域へ、時にはトルコにまでも赴いた外国人建築家は、見知らぬ国でどんな仕事をしたのでしょう？　こうした職人たちは皆、招かれた国の建築家たちの手法を踏襲し、新鮮な活気をもたらしたに過ぎません。彼らは外国人であるがゆえに、現地の人よりも、その国の独自性をより強く感じ取ることができたからです。その当時として正しいものであれば、その国で一般的な基本計画や受け継がれている平面図や型を、変更することはありませんでした。しかしここでいう型が、現在の「型」ということばや、この概念に含まれるものに当てはまるか否かは大きな疑問です。古代建築の定型は、並外れて広く構想されている点で、今日的な意味の型以上のものです。ここで「広い」というのは空間的な広さではなく、時間的な意味です。構想であり、神殿や住宅はいかにあるべきかというイメージであり、要求であり、つまりその国の一切の条件から、いわば自然に形成されてきた伝統であったといって良いでしょう。この構想は、当然のことながら、単純な有用性から建築様式や装飾に至るまで、建築に属する一切を含んでいます。その意味において、ここでいう構想は、有用性に由来する現代的な意味での「型」とは本質的に異なっています。結果として型の変化は、技術や他の要素など、建築以外の領域によって規定されます。しかし古代建築の構想は、長い間変化する必要がありませんでした。この構想は、建築を生じさせるあらゆるものに基づいていたからです。

そのために昔は、型について考える必要はありませんでした。しかし、私たちが建築家として真摯であるならば、新たな始まりを前にしたときのように、新たな課題に向き合います。この課題にどのように着手すれば良いのかすぐにはわからず、本当にそれらを解決できるかどうかもまったくわかりません。古典期のあらゆる建築では、プロポーションに関連する仕事は、形態とその細部にだけ求められました。しかし私たちは、線を引き形を描き出す前に、まずプロポーションについて考えなければなりません。

現在のさまざまな建築の型全体を、基礎的な前提に照らして根本的に正しいかどうかを考察するならば、現在の型にはプロポーションが欠けていることがわかります。また最終的に現実の建築全体を構成する個々の形態は、プロポーションが欠落していると、完全に宙に浮く結果にもなります。

ですから、昔の建築を形式的に研究することは、まったく意味がありません。それどころか、悪い影響さえあります。偉大な建築様式の多くは、さまざまに異なるプロポーションを備えていますが、このことをどのように理解すれば良いのでしょうか。たとえば古代ギリシアの神殿とゴシック様式の大聖堂は、異なる構想に基づいて形式美を展開させているのですから、両者を比較することはできません。そしてそれぞれの形の美しさは、偉大な構想の結果であることに気づかなければなりません。寸法を測り、スケッチをして、個々の形を研究することは、建築家にはほとんど役に立たないのです。考古学者にでもなるのでなければ、混乱するばかりですが、1900年まではそれがふつうにおこなわれ、今なおこの傾向は続いています（パリのエコール・デ・ボザール[8]は、アメリカやソ連にも影響を与えています）。

プロポーションという語は、一般的に古代ギリシアの柱頭やゴシック聖堂のトレーサリーなど、建築の様式形態に関するものです。そのため、プロポーションの概念における形式的側面についても、ここで簡単に考察しなければなりません。本来プロポーションとは、1対2、2対3、5対8、8対13、そして黄金比まで、一定数の比率で長さを分割することです（図18）。しかし建築で問題となるのは、まずは平面です。どの点で分割しなければならないのか、垂直面と水平面は同じように重視すべきか、窓やドアのある壁は、何もない隣り合う壁とは違った評価をすべきではないのか、など、きわめて難しい決定を迫られることになります。次に、光の問題もあります。材料の違いや色によっても、壁や天井、床は、きわめて異質な性格を持つようになります。とりわけ光によって、あるものは目立たなくなり、あるものは際立つようになります。窓や天窓から差し込む太陽の光によって、それぞれの部分がまったく違ったものになることもあります。部屋に人が大勢いる状態と、だれもいない状態によってもまったく異なるのですが、それは道路や広場にもいえることです。

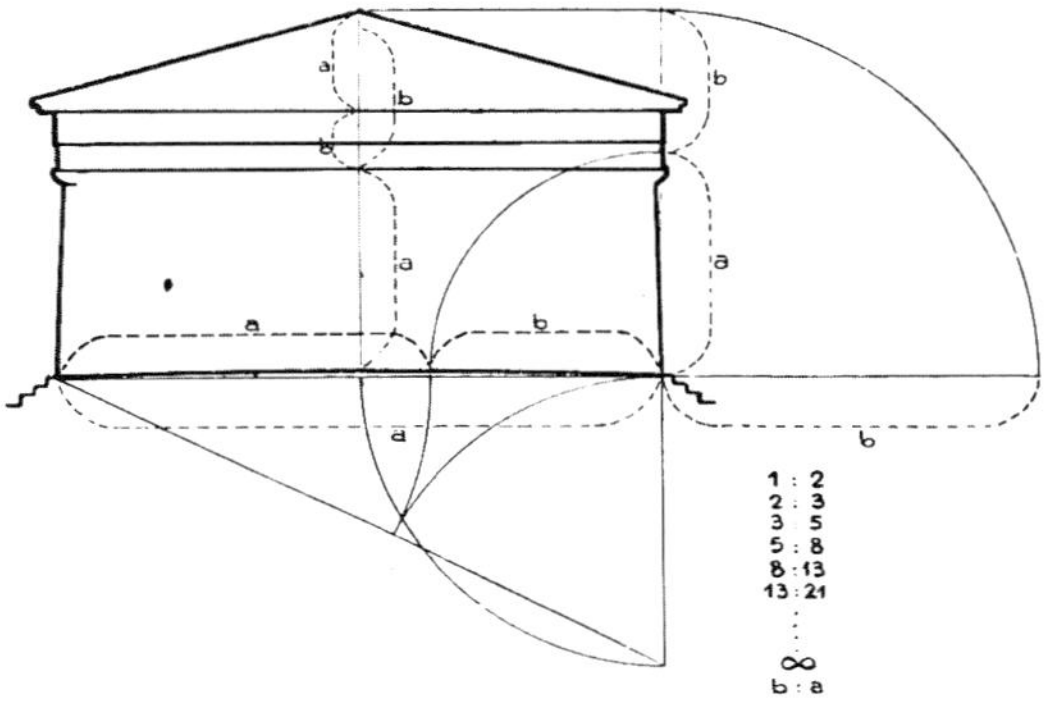

図18　パルテノン神殿の正面に見られる黄金分割の適用

しかし、建築の構成要素が平面だけであることはめったにありません。建築物が円形、あるいは凹型や凸型であったならば、曲線のある輪郭や建築外側の弧や丸屋根などがあったとしても、異なった特質を持つさまざまな要素が線や面と混ざり合うため、数字によるシステムはおかしなものとなるでしょう。それに加えて、あらゆる抽象的な線や形は目の錯覚による影響を受けます。私たちの目は、ある長さを超えると中央がたわみ、直線を直線として見ません。ですから、パルテノン神殿を設計した建築家は、神殿の階段状の礎石を凸型のカーブにしたのです[9]（図19）。これは驚くべきことですが、こうした例は無数に存在します。ルネッサンス期にイタリアで開発された建築透視図法［一点透視図法］も、建築家にはあまり役立ちません。[10]透視図法は、固定されたカメラのレンズが投影する像、すなわち片眼を見開いたまま視線をまったく動かさないときに眼に映る像だけに当てはまります。ですから遠近法も科学的に正しいというわけではありません。

これら厳格な法則のすべては、日光や太陽、曇った空、その土地の緯度や経度による光の性質の変化によって、まったく無意味なものになります。つまり、建築美学の前提となる体系は、無限に存在するのです。アテネのパルテノン神殿やゴシック聖堂を、黄金分割や三角測量法を用いて、気が済むまで測定調査したいと思うかもしれません。しかし、そこで発見される一切の法則は、絶えず例外によって破られる言語の法則と同じです。ある言語の文法に関する知識は、せいぜい即物

図19　パルテノン神殿の土台部分

的な意味内容を伝え得るだけで、それは決して生き生きと躍動することばではありません。そのためには、その言語で考え、感じることができなければならないのです。

外国語の文法は少なくとも外国語の知識の基盤にはなるため、文法を勉強することは決して時間の無駄ではなく、害にもなりません。それに対して、古典建築の個々の形を測定して分析することは、言語にたとえていえば、吃音の原因になるようなものです。それは建築家にとってはまさに時間の浪費以外の何物でもなく、有害でさえあるのです。

しかし、古典建築を冷静に観察してその世界に深く身を沈め、精神を満たそうとするなら、事情はまったく異なります。日本の偉大な俳人芭蕉は次のようにいっています。「古人の跡を求めず、古人の求めしところを求めよ」[11]と。これは実に良い教訓です。プロポーションは、哲学的な意味ではこのようなものだからです。変化に従う概念でもなく、時間の変化を前提とした物語でもありません。人間が持つある一定の感覚を満足させられなければ、建築はその存在意義を失います。このような感覚は根本的に変化することがないため、異なった反応をするならば、その前提そのものが違っていることになります。これは当然の経過であり、気候やその他一切の条件に照らして、ある建築物を考察すると、建物とその前提条件が結びつく統一体があることがわかります。この統一のなかで、プロポーション、つまり均整が支配しなければなりません。

数字上で考案されたあらゆる建築美学は、測定もできず公式化もできない無限の関係性や確信のもとでは消滅しますが、心配無用です。反対にこうした時にこそ良心から建築美学的な実験や研究から離れ、古典建築の基盤にある定型に落ち着いて取り組むことができます。こうすることで、現代の課題のなかでも確かなものを見出すことができるのです。

古典建築では、現代語の「型」に代わり、構想ということばが用いられました。しかしこの構想という概念は、これまで述べた限りでは、まだ明らかにはなっていないため、古典建築についても「型」というな染みのあることばを用いることにしましょう。

そうすると、機械について次のようにいうことができるでしょう。機械の型には多種多様なバリエーションがありますが、少なくともたいていは、地球上のどの国でも同じように使用することができます。セダン型乗用車[12]や特急機関車はどこにでも調和し、どこでも同じように格好良くも不格好にも見えるものです。これらの形は、他の国でも異なった批判を受けることはありません。このバリエーションは、国際的に共通する技術上の進歩や商業上の流行から生まれたものだからです。

ここでもう一度、世界中のすべての寺院建築は、同質の型を示しているといっておきます。すべてに内陣と、壁で囲まれた寺院内部、そして内陣の周囲には列柱廊があります。キリスト教の教会堂では、ギリシア神殿における列柱廊が信者席を区切ると同時に、信者席の広間とつないでいます〔入口から祭壇までの間の身廊と側廊の構成〕。これはイスラム教のモスクでも同じです。一方日本の神社では、列柱廊部分が開かれた欄干になっており、その上部に屋根が張り出しています[13]（図20）。

これらは同じ基本型や定型のバリエーションです。そして、さまざまな独自の文化の古典的頂点なのです。

そこで今度は、これらの建築を携えて、自動車や鉄道で世界中を旅してみましょう。そして次のように想像するのです。アテネのアクロポリスに伊勢神宮が建設され、眼下に広がるアテネの住宅地には、パリのノートルダム寺院、ランスやストラスブールの大聖堂が、きわめて

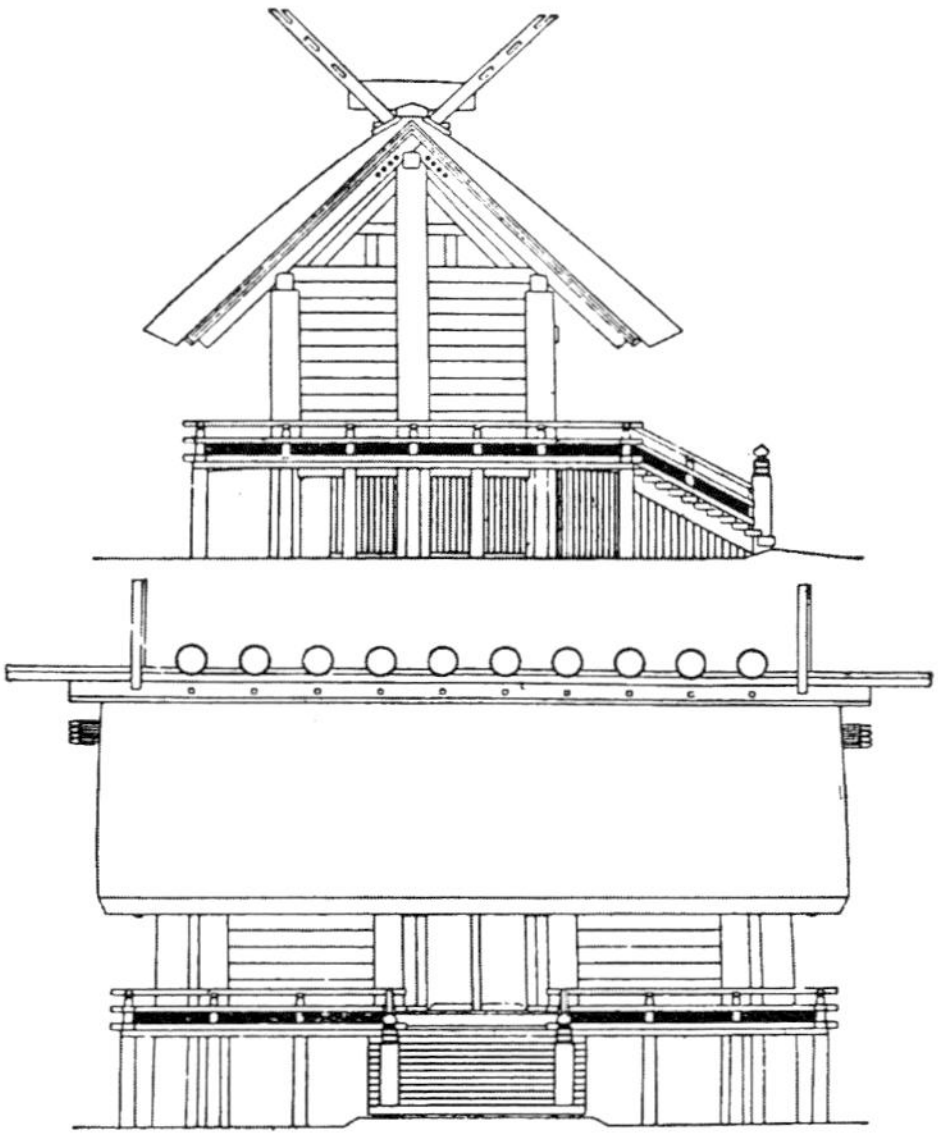

図20　伊勢神宮　日本の神社

忠実に建造されています。ギリシア人が想像のなかでおこなったことに対して、日本人はもちろん、ドイツ人やフランス人も憤慨するでしょうし、世界中の人々がその忌まわしさに同意するでしょう。日本は真夏でも曇りがちでじめじめと湿度が高く、雨も多くて暑い一方、冬は寒いのです。このような日本の風土から、伊勢神宮は生まれました。ギリシアの輝かしい太陽や透き通った空のもとでは、日本の神社の美しさは、陸に打ち上げられた魚のように死んでしまうことでしょう。ギリシアの光のもとにあるゴシックの大聖堂も同じでしょう。

では、ギリシア建築はどのように扱われてきたのでしょう。ギリシアの古典建築は、まるで自動車や鉄道のように世界中で展開されてきました。古典建築の円柱は至るところに立ち、異なる風土では死んだものと見なされるというような感覚は失われてしまいました。北方の霧や湿気のなかでは、ギリシアの建築は窒息してしまいます。列柱に施された美しい縦溝装飾［フルーティング］や柱頭、アーキトレーブ、卵型や真珠型モールは、ギリシアの太陽によって生み出され、生かされてきたのです。モスクワの明澄な大気のなかでは多少は生かされますが、レニングラードのもやのなか、ましてやロンドンの煙と霧のなかでは、完全に窒息してしまいます。プロポーションに対する感覚がいかに病んでいるか、このような例を見ればはっきりとわかります。ギリシアの古典建築が、機械と同じように世界中に広がり、各国共通のものと見なしたのは大きな誤解でした。ギリシア神殿の壮麗な列柱が、女神アテネを守るためではなく貨幣の神のために用いられ、伝統的な銀行建築に使用されるのはまだ良いほうです。パルテノン神殿に見られる、比類なくきわめて独創的な、また模倣できない個々の細部は、アクロポリスで眺めたときにだけ無垢な美しさを見せます。しかしこうした細部ゆえにギリシア建築は、自動車や機関車のように世界中に広まることになったのです。

これまでのところでは、「型」という概念を、いくらか誇張して使っていたかもしれません。しかし、基本的な事実については、はっきりと書かなければなりません。「型」という語は、現在用いられているように、ある国の学校や住居の「型」などと、狭い意味で解釈することができます。しかしそうすると、一地域はもとより一都市においても、建築を破壊することに気づくでしょう。つまり、工場で設計した建物をそのままあらゆるところに組み立てるのであれば、建築物とその前提条件との良きプロポーションは消滅するでしょう。

以上のことに従えば、型の本質とはどのようなものであり、エンジニアのいう型と比較すると、その本質はどのようになるのでしょう？

ツェッペリン飛行船は、世界周遊旅行をしました。[14] その間、当然のことながら飛行船が形を変えることはありませんでした。ヨーロッパやシベリア、日本、アメリカなど至るところの上空で同様に美しい印象を残し、その洗練された姿で観る者を魅了しました。それは魚でも鳥でもありませんでしたが、たしかに銀色の物体が空を飛んでいました。しかし、もしツェッペリン号が建築であり、ツェッペリン号の姿が建築の型であると想定すると、次のようになるのではないでしょうか。

ツェッペリン号は、世界のどの地域どの国を飛ぶかによって機体の形を変え、カメレオンのように色までも変えなければならないでしょう。ロシアへの途上では次第に球体になり、日本の上空では機首を下にして逆立ちし、太平洋の上空ではまっすぐに立つ凸レンズの形になり、アメリカ上空では斜めに走行して、大西洋上で水平に細長い機体になるかもしれません。そしてヨーロッパに近づく頃にようやく、この不思議な存在は本来の姿に戻り、最終的にフリードリヒスハーフェンで、出発したときと同じツェッペリン号に戻るでしょう（図21）。

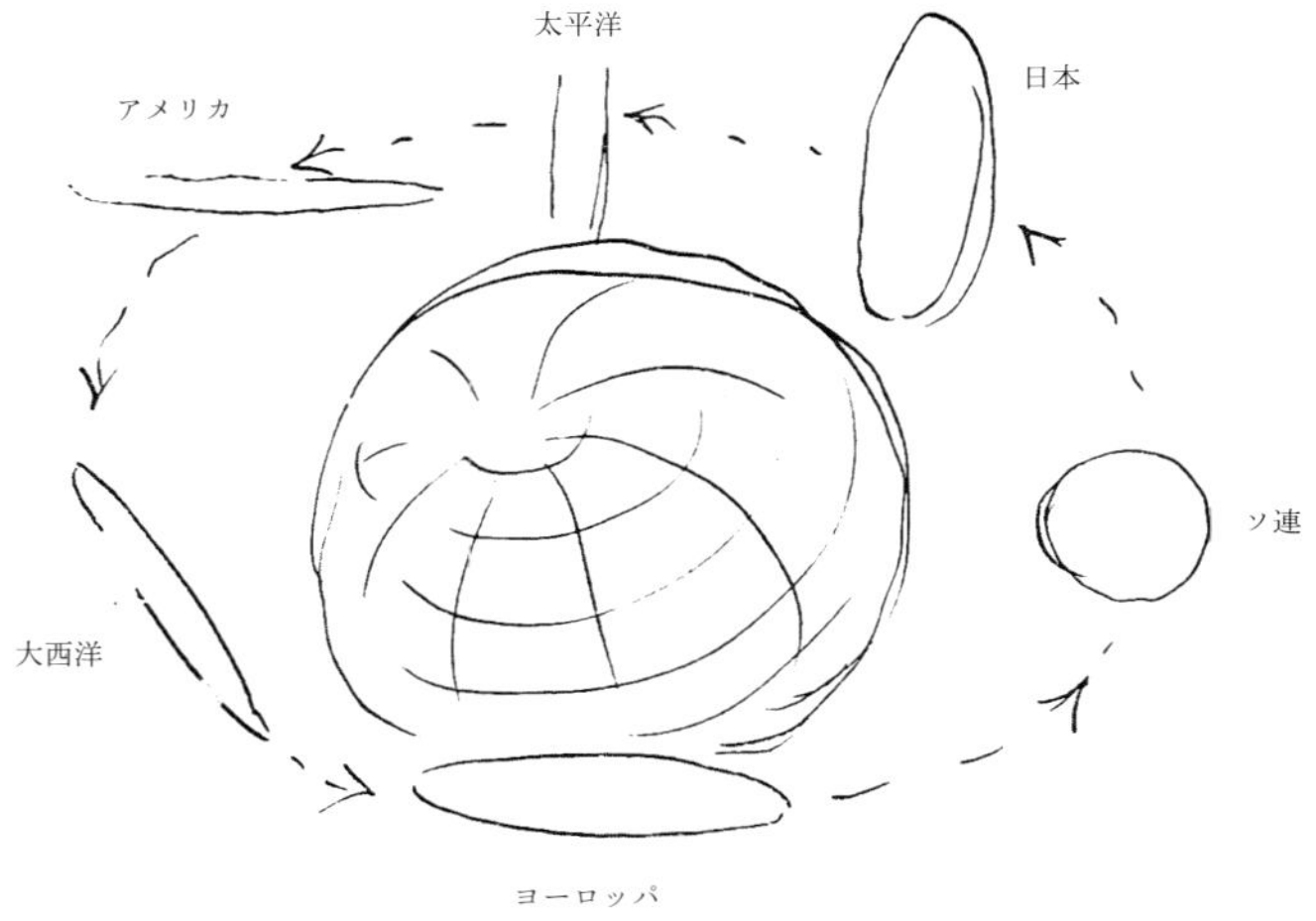

図21　ツェッペリン号の世界旅行

このようなツェッペリン号があるとしたら、それは悪夢から生まれた軟体動物のようなものです。しかしこのことは、世界各国で模倣されているギリシア神殿と、本質的にはまったく変わらないのです。このグロテスクなイメージは、同じコインの裏面にほかならず、このコインが偽物であり、模造品であることがわかります。エンジニアがグロテスクで不気味に感じることが、建築の世界では当たり前のこととしてまかり通っているのです。建造される国によって建築物が違う形を取ることで、建築の型が生まれるのです。それによって建築物は、その建物が呼び起こす前提条件や要求に対してプロポーションを保つのです。

建築家とエンジニアの用いる型は理論的には異なるものの、両者のあいだに対立が生まれるわけではありません。エンジニアもまた、固定された技術建造物においては、かなりの割合でその土地の前提条件に縛られるからです。その地域で入手できる建築資材や、現地での技術上の習慣や運送事情に従わなければなりませんし、最終的には風土もある程度考慮しなければなりません。しかし、エンジニアは建築家とはまったく異なる観点から、このことに対処しています。これについては、後ほどⅣ章「構造」で見ることにしましょう。建築家とエンジニアの関係は多くの場合きわめて深く、ときに恋愛関係のようです。しかし長い結婚生活を営むには、正反対とはいかないまでも、両者の基本的な性格があまりにも異なっているのです。

自らの仕事で一番重要なことは、建築物を前提条件とうまく調和させることだと、建築家は確信しています。このことが建築家にとっては一番の課題であり、その他一切はそこから生じるのです。先達や同僚の建築作品にみられる、ある建築ジャンルの典型的な形を、建築家は可能な限り継承して改善していこうとするでしょう。そこでは技術的細部のみが問題となります。公会堂であれ、劇場や学校であれ、住宅であれ、その型の本質的な部分にほとんど影響を及ぼすことはありません。

しかし、現在のように営利を目的とするならば、建築家も世間の注目を集めなければならず、技術的な細部によってまだ見たことのない新たなものを提供できるかのように抜け目なく振舞います。けれどもこのようなばかげたことに煩わされたり、自分の作品がそうした影響を受けることのない真の建築家のことを考えてみましょう！　こうした建築家がプロポーションを問題とするとき、何を手掛かりにできるのでしょうか？

ここで、建築から離れた、建築とは無関係なことを問題にするつもりはありません。建築は、感覚的に認識可能な現実を内包する前提から、つまり感覚的な知覚から直接に生まれる概念とイメージからのみ、活力を得ることができます。あるひとつの感覚が満たされなければならないのです。なぜなら、建築のプロポーションは単なることばによる比較ではなく、文学的なイメージでもなく、表現の置き換えでもなければ、比喩や象徴でもないからです。プロポーションとはあくまでも現実のものであり、現実の事物や純粋に物質的な現象をできるだけバランスよく分割することなのです。

このような現実が提示するもの以外について語る建築家に対しては、ゲーテの『ファウスト』を引用して、次のように答えることができるでしょう。

「何百万足の靴をお穿きになっても、あなたは、やはりあなたですよ。」[15]

素晴らしい建築物について、生き生きとした表情をしている、音の響きが感じられて特別な音色を持っている、などということがあります。このような詩的賞賛のことばは、建築批評にとっては何の意味もありません。しかし、そうしたことばによって建築物の芸術的価値が引き出され、しかもそれが的確であるのなら建築の質の高さが現実に立脚していたということでしょう。偉大な才能を持った建築家も、現実に立脚してはじめて建築作品を作ることができるのです。そのとき、ただひとつの要素が現実の基盤となっており、その他の現実的基盤はここから生じたにすぎません。それがすなわち風土なのです。

風土が建物の細部に与える影響、たとえば建物の方角、窓のサイズや形、冷房及び暖房器具、風雨を防ぐ設備や、風力活用の装置、気候によって変化する構造の軽さや重さ、その他技術的な帰結については、ここで論じる必要はありません。これらは大陸や国ごとに異なるだけではなく、ひとつの国のなかでも異なっています。そのために、あらゆる偉大な建築文化は、おびただしい分化を示しているのです。またどのくらい分化しているかが、文化の質を判断するための基準にもなります。たとえば、ギリシア神殿は、数百年もの間、同じパターンで建造されていました。しかし、ドーリス式円柱だけをみても、柱身や柱頭、断面図のプロポーションは、常に変化を遂げていたのです。

このようなドーリス式円柱を見れば、理論的な演繹法をあまり厳密に理解する必要はないことがわかります。プロポーションの基本要素としての風土も同様です。

人間が定住志向と同時に移動志向を持つことを考慮するならば、前述のことは偏狭に思われるかもしれません。完全な遊牧生活を送る民族は建築物を建てられず、建てるとしても大きな建築物は建てられません。しかしある民族が完全に定住し、離れた地域との交易がほとんどおこなわれなくなると、その文化は停滞と退廃に至ります。芸術には常に外部からの新鮮な刺激が必要ですから、自分の属する民族がたとえ定住したとしても、芸術家は遊牧民的な生活を送らなければなりません。このことは芸術家にとって豊かさであると同時に貧しさでもあり、幸福であると同時に悲劇でもあります。ある国の文化は、ある程度は外部からの影響が必要であり、未知のものや異国のものを絶えず取り入れることで活力を養います。実は、ここに創造的文化と呼ばれるものが存在します。ですから、創造的文化は、たえず植民地を広げていく傾向があります。アテネではそれがもっとも顕著ですが、後の時代にはヴェネツィア、ジェノヴァ、アムステルダム、ロンドンなどもそうでした。（これはもちろん政治的な意味ではなく、文化的な意味においてである。）

放浪する芸術家たちは、彼らの手法はもちろんのこと、風土による慣習や祖国の概念をも外国にもたらします。しかしすでに述べたように、彼らが有能であれば、異なったものにこそ惹かれるため、結果的には母国の事物よりも、その国固有のものを形にしていくでしょう。建築においては、風土によって建物の全体構造やその細部が決定されます。ただそれは、その国の悪天候から保護し、あるいは晴天を享受するための技術上の対策に留まるものではありません。ある国特有の季節が、ある一定の生活様式を生み出し、そこから特別な慣習や風習も生まれるからです。人間は国ごとに、異なる振る舞いをします。たとえば、南方の人々はせっかちでせわしなく、衝動的であると同時に落ち着いた静けさを好むようです。北方の人々は生真面目でのんびりしており、無気力でいて、しばしば旺盛な活発さを見せます。その他の人々は、安定と秩序などを好む傾向にあります。いずれにしても、集団全体に見られる気質は、その民族が順応している風土から直接的に育まれてきたといっても良いでしょう。もちろん、その気質は限りなく混ざり合っています。このことがプロポーションの芸術である建築にとって重要な理由は、人体のプロポーションのなかに、こうした気質がある程度具現化されているからです。気質は、たとえば人が家や部屋の空間を使って動くときに見られる多様な形のなかに表れています。舞踊や音楽は、こうした人体のプロポーションにかなり依拠しています。建築もまた同じですが(図22)、建築においては、より強いのです。なぜなら、人間の体格に合わせて建築を使いやすいものにするために、人体のプロポーションや生活習慣にそのまま従わなければならないからです。こうして建築は地域ごとに大きく異なる性質を帯びるようになり、そこに民族の気質が反映されることにもなります。軽快さと重厚さ、活気と落ち着き、開放性と閉鎖性、優雅と緻密といった性格は、おおむねここに由来しているのです。

これらすべての現象が、科学的見地からみて、どこまで風土に基づくのかは未解決のままです。

しかし、形の世界では、抽象的な演繹は何の役にも立ちません。それゆえ、生物学や有機化学、力学、物理学、静力学などに有益な基盤が、建築にとっては必ずしも役立つわけではありません。それは建築が科学ではなく芸術だからです。芸術にとっても正しいものとそうでないものがあります。芸術上の正しさが科学的な正確さと一致する場合もあり得ますが、いつもそうとは限りません。思考過程とその帰結は異なっていても、科学と芸術は同じ理性〔ロゴス〕に支配されているのです。芸術についての熟考が目指すのは作品であり、科学における研究や演繹が目指すのは、私たちが自然の神秘のなかから探り出そうとする未知なるものなのです。

私たち建築家にとっての問題は、いかに建設すべきか？　なのです。

万人がわかるようにこの問いに答えられるのであれば、その時にこそ、建築の基盤、ついには様式の基盤が見出されるでしょう。

これまで見てきたように、偉大な建築芸術の形態は、言語ほどには規則に縛られてはいません。しかし言語も、ときにまったく規則にとらわれることなく、概念や単

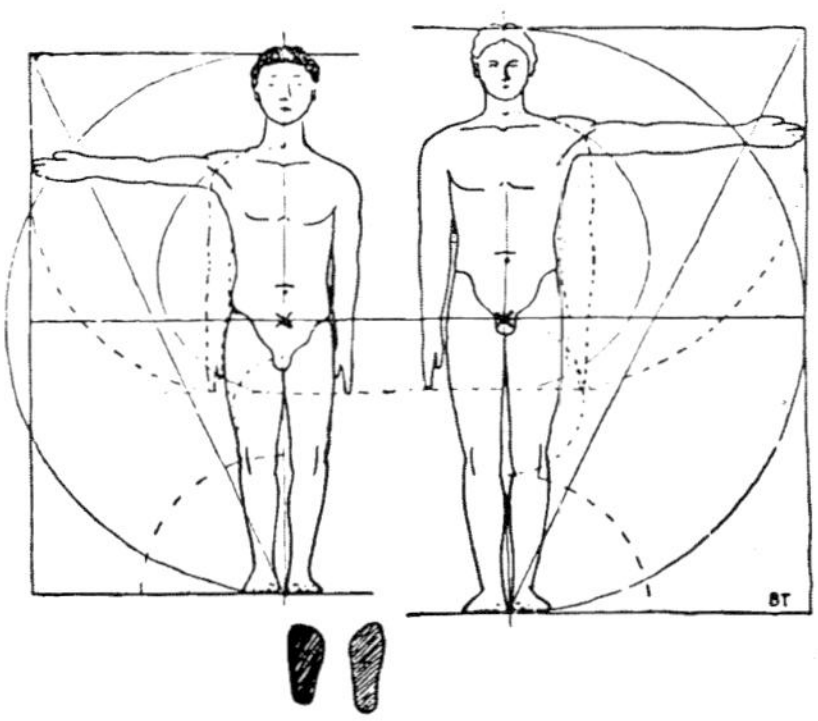

図22　日本人とヨーロッパ人の体のサイズの比較　ブルーノ・タウト

語・句を作ることがあります。感情は、表現のよどみのなさや「座り」の良さをいちいち考えず、その時々で変化するもので、規則をほとんど問題にしません。

建築も同じなのです。ただ、かなり多くの建築物を建てなければならない時には、補助手段や特定の作業方法、すなわち「規則」が、たしかに建築家にも必要になります。ある同じ建築文化であれば、さまざまな建築家のアトリエでの作業は、互いに似たようなものになります。しかしそれを、一般に通用する公式にすることや、記録することはできません。ベルラーへの「比例図形法（比例格子）」[16]や、その影響で生まれたコルビュジエの比例格子[17]、オステンドルフの理論など[18]も、世界建築の衰退を止めることはできません。古代のウィトルウィウス[19]、パッラーディオ[20]なども同じでした。プロポーションや均整、調和や分割は、機械的装置ではありません。網にかかった魚は捉えられ、やがて死に至るのです。

古代ギリシアは、このような規則を残さず、中世の建築組合もやはり何も残していません。中世の建築組合は、規則や方法の秘密を漏らすことがないよう、同僚たちに厳しく求めていました。東南アジアで仏塔を建てる建築家は、こうした風習を今でも守り続けているといいます。この現象はむしろ、素人に真似られないため、ライバルとの競争や経済的搾取を起こさないための対策として説明することができます。しかし、こうした対策が取られたのは、当時の建築家が建築とは何かをはっきり意識していたからでしょう。

では、かつての巨匠たちは、建築についてどのようなイメージを持っていたのでしょうか。往年の建築物は、説得力を持って次のように教えてくれます。建築の質の高さは、建築家の独創力や想像力に依存することはきわめて少なく、いわゆる「傑作」にも左右されません。すべてではないにせよ、何よりもまず、様式や形態、定型を、数世代にわたって追求してきたことによるのです。これを貫く構想は不変です。しかし、この構想は十分な広がりを持っていました。そのため、幾世代もの人々がつねに新しい優れた方法を見出し、プロポーションのなかの本質的に不変の形だけを変更し、より完全なものにしてきたのです。ここでは「だけ」ということが重要です。パルテノン神殿や盛期ゴシックの大聖堂もまた、数世紀にわたる努力の結晶だったのです。

この現象は、現在でいうところの「伝統」の概念とは関係がありません。この今日的な概念は、関連する古き時代の事物を追求していくこと、詳しく言えば、模倣するための手本になる形を追求していくことを意味しています。(こうした傾向が生まれたのは、ルネッサンスの時代になってからのことである。ルネッサンスは、死して久しいものを「再生」させようとした。)伝統のなかに私たちが追求するものは、ゴシック時代や古代ギリシアでは知られていなかったものです。つねに最新の建物は、当然のことながらあらゆるものを包括しています。様式や一般的な構想についての迷いはなく、新しい建築物と、これに与えられる新たな特徴へ至る道が、まっすぐに開かれていました。現代の概念に則していえば、「現代的」であると同時に「伝統的」だったのです。

先に確認したとおり、古き時代の型は、現在の型と比べると、時間と場所の点で根本的に大きく異なっています。現在の型は、地域的な差異をなくして世界中に広がる一方、その生命は長くは続きません。それに対して昔の型は、地域によって大きく異なるものの、その生命はきわめて長いのです。このことは、優れた建築文化を生み出したあらゆる時代についていえます。とりわけ、時代を超えて絶対的な意義を持つ、卓越した古典的建築物を生み出した時代にあてはまります。ここから、建築における基本的な法則が明らかになりますが、これを守ることなくして建築は決して生き延びることはできません。それは連続性の法則です。

すでに見たように、同一の基本的定型や様式、美の概念などを長い間守りつづけるには、技術分野から転用された現在の「型」という概念を超えるものが必要になります。そこで私たちはこれを構想と名付けました。

この構想が数世紀にわたって生命を保ってきたことを、美術史のなかで明らかにするのは大変簡単なことです。その際に興味深いのは、古い時代の構想が、ある様式の今後の展開、つまり未来を規定して現代と結びつけることができたということです。こうした構想の最後の遺産で、現在私たちの前にきわめて生き生きと存在している卓越した実例が、パリの街並みの美しさです。ロベスピエールがテュイルリー宮殿[21]を開き、ナポレオンがシャンゼリゼを補修して凱旋門を建て、丘上に未完成の大宮殿を造営しました。歴代の国王や、革命家、皇帝、後の主権者たち（エトワール広場やオスマンの都市改造計画[22]）は、建築主として一貫した方針を踏襲し、若干の変化はあるにせよ、ひとつの様式を継承しています。しかし、これも古典主義的な建築理解の名残に過ぎません。たしかに美しくはありますが、それ自体としては硬直しています。革命期に生まれた「大帝国」という概念の結果として、ローマ的、すなわち帝政的なものとなったからです。

しかし、真に創造的な建築時代の偉大な構想は、ときに容易に、そして巧みに、遠い過去と現在を結びつけることができます。その見事な例が、トルコのイスラム教モスクの構想に見られます。スィナン[23]は、モスクの構想に則して偉大な古典主義建築を建設しました。アヤソフィア[24]はスィナンの1000年前、6世紀に建設されたものです。そのため、スィナンが造営したモスクよりも、はるかに重厚な壁面や支柱が用いられています。トルコのモスクにおける構想は、その賞賛すべき成果のなかに示されています。トルコのモスクでは、壁とドームの作り出す水平のラインが、ミナレット（光塔）の垂直のラインと調和して、完全な統一体のうちに融合しているのです。スィナンは、1000年前に建立されたアヤソフィアに、モスクの構想から生まれたミナレットを増築しまし

図23　アヤソフィア　トラレスのアンテミオスとミレトスのイシドロスによる造営
コンスタンチノープル（現イスタンブール）　532–537年　1870年頃の撮影

た（図23）。スィナンは、ミナレットと寺院建築が見事に調和した美しいプロポーションを得るように建立しただけでなく、それまで不明瞭な輪郭のドームにも驚くほどの生命感を与えました。これこそ、モスクの構想によって可能になったものです。

スィナンが1000年前に造営された建築物にわずかに付加するだけで調和的な美を与え得たことに、私たちは恐れ入るばかりです。これまでの偉大な文化的時代と比較すれば、現在私たちが建築と称するものは、きわめて粗末で貧弱なものです。

私たちは完全な一文無しです。たとえば、17世紀に京都近郊の桂に建てられた、大変小さい別荘［桂離宮］を見てみましょう（図24）。建設には50年の歳月が費やされ、優秀な日本建築の専門家でなければ、3つの建設時期を識別することはむずかしいでしょう。[25] それに対して、こうした小さな建物が、もし1880年から1930年にかけて建設されたとしたら、いったいどのようなものになったでしょうか。

　私たちのような凡人は、論理と合理的な推論を用いて、とにかく建築のために何らかの原理を見出す努力をしなければなりません。その際私たちは、ルネッサンス期に誕生して19世紀に最終的に自己矛盾に陥ったような過ちを犯さないように、十分に気をつけなければなりません。

　現在の状況でも、偉大な芸術の基盤として風土以上のものが見つからないことを、頼りなく思うでしょう。しかし、どこかで始めなければなりません。最初は控えめでも、原理的に正しければ、成り行きに任せるだけです。ですから、建築が風土に矛盾していなければ、その国に住む人々の身体のプロポーションが自ずと関与して、風土のもたらす特性が高められます。さらに、さまざまな民族の気質によって、音色のような特質が加わります。ある国の建築家が、最初に合理的な方法で型を見出したのであれば、人体のプロポーションや気質を考慮するなかで、すでに芸術の領域に入っているはずです。ここで建築家たちは自らの才能を開花させていきます。けれども建築家たちは、硬直した生

図24　桂離宮　京都　17世紀

活習慣を変えずに固定化させるわけではありません。そうではなく、美しいプロポーションの建築物によって、ここに住み、これを使う人々の動きや行為、振舞いがさらに美しいものになるのです。しかし、このことが可能になるのは、人々が成し遂げたかったもの、他のだれでもなく彼ら自身が可能性として内に秘めていたものが、この建物内で実現されているのが見られるときだけなのです。建築が、人それぞれの習慣や考えに適合しなければならないといっているのではありません。きわめて失礼ないい方をすれば、イスタンブールやアンカラ、モスクワや東京などでは、パリやベルリンの人々のために建てるわけではないということです。

私たちはすべての望みを捨てる必要はありません。そうした仕事のなかから数十年後には、ひとつの構想、すなわち様式への萌芽を含むいくつかの型が誕生する可能性も充分にあります。そのための最大の前提として、建築家の仕事が、建築とは無関係の希望によって損なわれるようなことがあってはならないのです。このことについては、VII章でもう一度取り上げたいと思います。

建築は、あくまでもプロポーションを基盤とします。しかも、建築の重要な特質や、その他多くの特徴のなかの一番のものというのではなく、ただ唯一のものなのです。その他の条件や前提は、すべてプロポーションに従属しなければなりません。

しかし、プロポーションとは、いったい何なのでしょう?

もし色が一色だけならば、色彩は存在し得ません。ただひとつの音しか聞くことができなければ、音色も存在しないでしょう。同様にひとつの部分だけでは、分割するという意味はありません。しかし、その部分がより大きな全体の一部ならば、その全体が今度は別の全体の一部分になり、部分と全体の関係は無限に続いていきます。しかも、建築のプロポーションは、線や面、立体や空間にだけ限定されるものではありません。分割はいろいろなところに見られます。それぞれの数学的な基礎的要素においても、基本的な形態においてもおこなわれています。あるひとつの線が、幾何学的な立体、あるいは比例関係において特別な意味を持つことがあります。すると今度は、その立体物が二次元の平面に対して特別な意味を持つことになります。

そうなると、何も教えることはできません。実際に建設することや事務所で製図することで、いくらかの手掛かりが教られるだけです。しかし時にはこうしたことも必要でしょう。そうでなければ、大人数による共同作業は不可能だからです。

さらに難しいのは、構想と呼ばれるものを公式化することです。しかし、構想に対するセンスさえあれば、きわめて細かいところまで理解できるでしょう。

しかしそれはどのような場合でしょう？　これについては、後に取り上げることにします。

どのような現象と徴候のなかでプロポーションが生まれるのか、プロポーションの存続にはどのような基盤が必要なのかということを理解するだけで、当面は満足することにしましょう。

すでに触れたように、建築が成立するための補助手段で最も重要な前提条件とは、技術と構造、そして機能です。それゆえ、私たちの次の課題は、プロポーションがこの三つの補助手段をどのように用いるのかを検討することです。技術と構造、機能は、建築家にとってどのような重要性を持っているのでしょう。これに対して建築家はどのように関わるべきなのでしょう？（図25）

図25　フランクフルト・アム・マインの学校、部分　フランツ・シュスター　1930年

訳註

1 タウトは第一次大戦前の1913年から1916年まではドイツ田園都市協会の依頼により、また大戦後の1923年からドイツを離れる1933年までは、ベルリンの住宅供給公社（GEHAG Gemeinnützige Heimstätten-Spar- und Bau-AG）の建築主任として、1万2千戸に上る労働者用集合住宅建設を主導した。このうち、ファルケンベルク住宅団地（1913–1916）、ブリッツ集合住宅（1925–1930）、カール・レギーエン集合住宅（1928–1930）、シラーパーク集合住宅（1928–1930）が、世界遺産に登録されたベルリン・モダニズムの6つの集合住宅群にふくまれている。

2 建築家ヴァルター・グロピウス（Ⅳ章註17参照）によって1919年に創設されたドイツの造形学校。ヨーロッパの伝統的な造形教育に代わり、クレーやカンディンスキーなどの芸術家による新しい感覚訓練教育を取り入れ、その後の美術教育に大きな影響を及ぼした。1926年にヴァイマールからデッサウに移転し、1933年にナチによって閉鎖された。

3 19世紀全体を通して、新古典主義様式、ネオ・ゴシック様式などのように、過去の歴史様式を模倣する傾向や、歴史様式を折衷する傾向など、多様な建築様式が現れた。

4 「自然の芸術形式」（Kunstformen der Natur）はドイツの生物学者エルンスト・ヘッケル（Ernst H. P. A Haeckel, 1834–1919）の著作タイトルである（『生物の驚異的な形』戸田裕之訳、河出書房新社　2009年）。ヘッケル自身が描いた100枚の生物スケッチ図版からなり、1889―1904年にかけて出版された全10冊組みの著作が、1904年に完全版として出版された。珪藻類の殻に見られる規則的な形態の多様性に関する記述などが、20世紀初頭の芸術、建築、デザインに影響を与えたといわれる。

5 エーリヒ・メンデルゾーン（Ⅳ章註21参照）、「建築家全作品集」"Das Gesamtschaffen des Architekten" Berlin, 1930, 1988. 22頁以降。

6 「国民」は、ひとつの歴史的・文化的伝統を共有する単一もしくは複数民族が統一された全体を意味する。「国民」の概念は、19世紀にナショナリズム（民族主義、国家主義）が台頭するとともに誕生し、「国家」の概念に結びつくとされる。（ブリタニカ国際大百科事典による）

7 アウグスト強王（Friedrich August der Stärke, 1670–1733）、ポーランド・リトアニアの国王アウグスト2世であり、ザクセン州の選帝侯アウグスト1世としては1694―1733年まで在位した。

8　エコール・デ・ボザール（Ecole des Beaux-Arts）、1671年にパリに創設された伝統的な美術教育学校。19世紀にはその影響力が強く、建築に与えられるローマ大賞は大きな権威となった。ボザール創設当時から、建築では特権的な教育が行われた。

9　パルテノン神殿の階段状礎石の凸面カーブは、パルテノン神殿の随所に認められる錯視補正の一例。エンタシスも錯視補正であり、錯視については、現在多くの研究が進められている。来日の途上、アテネのアクロポリスを訪れたタウトは、パルテノン神殿の錯視補正を自らのカメラに収めている。拙著『タウトが撮ったニッポン』（武蔵野美術大学出版局　2007年）参照。

10　一点透視図法は、ルネッサンス期の画家が絵の背景を正確に素描するために使用した道具、カメラ・オブスキュラ（camera obscura＝暗い部屋）の原理から発展した描法。古代から知られていたピンホールの光の原理を応用したもので、17世紀くらいに針穴の部分にレンズが取り付けられ、19世紀には一眼レフカメラへと展開する。

11　松尾芭蕉（1644–1694）の弟子森川許六が、1693年に帰郷するにあたり芭蕉から送られた「柴門の辞」の一文。

12　リムジン、すなわち3ボックス型で4つのドアを持つ「古典的」な自動車のこと。

13　図20は太古の神体を祭る伊勢神宮の図面である。7世紀に皇室の氏神となり、今日に至るまで20年ごとに改築（式年遷宮）されている。

14　ツェッペリン飛行船は、アルミニウムの軽金属を外皮にし、そのなかに水素ガスを充填した飛行船で1900年に開発された。1929年にフリートリヒスハーフェンを出発して北半球周遊をおこない、その際には日本にも寄港し話題となった。

15　ゲーテ『ファウスト』（"Faust", 1808）第1部、「書斎（二）」でのメフィストフェレスの台詞を引用したものだが、タウトが引用した文章は『ファウスト』原文とは異なる。原文は、「何百万の縮じれ毛を植えたかつらを冠っても、何尺の高さある履物をはいても、あなたは、依然としてあなたですよ。」（『ファウスト』第1部、相良守峯訳、岩波文庫　1958年、121頁）。

16　I章註4参照。

17　ル・コルビュジエ（Le Corbusier, 1887–1965）は著書"Vers une architecture", 1923（『建築をめざして』吉阪隆正訳　鹿島出版会SD選書　1967年、『建築へ』樋口清訳、中央公論美術出版　2003年）のなかで、半正三角形からなる比例図式が書かれたいくつかのデッサンを発表している。

18 フリードリヒ・オステンドルフ（Friedrich Ostendorf, 1871–1915）、ドイツの建築家、中世建築研究の建築理論家としてハノーファー大学などで教鞭を執った。主著は“Sechs Bücher von Bauen- eine Theorie des architektonischen Entwerfens”, Berlin, 1913–1923.（建築六書、１―３巻）。

19 ウィトルウィウス（Vitruvius Pollio, 80/70 B.C.–15 B.C. 以降）、シーザーおよびアウグストゥスの共和政ローマ時代に活躍した建築家。現存する最古の建築書といわれる“De Architectura”（建築十書）を著した。

20 パッラーディオ（Andrea Palladio, 1508–1580）、イタリアの建築家。後に「パッラーディオ様式」といわれる別荘建築を多数手がけた。

21 テュイルリー（Tuileries）。１５６３年から１００年をかけて建造されたパリの宮殿と公園。宮殿は現在、南北翼がルーヴル美術館になっている。

22 オスマン（Georges Haussmann, 1809–1891）、フランスの行政官、政治家。フランス第二共和政下で、皇帝ナポレオン3世とともにパリを大改造し、現在に至る都市計画を実施した。

23 ミマール・スィナン（Chodscha Micmar Sinan, 1489–1578）、オスマン帝国の建築家。イスタンブールのスレイマニエ・モスク（Ⅳ章註５参照）を代表作として、モスクの大ドーム構造を発展させ、ミナレット（光塔）を特徴とするイスラム建築様式を確立したとされる。

24 アヤソフィア（Hagia Sophia）、イスタンブールのイスラム教寺院。もとは6世紀ビザンティン時代にキリスト教の教会堂として建設された。

25 桂離宮。現在の京都市西京区桂に１６１５年頃から八条宮家の別荘として、八条宮親子二代にわたり建造された。茶室を配した回遊式庭園と古書院、中書院、新書院の建築物からなる。タウトが来日した昭和初期には、桂離宮の設計者は小堀遠州とする説があり、タウトは自らの言説のなかではその説を踏襲している。

III 技術

技術があらゆる建築物の重要な基本条件とみなされているため、建築すなわちプロポーションは、二次的なものになっています。さらに困ったことに、プロポーションは技術に文字どおり殺されてしまったのです。

プロポーションつまり建築が、技術がなくても存在し得ることを思い出すことは、現代のような文化的時代にはきわめて価値のあることです。この「技術」とはもちろん、一枚の板に別の板を釘で打ち付けるというような原始的なものではありません。私たちが建築について考察するとき、技術とは、完成度が非常に高く洗練された技術のことです。古代建築に用いられている技術はもとより、き

図26　住宅への門の建物　チャド（アフリカ）

わめて細分化し多様化した現代の技術、機械やその他の器具・道具類の技術も含まれます。

もちろん技術の複雑な精緻さにまったく頼らなくても、美しい建造物を建てることはもちろんできます。たとえば、西洋文明がまだ及ばない地域の先住民族たちは、今なおテントや小屋など原始的な簡易建造物を使用しています（図26、27）。いわゆる未開民族に限らず、長い歴史と高度な文明を持つ民族も、一時的に利用するための簡易建造物を用いています。茶会用の天幕や移動劇場などの仮設建造物はその一例であり、日本では今でも、竹を縄で結び合わせただけで組み立てられるものがあります。また祝祭用の仮設建造物、たとえば足場や壇、天幕などは一時的な祭事に使用されます。これらは単純に板を打ち付け、布で覆い、簡単に塗装することで、どこでもすぐに組み立てることができます。このような建造物のなかには、プロポーションの感覚を残すものがあります。日本人の優美な屋台や小屋掛け、あるいは遊牧民や南太平洋の島民、黒人などのプリミティブな建築には、特別な魅力を備えているものが多くあります。砂遊びのなかで建築的な想像力を働かしている時や、森のなかに小屋を建てる時、たとえば冬の日本の東北地方で、雪室［かまくら］にろうそくを灯し、なかに敷かれたござに座っている時など、子供たちは無邪気そのものです[1]（図28）。

このようなすべての建造物には、洗練された技術はなく、習得しなければならない複雑さもありません。それでも優れたプロポーションを持つ限り、技術を必要としない建築ということができます。

つまりプロポーションは、技術がなくても建築になり得るのです。逆に技術は、プロポーションなくしては、決して建築たり得ないのです。

こう断言することには根本的な意味があります。どんな建築家も、自分の建てた建築物は傑作ではないまでも大変頑丈ではあると、自己を正当化することはできません。このような慰めは意味のないことです。こうした建築物は単に美しくないだけではありません。数十年して技術が進歩すると、かつては技術的に堅牢であったものが、もはや見る影もなくなり——最終的には醜い形だけが残るのです。

技術が建築に与える大きな危険性がここに明らかになり

図27　バミリケ族の住宅建築　カメルーン

図28　子供が作った日本の雪小屋　スケッチ　ブルーノ・タウト

ます。そして建築とプロポーションの関係を検討する必要性も出てきます。

しかし、その関係を検討するには困難がともないます。一軒の家を建てるためのすべての技術について、それぞれどのようなプロポーションが必要なのかを判断するのは、きわめて難しいことです。新築住宅の設計と現場監督を依頼されて、その建築家がプロポーションや建築美について多くを語り、これらを技術や実用性にまで適用しようとすれば、彼は信頼を大きく失うことになるでしょう。ほとんどの依頼主は、自分の新しい家が実用的であることを望み、それ以外のことはさほど問題にしません。しかし、依頼主が何度も面倒な思いをしたり修理をすることのないような便利で快適な使い勝手を建築家が工夫すれば、すべては優れた分割と構成によって相互に明快な秩序を得ることになります。つまり、プロ

ケマル・アタテュルクのためのカタファルク（棺台）
アンカラの議事堂にて　1938年11月20日　ブルーノ・タウト
[原本に図版番号がないので、ママとした]

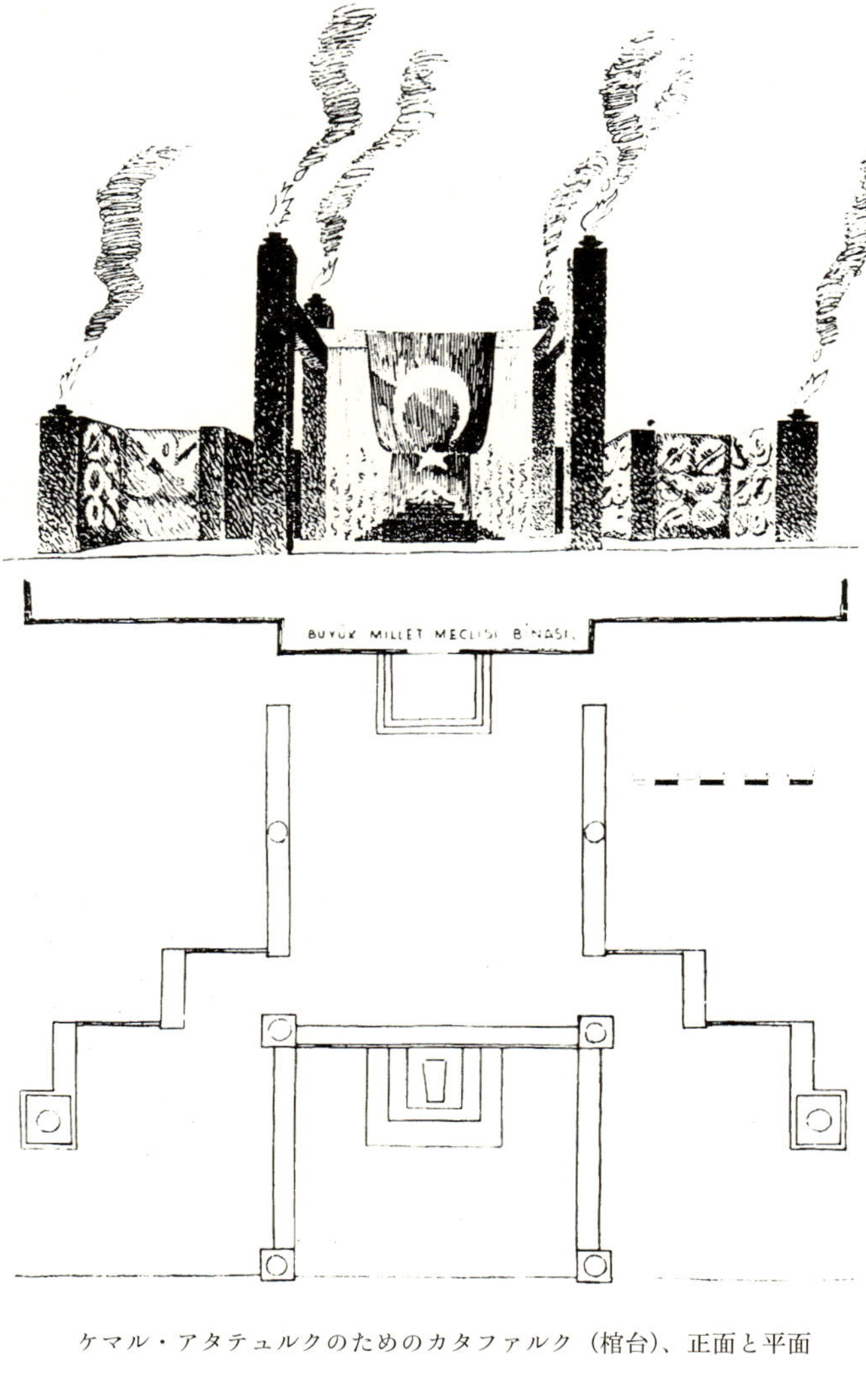

ケマル・アタテュルクのためのカタファルク（棺台）、正面と平面

ポーションが生まれるのです。依頼主は実用性を重視することで、建築について誤解していました。ところがどのような方法であれ、家を建てる際に本道から外れなかったために、建築家はすばらしい家屋を建て、プロポーションとプロポーションの美を実現することができたのです。

こうしたことは、差し当たりきわめて大雑把な議論ですので、技術も美を創造し得るという点で、はじめに述べたことと矛盾するように思われるかもしれません。ただ、多くの技術的な部分に優れたプロポーションをもたらすような、つまり技術を支配するような秩序は、確かに存在しています。このようなプロポーションと技術の関係を知ることは、きわめて大切なことです。

建築における技術の意義を明らかにするために、まず分析を試みなければなりません。建築の技術の性質に関するすべては、技術的設備と本来の建築技術の2つに区分されます。

技術的設備とは、水道、ガス、電気の敷設、キッチン、バスルームの設置など、あらゆる機械的装備のことであり、暖房設備や遮光・防雨のための装備、窓やドアもここに含まれます。しかし、窓やドアは壁の一部でもあり、技術的設備と建築技術の中間に位置します。それに対して、壁や床、天井や屋根などは、本来の建築技術です。これらは建築技術の効果を明らかに左右します。

キッチンのガスコンロやバスタブ、クローゼットなどは、壁や屋根、天井、床などから独立しているように見えます。しかし、技術的設備と建築技術をはっきりと分けるのはむずかしいことです。暖房設備を見れば、このことがよくわかります。暖房方法やその細部の選択は、壁・窓・ドア・屋根・床などの断熱性と関係しています。つまり建築技術とも関わっているのです。

建築家の技術が関与する領域は大きく、建設中にこれらを分割することはできません。教育を目的にこうしたことが求められる場合も当然ありますが、あらゆる学校教育においては全体のつながりが忘れられる危険性もあります。暖房設備や空調、水道・ガス・電気の敷設など、各分野の専門技術者は、それぞれに自分たちの「理想」を追い求めます。彼らにとって建築と技術の境界線は存在していないのです。そうして卒業したばかりの若い建築家は混乱することになります。優れた住宅の概念は、この若い建築家にはきわめて科学的な公式の集積のように思えるでしょう。彼の頭のなかのイメージでは、一軒の家とは、科学の実験室のようなもので、最新の装置や器具類が揃っていなくてはならないのです。しかし、建築家の事務所で実際に仕事をするようになると、授業で学んだ専門的技術が、いかに相対的なものであったかを理解していきます。これまでの勉強はほとんど忘れ、最終的には実際の建築に役立つことだけを、真の建築家として自ら習得していくようになります。こうして大学を卒業した後でようやく、建築家であることの幸福を口にすることができるのです。

建築家の仕事とは、何よりもまず、各技術を相互に調和させることです。

II章「プロポーション」ですでにみたように、風土こそ、プロポーションを規定する現実世界の基本的な要素です。事実として風土は、建築家がプロポーションに対する自分の才能を、技術によって証明できる最初の段階でもあります。

現代の技術には数多くの工夫があり、どのような住宅細部にも適用することができます。しかし設計にあたって、建築家が風土の諸条件を十分に考慮しない場合、そのような技術に振り回されることになります。もちろん、すべての工夫がそうだというのではありません。なかには、技術の単純な着想によって日常の現実的な要求を満たし、技術上の空白を埋めるような工夫もあります。見本市や建築雑誌に見られるような技術的発明の大部分は、こういったものです。しかしこのような技術的工夫は補助手段に過ぎず、現代の建築が風土に対してプロポーションを失っている証拠ともいえます。技術は進んで建築を助けようとします。しかし助ける者が助けられるべき者よりも強く、助けるものが支配者になります。つまり技術が建築を支配することになるのです。技術的工夫の多くは、プロポーション感覚がいかに弱くなっているかを証明しています。

技術は建築の従者として、住宅と風土を調和させるものです。そして、その国や地方にあった独自の特徴、すなわち「地域色」と呼ばれるものが建築に与えられるのです。

技術が建築の支配者になると、各種装置や防寒防雨のための設備が備え付けられたり、特殊な材料が用いられたり、ガス・水道などが敷設されたりします。こうして世界中どこでも利用できる住宅ができます。こうして住宅は建築家の手から離れ、エンジニアの手に委ねられます。すでに説明したように、住宅は最終的には世界中のどこでも形を変えずに使用できる機械のようなものになります。その結果、建築雑誌を飾る多くの現代建築のような月並みな建築物が建てられるようになりました。これらの写真に建築物の所在地や国名の記載がなければ、その建築がトルコにあるのか、ドイツなのか、フランスやイギリス、アメリカ、日本、ロシアにあるのか、だれにもわからないでしょう。ある著名な建築家は、そのような月並みな国際主義に魅了され、「将来の建築物は、ヨーロッパ北部でも地中海でも、まったく同じようになるだろう！」と予言するほどでした。[2] 程なくして、彼の望みは実現することになりました。しかし建築は大きな敗北を喫する結果になり、立ち直るには長い時間がかかりました。もしこれが、美学的な誤謬に過ぎないのであれば、これほど深刻にはならなかったでしょう。自然、この場合は風土は、不当に無視されるやいなや復讐を始めます。ある国に適した建築物を単純に模倣しても、他の国々ではまるで使い物になりません。防熱防雨のための装置にしても、長く使っているうちに費用倒れになるか、何度も修理することになります。リフォームや改築などが必要になれば、すべての出費や手間は建築家の責任になるのです。

　こうして、建築つまりはプロポーションの芸術が成立するための最も大事な基盤が、技術によって奪われてしまいました。そして悲劇的なことに、一部の強硬な論者と共謀して、技術を建築の上位に位置づけ、建築を破壊へと導いたのは、建築家自身だったのです。

　以上のことから、私がいわゆる技術的進歩を拒否し、否定していると結論づけないでいただきたい。当然ながら、私たち人間の生活をできるだけ便利にしたいと思っています。そのために技術は完璧な装置をできる限り提供すべきです。しかしそれは、本当に生活が便利になるならばのことです。もしそうであれば、技術はプロポーションをまったく壊すことなく、自ずとプロポーションの一部になるはずです。室内に取り付けられた器具がすぐに壊れることなく、その寿命は家の耐用年数と大きく隔たっていないか、度重なる修理や交換、改修の必要はないか、こうしたことを確認してみましょう。暖房装置を見れば、もっともよくわかります。[3] 機械はすべて、さらに小さな装置と同じように、建築物に設置されるときには、その建物とプロポーションを保たなければなりません。一番わかりやすいのは工場施設です。工場は全体を一目で見渡すことができ、照明も明るいため、機械にふさわしい雰囲気が否が応でも作り出されるからです。工業建築では、利用効果がすべてであるため、合理的に考察すれば、比較的容易に調和の取れた全体を生み出すことができます。他の建築物ほどには風土が関係することもなく、風土より合理的な考察が重視されます。この点では、工場建築に優れた現代建築が見出されるのもうなずけます。いずれにせよ、工場建築においては、エンジニアと建築家の考えが食い違うことはありません。最も良い例がアメリカの穀物貯蔵庫です。これはヨーロッパの建築家たちを感嘆させますが、[4] 倉庫の設計者はだれ一人として芸術作品を作ろうとは思っていませんでした。アメリカでは、穀物貯蔵庫がその美しさゆえに賞賛されることもありませんでした。これは純然たる工業建築です。いつかは今ほど賞賛されなくなるかもしれません。簡潔な線からなる工場建築が、その質を失うことはないでしょう。しかしそれも建築物として存在する限りのことです。工業の発達により、その形はあっという間に変化していきます。わずか数年後には機械も旧式とされ、それらが設置されている建物も時代遅れになります。このような建築物の寿命はきわめて短く、住居など他の建築ジャンルとはまったく異なるのです。

　人間が工場建築に住むことはありません。工場に収められるのは機械や大型の発電機などであり、これらはいわば家畜小屋の動物たちのように、ごく少数の人たちに取り扱われることがほとんどです。しかし住宅は、いうまでもなく人間のために建てられます。ある建築家が、住居は「住宅機械」[5]になるだろうと予言したのは皮肉なことでした。「住宅機械」の概念の行き着く先を、一度現実的に想像してみる必要があります。労働や食事、睡眠、子育て、社交など、家のなかの生活を生産する「機械」です。このような馬鹿げたことは、建築家が技術を過大評価した結果ですが、私たちにはきわめて好都合です。この方向性が誤っていることを、何も明らかにすることはできないからです。

では、建築の技術とは何を意味するのでしょう？

暖房や空調装置、キッチン、バスなど、いわば技術的設備は、それ自体としてはもとより、家との関係においてもプロポーションを保つ必要があります。しかし、プロポーションによって建築となるだけでなく古典建築の素晴らしい形をも生み出すような技術は、このような技術的設備とははじめから関係がありません。

この技術とは、先に建築技術と名付けたものです。どのように木、石、煉瓦、漆喰、屋根瓦などの建築資材を選択し処理するか。建築物のさまざまな部分、ドアや窓、防雨防光のための屋根、防湿のための床などが、いかに効果を配慮して構成され形づくられているか。こうしたことが建築技術からわかります。建築技術は、人間が関与する一切の設備を含みます。これによって個人的な快適さが建築によって可能な限り満足させられるのです。たとえば人は快適さを求めて体を手入れします。また悪天候の厳しさから保護され、天気が良ければ日光浴を楽しみ、暖かさや涼しさなどを満喫したいと思います。

ここで技術は自ずと芸術になります。寒さや雨、霧といった悪天候から身を守ること、そして心地良い天気を享受することは、単なる身体的感覚ではなく、同等あるいはそれ以上に心理的なものだからです。室内の光は、窓のレイアウトによって快適にも不快にもなり、美しくも醜くもなります。窓からの眺めも同じです。建築技術には、特殊な種類の窓や庇、テラスやバルコニーなどがあり、それらは光の美しさや美しい眺めを変化させます。こうして建築技術は芸術的手段になり、画家が用いる色彩や形のように一枚の絵の美醜を左右するのです。

技術は、人間と自然の仲介者、すなわち人間と天候の仲介者でもあります。天候とは太陽や霧、雨、霜、雪、風ですが、そこには良悪の両面があります。人間と自然を仲介する技術が明確な形を取るほど、技術はいっそう感情に関与します。風土や天気は宇宙の一部であり、人間は住宅建築を通じて宇宙と直接的な関係を持ちます。建築においても、技術によって人間と宇宙との関係が創り出されます。この技術は人間の行動や習慣、風習に影響を与え、単に健康面や衛生面にとどまらず、様式面や美的な点にまで影響を及ぼします。住宅の技術的設備や器具類は、その後ようやく設置されますが、その多くは建築技術からより強い影響を受けるのです。

暴風雨や地震、火災、洪水といった自然災害には、ほとんどあるいはまったく技術は関与しません。建築の劇的な面は、構造の問題です。技術は、垂直面や水平面の大きさとも関係がなく、重さとも関係がありません。つまり、あらゆる抗しがたい災害から建物を守ることは、技術の役目ではないのです。

技術には、自然の穏やかな部分だけが存在しているといえます。技術とは、いわば建築の抒情的な側面なのです。

その技術が創り出す形態には、建築の持つ普遍的な要素、すなわち風土や気候、自然の特質が表現されます。またこの形態は、建築物を取り巻く自然、つまり光や空気に適したものであればあるほど、さらに普遍的なものになります。建築美学は技術のなかに最も豊かな土壌を見出すのです。プロポーションが支配する技術は、建築における様式美の根本要素です。この点について、いくつかの古典的な例を見てみましょう。

図29　古いダンツィヒの住宅正面　1575年

技術上優れたものは、身体的な影響を超えて私たちの精神にきわめて強く働きかけます。このことから次のように断言することができます。つまり、技術が簡明で直接的な形を取るほど、プロポーションの基礎が明確になり、建築の力がいっそう大きくなるのです。

古いオランダの住宅（図29）には大きな窓があり、いくつかの点で古トルコの住宅（図30）の窓に似ています。ほとんどの窓は上下に分かれ、東屋のようにまとめられた部分もあります。自然から導き出されたプロポーションを基準としており、窓だけでなく、壁や屋根などとの関係にもプロポーションが認められます。英国式住宅の格子のある大きな窓にも同じことが見られます。多くの光が差し込み、霧をも防いでいるようです。しかし、地中海地方の厚い白壁にはめ込まれた小型の窓とは、まったく正反対のプロポーションを示しています。窓が小さいのは、日中は日差しが強く、夜は寒さが厳しいためでしょう。スカンジナビア半島やロシアの木造建築も、同じの理由から窓が小さくなっています。ゴシック様式の住宅における連続窓も、ドイツやフランスの温暖な地域にふさわしい形となっています。世界中のどのような場所、どのような地域や国でも、技術は風土によって根本から規定されています。それは窓に限らず、あらゆる建築部分に共通することです（図31）。つまり技術的なものは、自然の要求を適度に、そして注意深く受け入れることで、様式上の基盤になったのです。それに対して装飾はまったく消滅するか、簡潔明快な形を生み出す風土の構成要素から発展することになりました。

図30　バグダッドの城館

「技術」――それが生活を便利にしてくれるならばうれしいことです。ところが、水道や水洗トイレ、ガスコンロ、暖房器具、

図31　粘土で作られた住宅　イエーメン

電気などが機能を失ったとたんに、現代人は技術的な「進歩」のすべてにうんざりしてしまいます。機械が予期せぬときに突然故障し、冷静さが乱されると、技術が持つ価値に疑念を抱くようになります。そのような時には、故障とは無縁の孤島の農民や先住民族のような原始的な生活に逃避したくさえなります。しかし、そこにはまた生存競争という別の苦労があり、現代人のほとんどはその厳しさに耐えられないでしょう。現代人は逃避することをあきらめ、今よりも良い生活を夢見るしかなくなりますが、これは最悪なことです。非生産的なロマンティシズムは、ただでさえ耐え難いものを、さらに耐え難くするだけだからです。

そこで、唯一の生産的な方法は、技術的製品にプロポーションを与えることです。つまり、家屋と調和する製品を作り、誇張や過小評価もなく簡素化して、単純な規格を取り入れることです。そうすれば、工場や手工業者は落ち着いて作業を継続し、それぞれの部品を改良することができますし、すでに手元にある交換部品を用いて、すぐに修理することもできます。

以上のことはすべてわかりきった自明のことです。しかし残念ながら、こうした当たり前のことを、世間の人が必ずしも理解しているわけではありません。そのために正しいことが計画通りに実行されないのです。それがなされないのは、現代には偉大な構想がなく、いかにして技術的製品を建築物全体に取り入れていくのか、はっきりわからないためです。

何らかの形で建築と関わっているすべての人──そうでない人はだれか？──とくに建築家は、建築において技術が果たす役割をきちんと理解しなければなりません。しかし、現代にはその手掛かりがありません。建築についての構想が現代は存在しない、つまり真の意味においては建築も存在しないため、ただ過去に目を向けるしかないのです。

当然のことながら、セントラルヒーティングや電気、水洗トイレなどと家全体との関係について知るために、過去の建築を取り上げるのではありません。しかし過去のあらゆる時代の文化には、これを目的とする独自の技術がありました。このような技術の独自性はきわめて相対的であり絶えず変化するものでしたが、その課題は現在でも変わっていません。つまり偉大な構想に適合して従属するということです。

構想そのものは、技術によって、とりわけ先に「建築技術」と名付けたひとつの技術分野によって、はじめて形が与えられます。すでに述べたように、建築技術は身体的影響と少なくとも同じくらいに精神的にも影響を与えます。建築技術が本来の正しい道を辿れば、精神的なものが支配的となり、私たちの美的な感受性に訴えるでしょう。こうして建築は、単なる技術という域を超えて、芸術になるのです。しかも部分的な「応用芸術」や工芸の意味にとどまるものではありません。美的な基盤を要する建築は、芸術をも創造します。芸術を創造せざるをえないのです。建築は非常に高い美的カノン〔規準〕を創造したために、絵画や彫刻などの造形芸術も喜んでそれに倣いました。だからこそ、建築は「芸術の母」なのです！

芸術文化が展開したあらゆる時代で、技術は大きな役割を果たしてきました。しかし技術の重要な役割は、日本と古代ギリシアという二つの偉大な建築だけに認められると私は思っています。そこで以下では、日本と古代ギリシアの建築について観察し分析しましょう。

日本建築とギリシア建築は、形式上はまったく比較不可能ですが、その原理は完全に同じです。そのため、建築における技術の意味を説明するにはきわめて適しています。

この両者の場合、すべての芸術的なものが技術に裏付けられているように見えます。だからこそ、きわめて洗練された美学を持つ驚くべき時代が誕生しました。ここでいう「美学」は、現在の一般的な意味と同じと考えて良いでしょう。つまり趣味のカノン、形式美の喜びのためのカノンであり、深い意味のある象徴や呪文などからあれこれ推し量るようなものでは決してありません。ギリシア芸術が古典的といわれるのはなぜでしょう？　それは私たちが今でも、ギリシア芸術のなかに最高の形式美を見出すからです。

日本の場合は、芸術作品を鑑賞して味わい、吟味するための作法が今でも生きています。教養を備えた人は、静かに時間をかけてじっと芸術作品を鑑賞します。日々の邪念を捨てて心を落ち着かせ、美に対する自らの感情が応じるのを待つのです。

このような美学は、建築が自然の脅威と関わらなかったために築き得たものです。構造は自然の脅威を考慮するのですが、技術者の知識なくしては成り立ちません。日本の美学は、自然の力との劇的な対決を望まず、また自然力と結びついた無味乾燥な論理も求めません。この美学が存在するためには、芸術家や芸術愛好家の落ち着いた明るい心情が求められます。このような傾向は、さきに「抒情的」と呼んだ建築技術の特性によって助長されました。古代ギリシア人と日本人が、構造を著しく軽視するというより、むしろ無視するのは、偶然ではないでしょう。事実日本人は、今でもなお伝統的様式を踏襲しています。

古代ギリシアと日本において、建築がどのように成立し、どのような形式を取ったかは大きく異なり、まったく正反対でさえあります。しかし、その原理については、古代ギリシアも日本も完全に一致しているのです。

日本の風土では、家の壁四面をできる限り広く開放しておく必要があります。日本で一番健康に悪い季節は、蒸し暑い雨の多い時期［梅雨］です。夜になっても涼しくならないため、家の風通しをできるだけよくしなければならないのです。この風土から日本家屋における木造柱梁［まぐさ式］構造が生まれました。庭土の上に張り出した縁側、庇、日本家屋に特徴的な個々の細部、日本人の風俗や生活様式はすべて、このような風土から生まれたのです（詳しくは拙書『日本の家屋と生活』（“Houses and People of Japan” Sanseido 1937を参照のこと）[6]。冬には暖かな日差しの心地良い日々が続き、開け放たれた襖から部屋の奥にまで陽が差し込んできます。風土ゆえに生まれた解決法です。日本人は強いられるのでなく、むしろ自ら進んで、風土にふさわしい家屋を建ててきました。そして、家屋と調和のうちに暮らし、比類なく自然を愛しています。日本人は生来自然を愛していたのかもしれませんが、日本家屋では自然への愛に基づいた独自の芸術文化が展開されており、その形式上の到達点が日本庭園です。

日本家屋にはほとんど壁がなく、きわめて簡素な柱と屋根から成り立っています。まるで樹木や低木、池や岩のように庭園と完全に一体化しているのです。軽快で重々しさや物々しさのない様式美には、即興性、自由な直観、軽快な精神を愛する日本の美学全体が具現化されているようです。思考や精神を圧迫することなく、宇宙と直接つながるのです。

日本家屋が備える軽快な印象は、日本的趣味の伝統を形成するひとつの要素に過ぎません。この軽快さなくしては、典型的な日本文化全体が瓦解してしまうほど、素晴らしいものです。日本人はこのことをよく理解し、これからも軽快な家屋を建築し続けるでしょう。しかし、この軽快さが、常に好ましいわけではありません。ひとたび地震が起きれば、華奢な柱が折れて家屋は倒壊し、家だけでなく、街全体が火の海と化します（図32）。大雨を伴う巨大な台風の場合には、屋根が吹き飛ばされ、家屋は押しつぶされることもあります。その結果として火災が引き起こされることもあり、洪水や暴風雨によって街が壊滅します——この点では、日本家屋の軽快さはけっして好ましいとはいえません。

それにもかかわらず、日本の大工は賞賛されて

図32　日本の火災

尊敬されています。日本の大工は、木材をきわめて念入りに正確に接合できるのです。[7]垂直材と水平材は、ミリ単位の厳密で複雑な技術によってつなぎ合わされ、ときに本物の芸術品のようです。高い技術力を要するこのような仕事は、他の諸外国の家具職人ではほぼ不可能でしょう。彼らは、こうした仕事に必要な精巧な道具も持ち合わせてはいないからです。日本の大工たちは、木材を可能なかぎりしっかりとつなぎ合わせ、家全体が堅牢になるように入念に仕事をします。しかしこの仕事は、西洋では一般的であるような自然災害を想定した構造をしていません。玄関入口上の壁面には筋交いさえなく、隅柱は補強もされていません。筋交いを入れて補強した場合、様式の統一性や軽快さが失われ、形式美の魅力に合理的なものが入り込むからです。それは日本の美学とは相入ない、日本の美学の死を意味するのでしょう。[8]

自然を尊重する日本の美学のなかに、日本家屋がどのように建てられているのかが「示されて」います。使用される天然木には油性の塗料がごてごてと塗られてはいません。木材は絹のように柔らかくさわり心地がよく、美しいつやが保たれています。家屋には実際に技術だけが見られます。非常に薄い天井板が小屋梁に掛けられ、「天井」はまさに浮いているのです。天井は梁を隠し、本来の天井部分［小屋組］を覆っています。本来の天井部分には、垂木を支えるために並べられた桁があるにすぎません。これらの桁をうける水平の梁には、加工されていない極太の丸太柱が用いられていますが、その丸太柱は危険なほど重たいものです。

その他の細部については省略しても良いでしょう。重要なことは、技術の優位が日本の組織的・社会的な一貫性に現れていることです。日本ほど、細部に至るまで規格化が進んでいる国は、世界中のどこにもありません。しかも、住宅の素材や部分だけではなく、衣服や道具類も規格化されています。[9] 小さな工場や商店でも、営業方法や販売方法に大きな違いはありません。それは今に始まったことではなく、数世紀にわたって続き、今なお維持されているのです。とくに優れた美的センスを持つ日本人は、際だった技術を使い望みどおりの形態を生み出すことができました。この形態は製品世界を支配するだけではなく、人間同士のつながりにもなっています。緊張や対立が、建築の形式によって緩和されて収められるならば、これもまた建築技術のひとつといえるでしょう。もちろん、これだけで混乱が回避できるわけではなく、美しい形も大災害に対しては十分ではありません。美的感覚が大災害の危険を考えず、合理的な構造を拒否し、また展開させないのは不思議なことです。日本では地震や暴風雨が恐ろしいほど頻発します。技術だけに最大限のことが許され、台所や風呂（図33）、トイレに至るまで、家のなかのあらゆる部分は、家全体と完全に調和するほどの完璧さに至ったのです。

古代ギリシア神殿の場合も、日本家屋と同じ理由から、構造が自由に展開することは許されず、一切は技術に委ねられました。古代ギリシア人の美的感覚も、やはり無味乾燥な合理的考察や計算には煩わされたくなかったのです。ギリシア神殿は、日本家屋とは正反対のところから出発しながら、同じ美的目標を追求しました。ギリシア神殿では、はじめから巨大な石壁や列柱、ベランダなどが使われていたため、これ以上に合理的な仕事は必要ありませんでした。大きな石塊は、よほどのことがなければ地震で崩壊することはなく、地震が起きたとしても、日本ほどの大地震ではありません。すでに丸天井［ヴォールト］はあっても注目されることはなく、丸天井における構造の思考を追求して発展させることも意識的に避けてきました。そこで、純粋な美的芸術だけが自由な発展を遂げて、何百年もかけてパルテノン神殿という到達点に至ったのです。

日本の建築は軽快であり、ヘラス［古代ギリシア］の建築は重厚です。

しかし古代ギリシア建築は、この重厚さを自ら克服しました。現在、世界の

図33　馬場邸　浴室
吉田鉄郎　東京　1928年

至るところに存在する重々しく仰々しいものが、ギリシア建築ではきわめて洗練された調和に至り、平穏や平和、幸福、明朗さを獲得しています。その結果、眼はもはや巨大な石塊を見ずに、プロポーションだけを見て感じ取ることができます。

ここに到達するための手段が、技術だったのです。[10]

アクロポリスの丘に立つ人は、これ以上何に感動すべきでしょう。その形態、巨大な石塊を高所に引き上げた古代の加工技術でしょうか。継ぎ目はミリ単位で正確であり、プロピュライアの壁表面のなめらかさは、現在においてもきわめて卓越した石材加工技術の成果を示しています。さらに、列柱に刻まれた竪溝「フルーティング」は複雑で、石塊が精密に接合された柱身はきわめて不合理にふくらみながら、なだらかに上から下へと流れています。たとえばパルテノン神殿の階段上の基壇にみられる水平のふくらみは、個々の柱脚ときわめてよく調和しています。[11] またディオニュソス劇場[12]の大理石の座席は、驚くほど柔軟に形成されています。要するに、2500年前の廃墟に見られるきわめて精緻な作品は永遠であり、今なお感嘆せざるをえないのです。現在このような建造物を造営しようとすれば、望遠鏡などの精密機械に使用されるきわめて緻密な装置が必要になるでしょう。このような装置を、均整美のためだけに用いることは、馬鹿げたことのようにも思われます。せめて外観や形態だけでも再現することができるでしょうか。いや、たとえ大富豪が惜しげもなく出資しても、ギリシア神殿を再現することはできないでしょう。[13] 古代ギリシア建築家が描いた正確な図面は存在せず、いわば何もないところから形式美を生み出すことは、だれにもできないからです。この形式美の秘密は何世紀もの間に生み出され、模倣を試みようとするほど隠れて現れないものなのです。

では、形に対するプロポーション感覚と技術的能力のどちらが、ギリシア人にとっては優位にあったのでしょう？

明らかに、両者は互いに影響しあっています。プロポーション感覚がより洗練した形を求めると、技術的能力はさらに偉大な仕事へと駆り立てられ、高度化されたその技術によって、プロポーションはさらなる自由を獲得するのです。

それにもかかわらず、古代ギリシア人が合理的・工学的構造を軽視したことを、どのように理解すべきでしょうか。ギリシア人は、現実的で合理的な感覚によって、いわばヨーロッパ科学の基礎を作り出しました。建築分野でも同じように、数学や物理学、力学を用いて静力学や光学の基盤を確立しました。プロポーションに完全な権利と自由を与えたのも、ギリシア人の現実的で合理的な感覚にほかなりません。輝きを放つプロポーションが、客観的な計算とは調和し得ないことを、ギリシア人はよく理解していたのです。だからこそ、自由なプロポーションと一致するその合理性だけを認めました。それこそが技術だったのです。

ギリシア神殿はただ美しく、この世における究極の美を体現するものでなければなりません。この美へと導いたのは、やはり理性でした。理性は、真の美的自由に必要な条件をはっきりと認識し、この自由に調和しない影響や理念が入り込むことを許しませんでした。

このようにしてヘラス［古代ギリシア］の神殿は、理性の芸術作品となりました。建築美の領域において、異論なく世界を制圧する力を得たのは、まさしくこの理性ゆえのことだったのです。

明るく輝く理性は、澄んだ陽光と深青の空の下で、その形を獲得しました。十分に完成されたプロポーションの芸術を生み出したのは、光と影を持つ太陽そのもののように思われます。ギリシア神殿こそ、自己充足して他に求めるところのない絶対的建築といえます。

ギリシアの建築は、技術が自立することを決して許しませんでした。技術はプロポーションの奉仕者としては重要ですが、主人であるプロポーションは技術なしでは大規模な仕事を成し得ないため、技術は奉仕者に留まりました。思い浮かべてください。表面がみごとに美しく加工された巨大な石塊の列柱や、すばらしい刳り型のコーニスやアーキトレーブなどで、その素材にギリシア産の最も美しい大理石が用いられていることを。ギリシア人はその大理石に黄色や赤、ウルトラマリンを塗装しました。現代の感覚からすると、素材に対する許しがたい不正行為ではないでしょうか。現在、建築家

図34　パルテノン神殿　イクティノス設計　アクロポリス　アテネ　紀元前447–438年

のそのような行為は馬鹿げていると見なされないでしょうか。しかしギリシア人は、ギリシアの澄んだ空気と明るい陽光にふさわしい美的効果を、より重要視したのです。ギリシアの明澄な自然のなかでは、天然の大理石は屍のような蒼白さを帯びます。補修のためにパルテノン神殿に新たに入れ込まれた個々の大理石をみれば、そのことが納得できます(図34)。

では、天然大理石に彩色するのであれば、初めから大きな石塊を使用する必要があったのでしょうか。現在であれば、簡単にラービッツ素材[14]で柱を作り、モルタルで輪郭を整え、全体を塗装するでしょう。(1913年にライプツィヒで開催された国際建築展覧会の正面入口にはドーリス式の巨大な列柱が建てられたが、その下部は電話ボックスとなっていた。）しかしギリシア神殿を大理石以外の素材で造営するのは、現実的には簡単ではありません。ギリシア建築の美しい形は、美しい大理石と厳密精緻な作業があってはじめて完成するからです。重い大理石の塊は石工には大きな労力を要求し、建築家にも同じように、場合によってはそれ以上に、集中し精魂込めて細部やパターンに取り組むことを要求しました。パルテノン神殿造営の際に一本ずつ建造された列柱は、ひとつひとつが高価な記念碑のようであり、これに対して精神的な仕事も「安価」であってはなりませんでした。素材の価値は常に色彩で覆われていましたが、完成された建築物では、このことが建築物の物質的表面に隠された精神的かつ芸術的価値の象徴にほかならないのです。しかしこの点については、忘れられがちであることも事実です（図35）。

ギリシア神殿が唯一無比の芸術的支配力を持つ理由もまたここにあります。なぜなら、現代はもとより過去のあらゆる建築様式においても、様式を決定づけているのは外被であり、石材や漆喰、タイルであれ、あるいはレンガや木であれ同じです。現在では、コンクリートや鉄を天然石で覆うようなこともあります。古代ギリシア人のまねをして、天然石を彩色する建築家がいたら、どういうことになるのでしょう。

ゴシックの大聖堂でも、同じようなことが発見されました。美しく加工され、技術や構造上は論理的にすぐれた調和を保ちながらも、彩色され、そして絵画や模様で装飾されて、切り石やレンガなどの自然素材は完全に覆われています。もちろん、すべてのゴシック建築がそうではありません。しかし建築の遺物や古い記録からは、それが意図的におこなわれていたことがわかります。最も驚くべき例はストラスブール大聖堂です（図36）。当時の建築家には、天然の石材はストラスブールのよどんだ大気の下では灰色すぎるように思われ、逆にレンガは、ドイツでは厚かましいほどに明るく感じられました。

建築が高度に発展して形式が完成した時代には、その建築形式を可能にする素材が存在し

図35　アクロポリス　アテネ

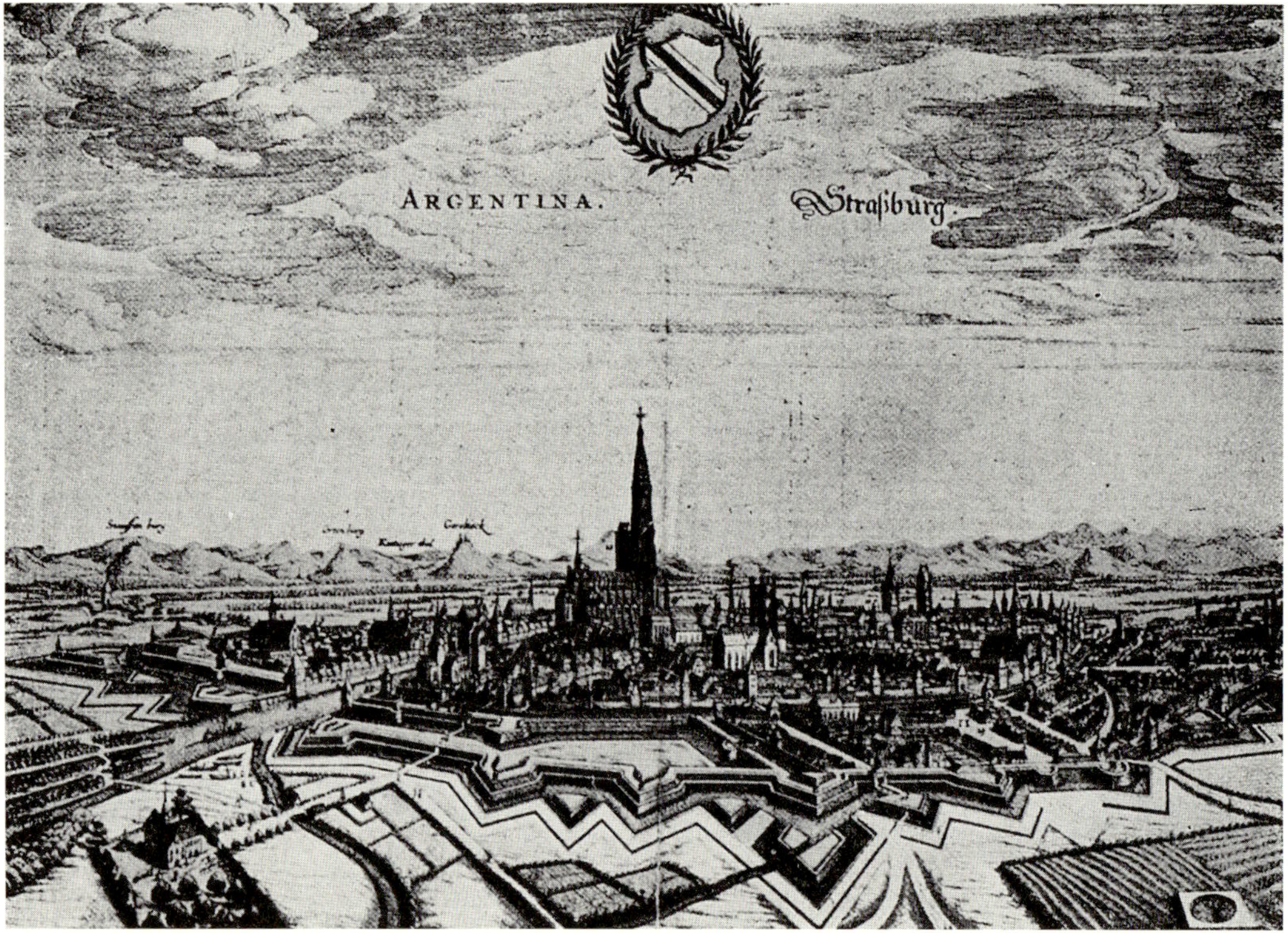

図36　ストラスブール

ていました。もちろん、あらゆる時代や国において、身近にある最適な材料が選ばれて使用されてきました。古代ギリシア人にとっては、あの美しい大理石も、まったく貴重なものではなかったのかもしれません。ギリシア人にとっては、たとえば金よりもウルトラマリン［群青色］のほうが貴重でした。ギリシア人にとっての大理石は、経済的な意味でも商業的な意味でも、現在の私たちにとっての鉄筋コンクリートと本質的には変わらなかったのでしょう。奴隷の安価な労働力のおかげで、大理石の精緻な加工作業も、今から想像するほど人件費がかからなかったという事情もありました。大理石という特別な素材と、大理石にふさわしい技術こそが、感嘆に値するギリシア的形式を創造した主な要因であったということが重要なのです。日本人の木造建築やゴシック建築の精緻な格子細工、その他あらゆる様式についても同様のことがいえます。ルネッサンスやイスラム建築に見られるような、異なる石材の装飾的な組み合わせもやはり同じです。

しかし当時の建築家たちは、自然の素材に対して、決して感傷的ではありませんでした。自然に親近感を持つ日本人でさえ、最も優れた古典的建造物で貴重な杉材を彩色したことはよく知られています。それでも、天然の素材に対して隷属的な態度を取ることはありませんでした。現在のように、貴重な素材であれば、できる限り自然のままに見せるということもなかったのです。この意味では、工芸作品のなかには現在から見ると信じがたいものもあります。たとえば、あふれるほどの高価な真珠やダイヤモンドで装飾された古代王室の装飾品（たとえば古代サルタンの博物館所蔵品）は、どれだけ莫大な金額をかけているのかを忘れさせます。建築装飾で、さまざまな種類の大理石や宝石類が組み合わされて用いられる場合も同様です。

当時は芸術的理念が素材より優位にあったため、芸術的な理念と合わなければ、高価な素材でも覆い隠されました。そのために、鑑賞者たちも貴重な材料に対して、その価値だけに感動することはなく、素材がいかにひとつの全体として構成されているのかに注目しました。

素材とは自然が人間に与えた原材料であり、人間はそれを用いることで、人間の技術や精神を表現し発展させることができます。芸術的構想が上位にあることによって、芸術的構想は素材を自由に用いて、最高傑作を生み出し得たのです。石や木などの素材が、それぞれにふさわしい古典的形式を作り上げたように見えるのです。貴重な素材だというだけで建築美にとって重要だと考えるのは、現代人が陥りやすい間違いです。高価な材料であっても、何か特別な形の世界を展開させることはできないのです。

建築技術は、プロポーションと密接に結びついています。しかし、建築物の技術的設備、たとえば暖房や空調、配管などの機械的技術や、これらに付属する装置や電動機などは、プロポーションとの関係がさほど強くありません。これらの技術的設備とプロポーションすなわち建築との結びつきが比較的緩いのは、おそらくあらゆる機械類は遅かれ早かれ時代遅れになって、最終的には取り替えられるためでしょう。ですから、建築にとって決定的なものを、機械的技術の本質や形に求めようとするのも、やはり危険な過ちなのです。

これに対して、古代ギリシアと日本の例で示したように、本来の建築技術はプロポーションと分かちがたく結びついています。この結びつきは大変に強いため、建築技術はその時代の芸術的理念や構想とともに繁栄し、滅びていきます。すべての建築技術がピークを迎えた後に、希望を失って衰退し、花のように枯れていったことは、歴史が示す事実です。自然の多様性のなかからどのような素材を選ぶのか、そのこと自体が時代の芸術的理念に左右されています。そうして選択されたあとの素材の下準備や加工、表面処理も同様です。すべては、プロポーションの方向に従ったのです。プロポーションつまり建築が別の方向に進むと、技術は衰退していきました。古い花はしおれ、新しい花が育つのです。新たな美の構想を実現するために必要であり、新しい様式が古い形式的要素を取り入れる範囲において、これまでの技術は生き延びたのです。

その他の一切のもの――ほとんどの場合最も重要なものが――力なく消滅していきます。プロポーションの感覚は再び力を得て新たに発展しますが、異なる目的を持つために、もはや従来の技術が用いられることはありません。古びた技術は、すぐに関心の外に置かれます。中世の科学者や錬金術師が、そのように様式が変化する時に実験室で研究を行ったのは別の意図や目的のためでした。また手工業者が新しい技術を見出して解決を試みたのは異なる課題のためでした。それは新しい構想、まったく別の「美の理想」のためだったのです。

芸術家や芸術愛好家、研究者が、昔の技術を保存し、あるいは復活させたいのであれば、この規則的な現象を今日明らかにすることが重要になります。昔の手法が洗練された分析で発見されるならば、そのような仕事はもしかすると成功するかもしれません。確かに、古美術品や古い絵画などの模写に秀でた人たちがいて、昔の巨匠の様式で描かれた作品やその模写は、一流の専門家をもだますほどでした。しかし、常識ある人たちにとって、彼らの才能は異常なものであり、彼らの作品を手品師のトリックと見なしたのです。

専門家の目をあざむくほどの古美術品の模写を、まるで本物であるかのように大事にすることももちろんあるでしょうが、贋作の制作者は一般的には世間から敬遠されます。そこには、模写の才能で人々をだましているということに加えて、もっと重要な理由があるように思われます。論理と結びついている人間の感情は、本物そっくりな模写を、愚かで軽率以上のもの、ある種の精神病や倒錯であると感じるのです。こうしたことは、サイコパス的な現象としてこれまでにも存在していたし、これからも続いていくでしょう。いくら考えてその原因を分析して不道徳を説き伏せたとしても、この現象をこの世界から駆逐することはできないでしょう。ただ、このようなサイコパス的な現象が、博物館や古美術の分野を超えて、新たな芸術創造や建築へと広まることを、どの程度まで許すかが問題になるのです。プロポーションの感覚が弱まるほど、こうした危険はますます大きくなります[15]。栄養がない食物でもお腹はふくれますが、胃袋が落ち着くだけで、満足感は得られません。

昔の技術を現代の新たな建築に実際に活かしたいのならば、当然のことながら、もはやあのような贋作者の能力に頼るわけにはいきません。新たに工房を作り、職人の幹部を養成しなければなりません。そうするとまず重要なものが足りないことに気づくでしょう。つまり、古い時代の手です。次のような経験をしたことがあります。1913年にドレスデンの華麗なバロック建築、ツヴィンガー宮殿[16]を訪れました。長年雨風にさらされた石壁を、ちょうど新しいものと交換しているところでした。中庭では一人の彫刻家が、建築装飾の古い人物像を前にして新しい像を制作していました。完成した人物像は、形やプロポーションの上ではこれまでの像と変わらないものでしたが、しかしまったく異質なものでした。この彫刻家は最高の像を制作しましたが、入念に精魂を込めたにもかかわらず、この人物像が収められるツヴィンガー宮殿の精神を引き出すことはできなかったのです[17]。

化学的な作業工程に必要な技術にいたっては、なおさらのことです。陶磁器やガラスの釉薬や色付け、金属の合金、その他の多くのものを製造する手法が、すでに忘れ去られているのです。現代のラボが、かつての実験室とはまったく異なるように、現代の化学者も昔とはまったく異なる人たちです。現在の化学者は、中世の錬金術師たちの秘密を科学的な方法で探究し、その産物を模倣しようとします。しかし、両者の立場は正反対です。錬金術師たちは、いまだ知られていない新しい美のための技術を探究しており、伝統が続いていく限り、先人の技術を大切に培っていました。この伝統は、工房での仕事を通じて父から子へと受け継がれました。つまり彼らは、はるか昔の職人たちとその技術を蘇らせようとするような魔術師ではなかったのです。

現在は忘れられた無数の技術や素材加工法に、私たちはだれもが感嘆するでしょう。ゴシック聖堂の素晴らしい黄金色のガラスはもはや制作不可能なもので、多くの顔料や塗料が、燦然と輝きながらも柔らかく驚くほどの静謐さをたたえています。研磨法や釉薬、鍍金などの技術は、ロココ時代はもとよりつい最近まで継承されていました。たとえば、燦然と輝く金色のロシアのクーポラ［玉ねぎ型ドーム］に見られます。美はかないもので、人間の意志だけで成し遂げられるものではありません。私たちはあきらめるしかないのです。

このような技術は、もともとはさほど洗練されたものではありませんでした。現代でも、とくに東アジアでは、父親の代から受け継いだ素材の準備や取扱いの方法を、門外不出の技術としている職人がいまだに存在しています。京都在住のある職人によれば、技術そのものは大きな問題ではなく、それを正しく行うことが重要だということです。しかし、それが難しいために、これらの技術を門外不出にするのだそうです（図37）。模倣する人の心理は泥棒と同じです。模倣者が昔の技術の手法を実際に再発見しようとするときのやり方は、盗品を利用しようとする泥棒と同じなのです。こうした素材の取扱いには、いずれもほかに細心の注意が含まれますが、これこそが決定的なのです。つまり作業工程を速めること、素材に必要な作業工程の間隔を調整すること、季節や天気などの環境に注意を払うことなどです。職人は幼い頃からこれらを無意識のうちに父親の工房で学んできたのです。

もちろん、一連のきわめて単純な技術があり、あらゆる国で実際に使用され、その単純さゆえに新たに応用もされています。この技術が新しい製品と調和するかどうかを決定するのは、結局のところ勘なのです。仕上げられた製品が、私たちの要求を満たし、私たちの趣味をも満足させるならば何もいうことはありません。このことからわかるように、現在の私たちの生き生きとした美的感情は、ある点では古い文化の諸要素と一致しており、新たな創造の過程で古いものに示唆を求

図37　鉄瓶、京都の工房制作

めるのです。古い形態がその単純さや明快さで私たちの感覚に訴えるとき、「まさに現代的だ」といいます。その形が私たちの美的感覚にとって古くささを感じさせず、現在のある傾向が、昔の傾向と一致している証拠といえるでしょう。しかしこれは、たとえばルネッサンスが古代の「復興」を願い、その後現在に至るまで意図されていることとはまったく異なります。ルネッサンスの始まりとともに建築精神の衰退が始まり、建築家の自意識が消滅したことで、もはや模倣を剽窃としない段階にまできたのです。

建築技術は、美の理念や構想から生まれたひとつの生き物にたとえられます。この場合、「conception（構想）」ということばのもうひとつの意味である「受胎」が象徴的な意味を持ちます。様式、つまり美の理念が造形化することで、技術は生まれ、開花して実を結び、最終的には枯れていきます。しかしそれとともに、技術自体は完全に消失して、その痕跡を残すこともなく、後世には何も残さないのです。

ある時代の建築技術を生物学的に捉えてみましょう。新たな創造の過程を困難なものにしないためにも、生物学的な観点に立つべきだと考えます。

設備に関していえば、暖房や衛生目的の設備などが生き物にたとえられることはふつうありません。時代遅れの設備をあえて使う人はなく、それを使ったところで効率も悪く、修理も高くてどうしようもないからです。

ところが、自分のプロポーション感覚が衰えてくると、過去という墓穴から美を追い求めたくなるのです。まるで美しい形を創造した昔の職人たちを、死から蘇らせようとするのかのように……。

そこで、古い時代の作品からどのように学ぶべきかが問題になるのです。

どのような学び方が有害なのかは、これまで述べてきたことからわかります。古き時代の洗練した技術を細部に至るまで学び取ろうとして模写や真似をするのはやめたほうが良いのです。そうすれば、自ら新たな発見があります。昔の職人たちは、あらゆる点でまさに「現代的」であり、私たちとの間に決して大きな隔たりがないことに気づくでしょう。その時、私たち自身の傾向が強められることになります。プロポーションの美は、それぞれの時代に異なった形で表現され、本質的には変わりません。建築は、均整や美しい分割に対する感覚を満足させなければならないのです。

建築がいつの時代もふわさしい技術を生み出し、決してその逆ではないことを、私たちはこうして理解するのです。

あらゆる建築物を堂々として魅力的にしたのが技術であることは間違いありません。しかし洗練した技術によってのみ、偉大な建築物の美が生み出されると考えるのは、大きな間違いです。

現代建築の施工に用いられる優れた技術に注目すると、技術こそが、美を実現するための一番重要な担い手であるように感じるかもしれません。現代建築は、従来の様式からは格段に自由であり、その単純さと正確な施工によって成立しています。1932年にロシアで粗悪な施工のために建築が崩壊しました。建築家は無駄のない合理的建築として建設したつもりですが、完成した建築群は、技術的欠陥だらけの単なる立体的な箱にすぎず、まるで羽根をむしり取られた鶏のようでした。しかし正確には、欠陥の原因は建築様式だけではなく、むしろ建築家の経験不足や現場監督の不備にあったのです。左から右へと舵を急に切って、古い様式の建築の前に現代的な構造と内容を持つ建築を舞台の書割のように置いたことで、建築の健全な発展が阻害されたのです。

一方、ヨーロッパやアメリカなど技術が高度に発達している国々の人びとは、プロポーションの文化が基盤を失ったために不安を感じています。また自分たちを慰めるために、卓越した技術による施工だけが大きな意義を持つと考えています。しかし、これは建築へ続く道ではなく、逆に建築から遠ざかることになっています。多額の報酬を得るアメリカの建築家たちは、きわめて機能的な窓などを実際に設置していますが、このような仕事の細部には、彼らの弱点も見られます。プロポーションについて、じっくりと落ち着いて考える時間がないことです。このような建築物をみると、いかに建築家の仕事が入念であっても、一抹の素っ気なさを感じ、しばらくすると舌に残っていた後味さえ完全に消えてしまいます。この料理には香りがないのです。現代の建築家たちの仕事は、概してこのようなものです。その結果、建築家ではない素人が、プロポーションのためのすべての仕事を完全に見下し、生真面目な建築家の自己満足にすぎないと判断します。「堅牢でありさえすれば、芸術性は問題ではない」などという始末なのです。素人にはなかなか理解できないことですが、多くの課題を持つ複雑な建築物を建てる際には、事務所の建築家による細心の指揮が必要です。また優秀な建築家は一連の建築家を育て、たとえ仕事のない時でも、自らの事務所を維持しなければなりません。ゴシックの建築家たちも、工房組合に所属する仕事仲間や職人たちを率いて、新たな大聖堂が建つ土地へと赴きました。事務所に属する建築家たちが、アメリカ人的な冷酷さで突然解雇される可能性を考えなければならないのであれば、彼らの手で生み出される建築物からも、冷酷さしか感じられないでしょう。

建築家が図面を描く時、形態個々の寸法や大きさの比率以外にも考慮すべきことがあります。じっくり落ち着いて考えなければならず、わかりやすくいうと、想像力を集中させる必要があるのです。窓やドアの細部を設計する人は、使い勝手だけでなく、光と影の影響、異素材の組み合わせによる影響までも考えなければなりません。すでに経験があればそれほど時間を要しませんが、優れた建築家ならば、一度経験したことをそのまま繰り返すのではなく、同じことであってもいくらか時間をかけるはずです。とはいえ、すべての建築物には仕上げるべき無数の細部があり、はじめから独創性を求めないまでも多くの芸術的問題が絡んでおり、それらを解決するにはかなりの時間が必要です。もちろん、実用的なものすべてを芸術的に解決しなければならないという意味ではありません。新しい建築では、そのつど複雑なプロポーションの関係が新たに生じるため、それらを調和に導かなければならないのです。もちろん単純に模倣するだけならその必要はありません。経験がきわめて重要とされるのは、さまざまな事例を経験するほど、想像力が高められるからです。逆に建築家が経験を積んだことで、みずみずしい想像力を失い、自らの仕事を模倣するようになれば、むしろ経験は有害になります。

建築家が年齢を重ねるなかで、どの程度まで新鮮な感覚を保つことができるかどうか。経験が有害か否かは、たいていそれによって決まります。しかし何よりも大きな影響を与えるのは、建築家の生活圏の文化的水準です。想像力の仕事を評価せずに無駄なものと見なす依頼主や一般人は、想像力の仕事が多くの時間を要することを理解することができません。仕事の早い熟練した職人を彼らが好むのは、職人たちは手間を掛けずに仕事をこなすからです。真摯な仕事はこうしてますます難しくなり、優れた才能を持つ建築家が安易な形式主義に陥っても、人々は何も思わなくなるのです。

一口にプロポーションといっても、異なった形同士のプロポーションも、異なる材料同士のプロポーションもあります。前者は表面上のプロポーションですが、後者は密度や内部構造による素材の特性上のプロポーションです。

建築技術は、本来、異素材を組み合わせることで機能します。その場合、材料の表面をどのように加工し、どのような形にするかは、材料に応じた特別な扱いが求められます。また、生産地や希少さ、構造や光沢、粒子などの点で、芸術的に貴重な素材もあります。しかし、そうした材料が必ずしも高価なわけではありません。現在の高度な工業技術のおかげで、かつては貴重であった木材を、ごく薄く一枚の紙のように削ることもできますし、貴石類や大理石をきわめて薄い板状に削ることもできます。そのように薄く削られた素材を、空間への適正さを考えもせずに、壁紙のように壁面に張り付けようとします。たとえば豪華なレストランの化粧室が大理石張りであることを想像するだけで十分でしょう。これは材料にとっては侮辱といわざるを得ません。緻密さや深い光沢といった大理石の特徴を生かすには、構造部やアクセントなどに用いるのがふさわしいでしょう。貴重な木材や貴石、貴金属には、それぞれにふさわしい使用法がありますが、一般の人はもとより建築家たちでさえ、そのことを忘れて素材を侮辱しているのです。

現代の工芸では素材が軽視されていますが、現代の悪趣味さの原因はそこにあるといえるでしょう。

このことは建築についても少なからず当てはまります。室内の壁面や正面玄関に、化粧張りの大理石がふんだんに用いられているような状況は、さらに困ったものといえるでしょう。裕福な依頼主が、新築の邸宅を自慢したい時、正面玄関の図面や見積書にはとりあえず「大理石」と書き込みます。しかし、正面玄関をしっくいで仕上げても、図面上は変わりません。[18]依頼主は、高価な材料を用いて、お金を払いさえすれば、どんな場合でも一定の質が保障されると考えています。しかし、プロポーションや形の美醜は、材料の価格に左右されるものではありません。すでに述べたように、上質な素材に求められる細部の加工がなされない場合には、逆に全体が醜くなることさえあるのです。

このように材料自体を過大評価するようになったのは、ごく最近になってからのことです。わずか一世紀前には、正反対に考えられていました。美しい形だけがひたすら信じられており、工費が不足すると、巨大建築でさえも切り石ではなく漆喰で建設されました。ベルリンにあるシンケル[19]の歌劇場が、このような建築の例として挙げられます（図38）。ファサードは後に石造になりましたが、そのために建築が美しくなったとは言えず、せいぜい堅牢になったという程度です。

図38　劇場　カール・フリートリッヒ・シンケル　ベルリン　1818–21年

つまり、丈夫な素材と優れた技術から生まれる堅牢さと、建築美であるプロポーションの関係は、プロポーションが技術に依存するという関係ではないことは明らかです。シンケルの前例からもわかるように、建築は建築工学的な堅牢さ、とくに技術の精巧さに左右されるものではないのです。

シンケルの古典主義様式は古代ギリシアに由来します。すでに見たように、古代ギリシア様式は大理石と深い関係があるだけでなく、大理石からある程度までは説明がつきます。しかし形式美が優位であったため、素材や技術が問題になることはなかったのです。

私たちは現在、建築を創造するための卓越した技術を持っています。しかし私たちは、技術を用いて優美な形態を創造するためのプロポーション感覚を持ち合わせていません。

このことは、プロポーションのための仕事が軽視されている徴候からも明らかです。現代は技術の時代と呼ぶにふさわしいでしょう。しかし技術は自由で独立しているため、現代は無趣味な時代でもあるのです。

このことを改善するために、まずは自己認識から始めたいと思います。技術に関する考察を終えるにあたり、次の事実を確認しておきましょう。

技術からプロポーションに至る道はありません。

訳註

1　タウトは１９３６（昭和11年）２月６日から２月11日まで、秋田を中心に冬の東北を旅行し、２月７日に横手のかまくらを見ている。詳しくは『日本　タウトの日記１９３４年』（篠田英雄訳、岩波書店　１９７５年）参照。

2　ル・コルビュジエが、前掲『建築をめざして』（II章註17参照）において、「住宅は住むための機械である」（machines à habiter）と記したことを指す。

3　日本のメタボリストたち、とりわけ菊竹清訓（きくたけきよのり　1928–2011）は１９５８年に自邸「スカイハウス」を設計したが、そこでは、台所、バストイレといった技術的な部分が交換可能になっており、菊竹はこれを「ムーブネット」（movenettes）と名付けた。菊竹はそれにふさわしく、交換が容易な建築構造を発展させている。同じメタボリスト黒川紀章（くろかわきしょう　1934–2007）の「カプセル」（中銀カプセルタワービル　１９７２年）も同様である。アメリカの建築家ルイ・カーン（Louis Isadore Kahan, 1901–1974）は、居住空間を支えるための「サーバンド・スペース」と、本来の居住空間である「サーブド・スペース」を展開させた。フィラデルフィア大学の医療研究センター（1959–1965）を参照。

4　ヴァルター・グロピウス（IV章註17参照）は１９１１年にハーゲンのドイツ産業技術博物館（Deutsche Museum für Kunst in Handel und Gewerbe）で工場建築の展覧会を企画したが、そこではアメリカの貯蔵庫の建築が重要な位置を占めていた。"Die Kunst in Industrie und Handel", Jahrbuch des Deutschen Werkbundes, 1913, nach S. 16 参照。タウトは"Die Neue Baukunst"（1929）に、ル・コルビュジエは『建築をめざして』（II章註17参照）に、それぞれ同書からアメリカの倉庫の図版を引用して掲載している。

5　前掲ル・コルビュジエ『建築をめざして』。以前タウトはこの概念をきわめて高く評価し、円形住宅の構想のなかで用いた。'Siedlung（ジードルンク）', "Frühlicht", Magdeburg, Winter 1921/22, S. 51 参照。

6　ブルーノ・タウト『日本の家屋と生活』（吉田鉄郎・篠田英雄訳、雄鶏社　１９４９年、篠田英雄訳、岩波書店　１９６６年、篠田英雄訳、春秋社　１９５０年、２００８年）、ドイツ語版 "Das japanische Haus und sein Leben", Berlin, 1997.

7　滞日中に、タウトは現場で作業する大工の姿や木材の継ぎ手などをカメラに収めている。前掲拙著『タウトが撮ったニッポン』（II章註

９参照）。

8 建築家の久米権九郎（1895–1965）は１９２９年にシュトゥットガルト大学のパウル・ボナッツの下で、木造耐震構造というテーマで博士号を取得したが、その構造案はそれほど優美なものではなかった。それに関してタウトは 'Architecture Novelle au Japon'（日本の新しい建築）という論文を発表している（"L'Architecture d'aujourd'hui", 1935, 第４冊46—83頁）。Manfred Speidel編、"Ich liebe die japanische kultur", Berlin, 2003, １４９頁参照。

9 反物、畳、障子などの規格を指す。

10 ブルーノ・タウト「日本まで」(Bis Japan) を参照のこと。日本への途上の１９３３年３月、タウトはアテネのアクロポリスを初めて見て、ギリシア建築の特質を技術であると記している。Manfred Speidel編 "Ex Oriente Lux", Berlin, 2007（光は東方から）１９８頁以降参照。この旅行記の一部は『日本　タウトの日記１９３４年』（前掲註１参照）の「ブルーノ・タウトのこと」に抄訳がある。

11 II章註９、錯視補正参照。

12 アテネのアクロポリス麓に、紀元前３２５年に建設された大型野外劇場。聖域の一部であり、１万４千—１万７千人の収容能力があったとされる。

13 アメリカ・テネシー州ナッシュビルに、１８９７年の万国博覧会のためにパルテノン神殿（I章註９参照）の原寸大レプリカが建設された。その後１９２０年からコンクリート基盤で再建され、１９９０年には学術調査に基づきアテナ・パルテナス像も再建されている。現在は美術館になっている。

14 「ラービッツ」は当時のドイツの建築業者であり、鉄筋モルタルの薄手間仕切り壁などを製造していた。

15 ベルリンにおける歴史的建造物の再建に関する議論（Wolfgang Pehnt, 'Die Stunde der Wiedergänger', "Süddeutsche Zeitung" Nr. 162, 14. Juli 2008, S. 10）参照。

16 ツヴィンガー宮殿、I章註11参照。

17 ドレスデンのツヴィンガー宮殿は第二次世界大戦後に廃墟から再建された。

18 貝殻石灰岩で塗装したベルリン交通局のためのタウトの計画（図53）参照。水平のラインが強調されているにもかかわらず、力強い輪郭を持つ窓によって、正面に深みと動きが生じ、さらにはタイルが（ギリシア風に）彩色されている。完成直後に撮影された白黒写真では濃い黒となっているが、実際には赤であったと思われる。

19 シンケル（Kahl Friedrich Schinkel, 1781–1841）、ドイツの建築家、画家で、近代建築家にも影響を与えた。ベルリンを中心に、アルテス・ムゼウム（1824–1828）を代表作とする新古典主義様式の建築を多数手がけた。ベルリン王立劇場は１８１９－２１年の作品。

IV 構造

構造は、すべての建造物の、そして建築の最も重要な基盤でもあります。

構造とは何かを、特に定義する必要はないでしょう。構造は本来合理的な考察に基づくもので、自然の暴力的な脅威から人間を保護し、自然力を克服することを目的とするので、美とは無関係な要因から生まれます。そのため、プロポーションとの結びつきがなければ、建築ともほとんど無関係なのです。

しかし、プロポーションと結びつくと、構造そのものが建築になります。つまり構造は、プロポーションによってはじめて完成して形を得るのです。

石窟や洞窟、簡素な小屋などのように単純なものや原始的なものでも、人間が建てたものはすべて構造から始まりました。これらは建築の最初の徴候でしたが、それは原始の人間が子供と同じように知性と感情をまだ区別していなかったためです。そこで人間が作った最初の建造物は、可能な限りの力と美しさを表現しており、それ相応の芸術的な徴候となっていました。つまりプロポーションは、構造と自然に結びついていたのです。[1]

さらに、支える部分と支えられる部分、つまり家屋の柱と梁が区別されるようになりました。続いて単純な丸天井が生まれ、工夫と洗練を重ねて次第に軽快で合理的になり、最終的には偉大な建築の時代へと大胆に展開していったのです。塔は徐々に高くなり、橋梁はさらに長くなりました。19世紀になると、鉄骨や鉄筋コンクリートを使用することで荷重に耐えられるようになったため、極端なまでに高い塔や驚くほど長い橋梁が建造されるようになりました。支持体や柱はほとんど消滅したかのように、独創的な建造物があたかも宙に浮いているように見えるのです。

以上のことは、合理的思考の論理的展開の流れですが、これは淘汰によって種が生まれるというダーウィンの進化論に相通じるものがあります。最も生存能力のあるもの、言い換えれば最も合理的なものだけが生き延び、より高い次の段階への基盤となるのです。

ですから構造の発展過程は、本質的には技術の発展過程とまったく異なっています。ここでは何も失われず、何も死にません。常にその時々で最も良いものが発展していくのです。もしだれかが、何らかの昔の構造を再建することに関心を持ったとしても、それはむずかしいことではありません。しかし、そのことに関心を持つ人はいないでしょう。わざわざ多くの材料を用いて作るのは無意味なことであり、私たちは、より良い簡単かつ迅速な方法で、費用をかけずに同じ効果を達成することができるからです。

図39　鉄筋コンクリートで補強された木造の橋　日本

そのため、現代的な鉄筋構造やコンクリート構造で、外観だけが古い様式で覆われている建築物は、大変理に適っています。古い社寺や教会、橋（図39）では、木造の構造部分が古びて危険になると、鉄骨やコンクリートで補修されましたが、元の外観はまったく損なわれていないことが多いのです。

つまり、今日では構造はプロポーションから自由であり、それは合理的理解と芸術的感情との差異と同じぐらい隔たっていることがわかります。そのため、建築から構造が生まれ、あるいは構造から建築が生まれなければならないというほどの強制的なつながりは存在していないように見えます。

それにもかかわらず、いかに天才的な技術者でも、現実的に計算するだけでは何も成し得ることができません。技術者の最初の着想も、おもに想像力の直観と未来像から生まれます。その後、知力や計算がようやく意味を持つことになります。大胆にも巨大な橋梁や高い塔を建造しようという人は、作業中はいつも情熱を維持しなければなりません。

このような技術者は建築家ときわめて近い立場にあります。技術者が建造するエッフェル塔や長大な橋梁、ホールなどは、建築作品と大変よく似ています。これらの建造物が時に建築作品とさえ呼ばれるのは、独自の美[2]を有しており、この美がまた、むき出しの真実そのものだからです。建築家は、エッフェル塔の技術者をはじめ、建造物を設計する技術者を仲間に加えることで、建築における真実を実現しようとしました。しかし、建築家の肩書が偉大な技術者にとって名誉かどうかはわかりません。また技術者の仕事が建築作品と呼ぶに値するかどうかは、なお疑問が残ります。私が思うには、これらは美しい技術的建造物であり、それ以上でもそれ以下でもありません。技術的建造物を建築と見なすことは、逆にさまざまな誤解を生みます。実際、間違った見方のために、技術的建造物の一部の特質が影響を受けています。本来とは異なる分野から美的な要求が生じて、そこからこれらの作品が生み出されました。その結果、技術者は建築様式の世界に起源を持つこうした美的立場から、芸術的な装飾を施すことが多くなるのです。たとえばエッフェル塔にもつまらない装飾が施されていますが（図40）、ほかの多くの技術者も、橋やホールで同じようなことをしています。
現在の「常識」では、このような技術者の作品と建築家の作品ははっきり区別されています。公正に考えるためには、この区別は守られなければなりません。

プロポーションと構造はどのように関係するのか、このことを明らかにするためには、やはり過去の偉大な建築時代を取り上げるのが最も良い方法です。II章「技術」で考察したように、建築の歴史においては構造に関する2つの素晴らしい事例があります。プロポーションが構造を自在にしているこれら

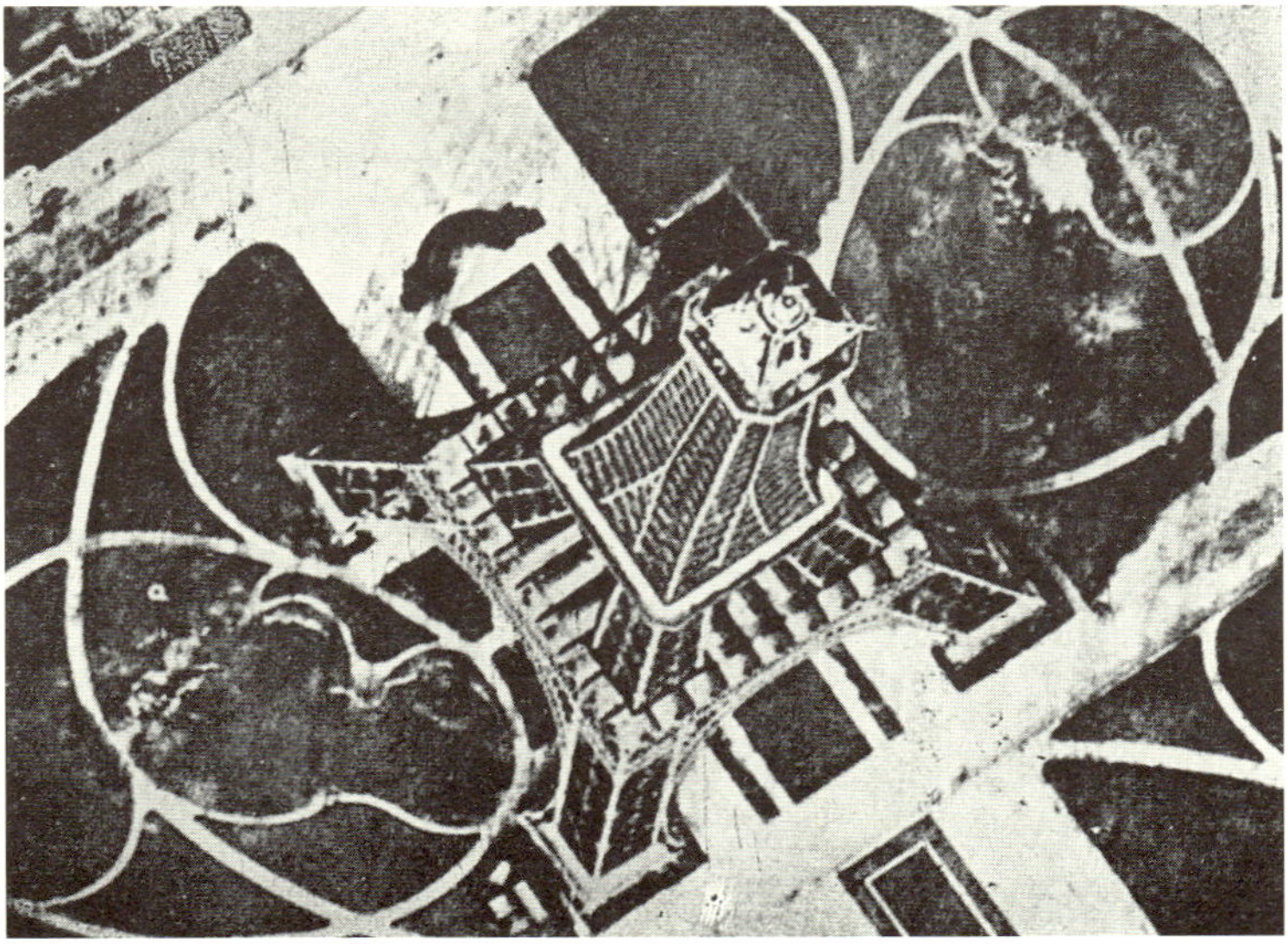

図40　エッフェル塔　ギュスターヴ・エッフェル　パリ　1889年

の建築物は、構造建築、あるいは構造的建築と呼ぶことができるでしょう。
2つの事例とはすなわち、ゴシック聖堂とイスラム教のモスクです。

ゴシック聖堂

構造の建築は、ゴシックの大聖堂において頂点に達しました。千年にわたる構造的思考が、結果としてこの「構造的」建築物をもたらしました。ゴシック建築では、構造形式が材料の存在を消し去っています。材料はもはや石ではなく、石に翻訳された構想なのです。

中世初期のバシリカから、成熟して調和の取れたロマネスクの大聖堂へ至るまで、ゴシック聖堂に先立って試みられたさまざまな解決策を究明する必要があります。この間、構造は次第に軽快で細くなり、盛期ゴシック聖堂に見られる石柱や丸天井、支柱や筋交いへと発展していきました。まるで束ねたものを解きほぐしたように、か細い石柱の格子へと変化していく塔の頂上まで登っていくと、大胆で軽快な現代的構造に慣れている私たちでさえ、構造感覚に不安を覚えます。薄い石の筋交いは、鉄製の軸ピンや大釘によって取り付けられており、押しや引きの風圧には耐えられないように思われ、塔の上では揺れを感じます。

当時の建築職人が、巨大なゴシック聖堂をますます優美に繊細に形づくるようになったことを、どのように説明できるでしょう？　その理由を現代的概念から考えて、当時の建築家も現代の技術者のように、極端に節約するためにわずかな材料で最大の効果を上げようとしたことに求めて良いのでしょうか。私は、今日的な経済的説明では、この現象を十分に説明できないと思います。材料費は現在のように大きな問題ではなかったはずだからです。昔の自由都市が、壮麗な大聖堂と高い塔によって、経済力や政治力を誇示しようとしたのは事実です。アメリカが摩天楼を建てたことも、やはり宣伝が目的です。しかし当時の市民たちは、大聖堂の建造に際しては無償で（Gottessohn）協力し、手工業者も自発的に労力を提供したので、賃金も大きな問題ではなかったでしょう。いずれにせよ、現在の私たちの経費算出方法とは基準が異なっていたのです。計画されていた大聖堂の規模が、定礎時の市民たちの能力をはるかに超えていたことからも、このことは明らかです。建築物の完成までに数年という期間が決められていたわけでもありませんでした。竣工、とくに塔の竣工は、後世に委ねられました。当時の人々は、建築は長い時間をかける芸術、つまり連続性の芸術であるという感覚を持っていたのです。

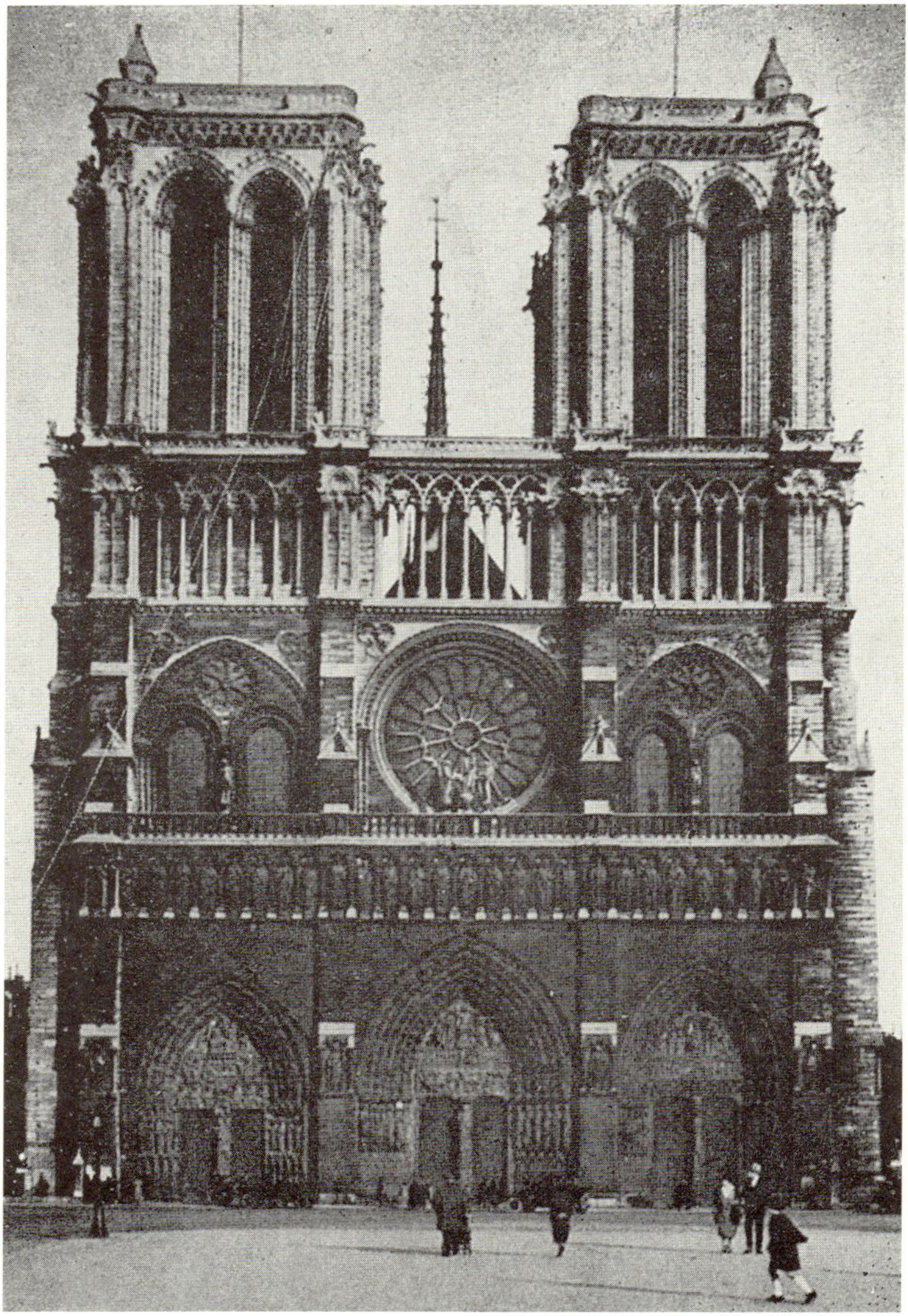

図41　パリのノートルダム　1163年以降

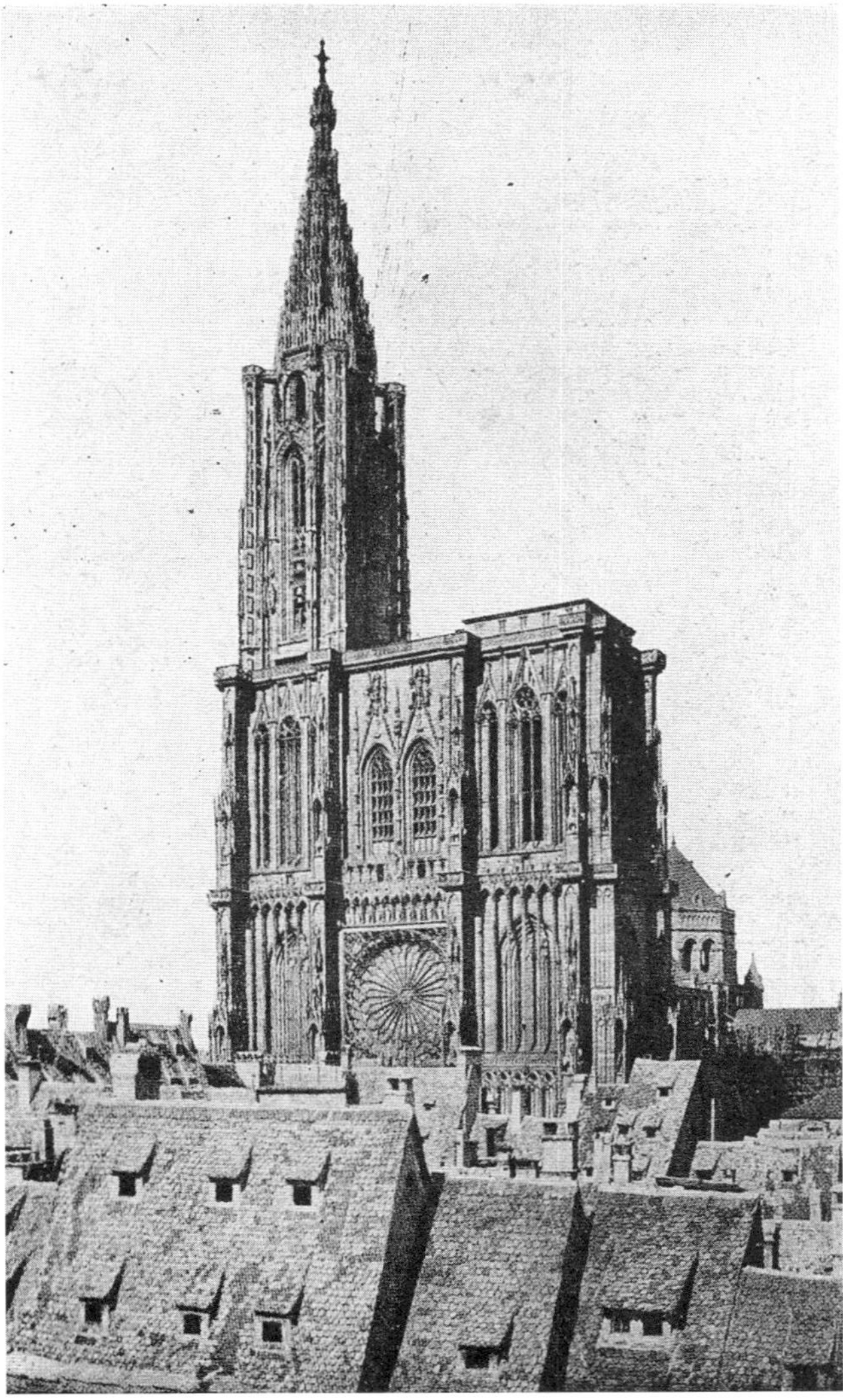

図42　ストラスブール大聖堂　建設者はエルヴィン・
フォン・シュタインバッハなど　1176年以降

現在有名な大聖堂を比較してみると、構造的成果にもかかわらず、それぞれの異質さが印象に残ります。これは、構造上の大胆さの多少によるものではありません。パリのノードルダム大聖堂（図41）とストラスブールの大聖堂（図42）を、試しに比べてみましょう。両方ともまったく異なる優れた特徴を持っています。パリのノートルダム大聖堂は大胆奇抜な聖歌隊席の筋交いによって、そしてストラスブールの大聖堂は驚くほど優美な塔で、私たちの知性に強い印象を与えます。けれども、この2つの建築における芸術的表現の違いは、合理的な構造とはまったく関係がありません。このような形式的な特徴を、有用さなどの諸条件から説明することはできませんし、聖職者による礼拝儀式からもおそらく説明できないでしょう。昔の史料に基づいて設計された結果であり、資料には身廊や聖歌隊席の面積や側廊の礼拝堂の位置などについて、基本的なデータが指示されているからです。

窓上部の飾り格子［トレーサリー］の透かし編み細工［フィリグリー］では、繰形と線が複雑に絡み合い、構造の中心線と合流する金細工装飾が施され、彫刻もその線に倣っています。装飾が構造を邪魔することはなく、構造から形や技術が展開されています。そして不思議なことに、必ずしもすべての部分が装飾されているわけではありません。未装飾であっても未完成であっても気づかないくらいなのです。

この透かし編み細工は、それ自体が一種の構造になっています。建築物の形に内包された静力学的な構造の力が、この装飾のなかにまで流れ込んでいます。この力には始まりも終わりもありません。力は彫刻や装飾に入り込み、巨大な柱や筋交い、丸天井のように、それ自体で複雑に絡み合っています。この力は後から加えられたものではありません。ゴシック聖堂の根底にある活き活きとした構想は決して尽きません。つまり終わりがないのです。ゴシック聖堂は、現代的な意味では「構造主義的」ではありません。現代の構造主義では、合理的な構造が専制的な形態要素になります。しかしゴシック聖堂では、静止状態にある力自体が生きています。この力は装飾物や祭壇・座席・燭台などの調度品も含む建築物全体に浸透し、ひとつの建築物に留まりません。この力は、あの時代に建設された建築物すべてを規定して時代を超越したため、一人ひとりの建築家の人生は問題にならないほどでした。ギリシャ的な意味での完結と調和は求められていません。大聖堂の一部が完成しただけでも、この力はすでに十分に表現されていました。それは宇宙的な光と本質を共有し、電磁波に匹敵するようなものでした。

ここでは、単なる構造以上のことが問題になります。しかし構造は、合理的な意味でも形式にまったく従属していませんでした。技術者の情熱がなければ、このような建築は存在しなかったでしょう。とはいえ、当時の技術者は現在の技術者以上の情熱を持っており、その情熱は、美しさすなわちプロポーションや建築と分けられてはいませんでした。知性と感情が、すべての建築の初期段階のように、まだ結びついていました。しかしこの連結は、極めて洗練された高度な文化のなかに存在していたのです。構造とプロポーションが密接に結びついて、互いを分離も区別もできないことは、驚くべきことです。

このように構造には特別な意味はありません。建築職人は、学問的な意味で静力学の理論や算出に取り組む技術者ではありませんでした。ゴシック建築の大胆さは、経験と結びついた直感に基づいていました。芸術的構想は無限に広がり、そこで直感は不断の刺激を受けたのです。この広大な建築的構想によって、ゴシック建築は無限の自由を獲得し、独自の展開が可能になりました。そして、それぞれの土地に順応し、時間を超越したのです。

ゴシック建築は構造的であるとよくいわれますが、芸術的構想が合理的なものよりも優位にあるのに気づくことが、今日では特に重要です。建築の歴史のなかで、ゴシックの時代にプロポーションと構造の結びつきが見られることは、来るべき新たな建築への期待を抱かせます。ここで、現代における構造とプロポーションの関係を検討する前に、構造的建築のもうひとつの到達点を考察しておきましょう。

丸天井構造は古代ローマで当時の究極まで発展を遂げ、その壮大な形式も古代ローマ帝国の象徴としてふさわしいものでした（パンテオン）（図43）。それだけにまた冷ややかな印象を与えるものでした。円柱の装飾形式は古代ギリシャに由来するものでしたが、ローマ帝国の様式のなかではやはり冷ややかに感じられ、本来の趣を失っています。それでも、円柱と壮麗なドームの組み合わせは、記念碑のような調和を与え、その芸術的印象は、現在のパンテオン風の建築はもとより、ルネッサンス建築をも凌駕しています。しかし合理的な古代ローマ人は、細部を芸術的に加工するという点では、エッフェル塔やその時代の技術者と同じなのです。

繊細にして勇壮な解決策、また梁間［スパン］の記録を持つドームは、ローマではなくコンスタンチノープル［現イスタンブール］で見られます。アヤソフィア[3]（図44）は、その奇抜さによって、従来のすべてのドームを凌駕しました。この優れた技術の達成は、１４００年の時を経て今なお私たちを感嘆させます。建築家たちは、東ローマ帝国［ビザンティン帝国　１３９５―１４５３］の権威の象徴を意図しました。アヤソフィアは、帝国の権威を誇示する目的で建造された最初の聖堂であり、国教に昇格したキリスト教は、この聖堂で初めてその精神的内容を具現化したのです。この壮麗な建築は、古代ギリ

図43　パンテオン　ローマ　118–125年

シャの伝統にとらわれることなく、新鮮な要素を多く含んでいました。ローマ帝国の権威の誇示という意図は、アヤソフィアの記録的構造によって確かに実現されましたが、その芸術的特徴は冷ややかで、確かに細部にこだわり過ぎるものでした。アヤソフィアは、およそ千年後に建造されるモスクの準備段階であり、構造が美を獲得するのは後のことになります。

偉大な建築家スィナン[4]をリーダーとして16世紀トルコで建造されたスレイマニエ・モスク[5]では、純粋な合理的構造物の持つ硬直さが緩和されています。そこでは、ドームが外観においても内部構造においても、芸術様式のひとつの要素になっています。建築全体で構造上のすべての構成要素が、プロポーションと結びついています。ローマやコンスタンチノープルのドーム技師は単なる技術者にすぎず、スィナンや彼の友人そして弟子たちこそ建築家だったのです。

スィナンたちは、丸天井の本質を半球の覆い（図45）すなわち数学的原形であると理解していました。これは正方形や立方体のように、調和の戯れのなかで数学的なフォルムになり得ます。しかしまた、ドームを抽象的・数学的な形とみなし、正方形や立方体との調和を考えるだけには留まりませんでした。半円球は地中海南部の海の光ともよく調和し、力学的張力やたいていの地震からも守られていました。ドームは建物四隅を支える大きな柱の上に置かれ、これをアーチが支えています。そして隣り合う半分のドームによって支えられ、より小さなドーム、さらに小さなドームが続き——全体と

図44　アヤソフィア（内部）　イスタンブール

図45　スレイマニエ・モスク（内部）　スィナン　イスタンブール　1550–1557年

して明快な構造になります。平面図では単純明瞭に見えるものの、この構造は型どおりの印象を決して与えはしません。ドームとアーチ、角柱や円柱、列柱によって、芸術的な動きが生まれているのです。鍾乳石のような楔状の部分では、アーチ下の三角隅壁［スパンドレル］が壁面の上部に入り込んでいます。これは構造の論理であると同時に、芸術的表現でもあります。静けさと躍動が、比類なく一体化し、モスクは静けさに満ちた生命の象徴となったのです。

大ドーム下部の冠状小窓やその他の窓は、この地域の光にきわめてふさわしい大きさや配置になっています。モスク内部はまぶしくないくらいの十分な明るさがあり、室内は夏でも涼やかです。壁面下部の窓は目的ごとに区分され、一番下の窓から入る光はコーランを読むための明かりとなり、上部の窓列から差し込む光は室内全体を柔らかく照らしています。これはトルコの住宅の大きな部屋も同じです（図30）。（モスクが住宅から影響を受けているのか、逆に住宅がモスクから影響を受けているのか。この点は興味深い問題である。）壁画やファヤンス陶磁器[6]による装飾は、絨毯のように表面を覆っているに過ぎません。石の繰形やその他の装飾は、この上なく控えめであり、数学的原形の自由な動きを妨げることもありません。その影響として落ちついた調和と内省的な静寂が与えられますが、それにも関わらず、モスクの起源は、ダイナミックな押しと引きの静力学的緊張にあります。力学的な諸力を克服するという同じ意図から出発しながら、モスクはゴシック聖堂とは正反対の帰結になりました。ゴシック聖堂では世界を包括する無限性が表現されているのに対して、モスクには人間的な平静さと寛容さが満たされています。

トルコの建築家たちは、このような内省的で哲学的な雰囲気を、どのようにして建築物に与えたのでしょう？　一般的な傾向として、彼らもゴシックの建築家たちのように宗教的哲学を持っていたことは確かです。しかし、アラーやムハンマドに対する祈りだけでは、大胆な丸天井の設計や堂々とした大広間を生み出すことはできないでしょう。トルコの建築家たちは、哲学の基本から、きわめて積極的な構築的意欲を展開させました。これまでひたすら威厳を示していたドームは、今や美しさを表現することが必要になりました。記録的に壮大なスケールのアヤソフィアが近くにあることを考えれば、その生き生きとした芸術的構想力には感嘆せざるを得ません。構想の力とその規模の大きさにも関わらず、スィナンはスレイマニエ・モスク（図46）において、アヤソフィアより大きな梁間にはしませんでした。彼の意図は別にありました。つまり、調和の美を目指したのです（図47）。

アヤソフィアと比べて、大小のドームが連なるシルエットが調和していることも、スレイマニエ・モスクが際立つ点です。開きかけた花のつぼみとがくのようなシルエットは、長方形の前庭の井戸やアーチと一体化しています。前庭はモスクを絶妙な調和のうちに保ち、そこには生硬さや強引さはまったく感じられません。宗教的な儀式が私たちの感覚を落ち着かせるのではありません。建築が、

図46　スレイマニエ・モスク（外観写真）　イスタンブール

私たちの感覚、プロポーションの感覚に影響を及ぼすのです。最高の芸術の力でモスクへと誘われ、私たちは創作活動や芸術鑑賞へ導かれるのです。

アーチとその下［シェル］は何と静かなのでしょう！　ミナレット［光塔］を木賊[7]［とくさ］のように吹き上がらせて対照的なアクセントをつけるとは、いかにプロポーション芸術の独創性が感じられるでしょう！　これらの塔によって、ドームの連なる四隅と前庭が強調されています。明確でゆるやかな弧を描くドームは、直立する塔によって、絶対的に完結した究極の調和へと至っています。トルコのモスクは、イスタンブールで古典的な完成を遂げました。当時の建築家たちは、咲き誇る花の美しさを表現したのです。しかもそれは、構造に基づいていました。

ゴシック聖堂と同じくモスクも、宗教上の儀式や聖職者が取り行う祭儀から生まれた建築ではありません。後世の建築家たちに建築美という目的を、よりわかりやすく教えるためには、プロポーションの天才がまず登場しなければなりま

図47　ユスキュダルのモスク　スィナン
イスタンブール　1543–48年

せんでした。彼らはドーム構造の本質を深く掘り下げ、力学的諸力の生命を理解し、芸術上の可能性を発見しました。そこから、自分たちが生みだした建築構想、すなわち「美の理想」を、だれもが認める偉大な古典的作品に表現したのです。

ゴシック聖堂には無限性が、そしてトルコのモスクには自己完結性が見られますが、——このいずれも、構造によるものなのです。

ゴシック聖堂やモスクの技術が驚くほど緻密であったとしても、技術はまず構造の結果として生まれます。しかし技術とプロポーションとの関係は、日本や古代ギリシャの場合とはまったく異なります。日本や古代ギリシャにおいて、技術はほぼ唯一の美の担い手なのです。ゴシック聖堂やトルコのモスクでは、ある種の美に向かう明確な意図を持って、はっきりと力強く構築されました。建築家はきわめて意識的に建築的構想に従い、不断の努力によって最終的に建築物へと展開させたのです。

この事実が示すように、トルコの建築家たちは、アヤソフィアを超えるという記録への野心は持っていませんでした。アヤソフィアは532年から537年にかけて建設され、ドームの直径は31・5メートルです。イスタンブールのスレイマニエ・モスクは、約千年後の1550年から1557年に建造され、ドームの直径も26・5メートルに過ぎません。この千年の間に、ドーム構造は完成の域に達する可能性を持ちながらも、建築家たちはアヤソフィアの規模を超えたモスクを建立することには関心がありませんでした。アヤソフィアの華麗さにもかかわらず、そのとてつもない素材の華麗さに誘惑されることもありませんでした。アヤソフィアの建築費は、記録によれば15億トルコ・ポンド、30億ドイツ・マルク［1930年代のコスト］であったといいます。オスマン帝国は、コンスタンチノープル陥落後、世界的強国としての少なからぬ誇りを持っていました。長い時間を要する建築に着手したのはそのためです。大建築家スィナンは当時すでに60歳を超えていましたが、スレイマニエ・モスクは教訓に過ぎないといっています。それ以前のより小規模なシェフザーデ・モスク（図48）を良い作品と見なし、晩年の84歳から88歳にかけて取り組んだアドリアノープルのスルタン・セリム・モスク（図49）に至って初めて、自らの傑作としました。

この事実から明らかなように、芸術家たちの当時の芸術的意図が、芸術以外のことから影響されることはありませんでした。それは豪華さ、迅速な施工や規模についても同じでした。

プロポーションとその美は、本来何を意味するのか、このことを現在もう一度意識するならば、私たちも彼らと似たような立場に置かれるはずです。莫大な建設費や迅速な施工、建築物の規模に感化される必要はありません。プロポーションの観点からすれば、高さ2キロメートルの塔がパリで計画されようが、5キロメートルの橋梁がアメリカで建設されようが、本質的には意味のないことです。私たちは回転する住宅を建設することも、柱に掛けられたり細い柱で支えられたりしている空

図48　シェフザーデ・モスク　スィナン　イスタンブール　1543/1548年

図49　スルタン・セリム・モスク　スィナン　アドリアノープル　1569–1575年

中楼閣、いわば気球住宅さえも建設することができます。

しかしプロポーション自体は、そうしたことに関心がないのです。

ゴシック建築やトルコ建築の例から、私たちはプロポーションと構造の関係を知ることができました。しかも、ゴシック建築とトルコ建築では、構造からのみ様式が生まれているのです。では、私たち自身の問題に戻りましょう。つまり、現在の建築における構造の意義を明らかにすることです。

多くの構造のなかからひとつの構造を選ぼうと決める際、どのような観点が重要になるのでしょう？　構造の主要目的は、常に耐性と持続性です。さらに、可能な限り材料の節約も必要になりますが、必ずしも費用の節約と同義ではありません。船が通行しやすくするためには、たとえ建設費が増大したとしても、橋脚の数を少なくし、橋梁は長くしなければなりません。アメリカの超高層ビルは、低層建築に比べてはるかに高額な建設費を要します。しかしその建設費は、土地の売却による利益で補塡できます。土地の価格は高層ビルの階数に比例して高騰するからです。

さらに、利用効果を重視した結果、より広いスパン構造に余分なコストが発生することもあります。ここで問題になるのが、追加費用と利用効果のプロポーションです。構造が機能、しかも建物と直接関係する機能に対してプロポーションを保っているかどうか。ここでの機能には、たとえばアメリカの摩天楼建設のきっかけとなった土地投機は含まれません。構造と機能のアンバランスな状況は、摩天楼にはっきりと示されています。本来摩天楼は、その内部構造に従った構造的な形式でなければなりません。しかしいずれの摩天楼も、構造とは無関係な衣装をまとっています。このような衣装は、ルネッサンスやバロック、ゴシックなどの古めかしい装飾でも現代的なものでもまったく同じです。

摩天楼が単純な野蛮さのなかに示すものは、現在の一般建築にも当てはまります。火災の危険を防ぐために鉄が覆われなければならず、鉄筋コンクリートでさえ露出には規制があります。それゆえ、構造つまり鉄やコンクリートの骨組から建築的形式を導き出そうとする時には、あまり性急になってはいけません。

そうしたことを人々が一時期望んでいたということは、まだ壁も装飾もない新しい建築物のために一時的に作られた、鉄やコンクリートの骨格が持つ本質的な美しさから理解することができます。なかでも「建築」になる以前の超高層ビルが最も顕著なものです。高層ビルの骨格には、足場同様に、引き、押し、突きなどの力の緊張がはっきりと認められます。私たちはそれらを、自然力のように直接感じ取ります。しかしこれは、合理的思考の産物であり、機械と何ら変わりません。この現象から

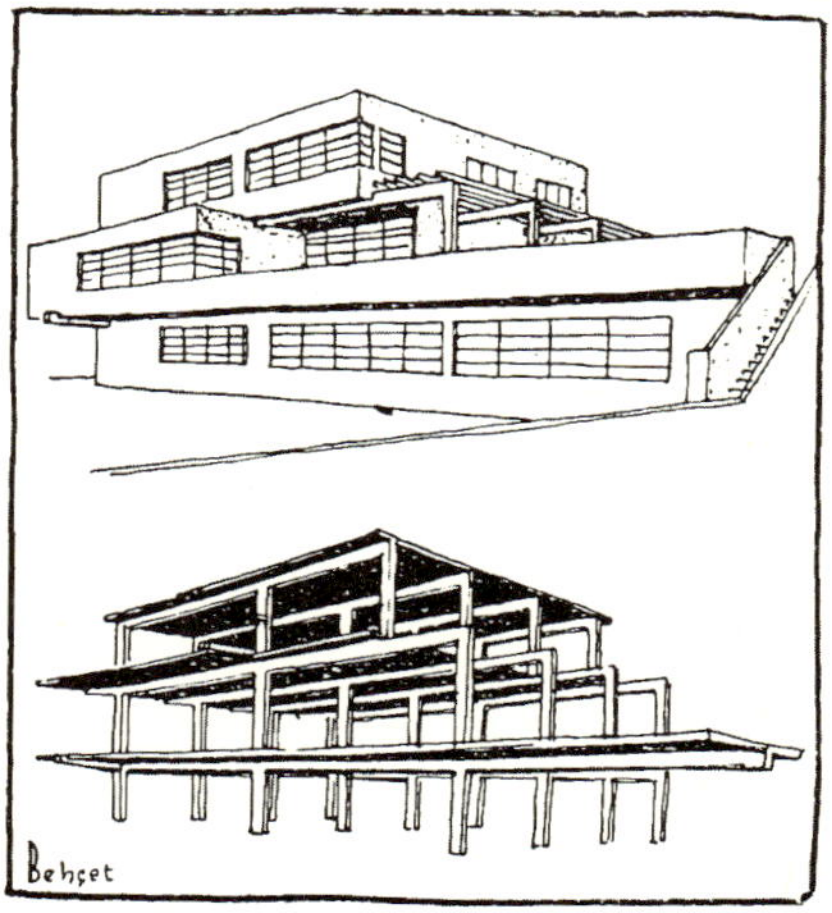

図50　構造（“Arkitekt” より）

生まれようとした美学は、実際には月並みな自然主義で終わらざるを得ませんでしたが、今でもそのような部分が残っています。（II章で、機械に関連して詳しく取り上げた。）先に述べたように、鉄やコンクリートの骨組を被覆しなければならないなら、実用面でも構造の美学は成り立ちません。建築家がかたくなに固定観念に止まるならば、建築家は構造を部分的にだけ露出させます。それは、人間や動物の身体のところどころで皮膚の外に骨が飛び出ているかのような印象を与えます（図50）。

建築家は、建築すなわちプロポーションの芸術を恥じることや否定するようなことは終わりにしなければなりません。建築家が自らを技術者と同一視することで、建築家という職業を正当化しようと思っても、プロポーションによって建築家に余暇や休暇が与えられるわけではありません。技術者は、構造がダーウィン的な意味で遺伝的に展開していくことを知っていました。適合しないものを構造が排除し、段階的に展開することを理解していたのです。建築家に一時期大変好まれたあの標語を、技術者が口にしなかったことは不思議なことです。しかし建築家は、決して中途半端な技術者ではなく、プロポーションの傍流の弟子でした。自分の領域、あるいは自分自身のなかにプロポーションを見出せないために、自分の専門外の分野、他人の領分にプロポーションを求めたのです。建築家が好んだ標語に、「経済的建築プロセス」や「住宅の機械的製造」などがありました。本来の考え方は正しいのですが、その他の優れた理念と同じように、建築家たちが標語として使用するや否や間違ったものになってしまいました。それぞれの住宅について緻密に実験する代わりに、数百件ものそうした住宅を建設してしまったのです。こうした合理的で実用的な問題を、政治や人類の理想への抒情的な賛歌と結びつけてしまいました。このように悪用されたプロポーションは、たちどころに至るところで復讐を始めました。こうした建築で浮かび上がってきた損害は、建築への反動と結びつき、建築の醜さを非難する結果となりました。このような建築物がプロポーションからいかに掛け離れているかは、ロマンチックで感傷的な傾向に至ったことからも明らかです。振り子はすぐに正反対の方向に同じだけ揺れましたが、そこにプロポーションの芸術、建築は生まれ得ないのです。

しかし、こうした傾向を軽視してはいけません。これらの根源には高いモラルがあり、人びとは建築の真実を求めたのです。サリバン、[8] オットー・ヴァーグナー、[9] ベルラーへ、ペレ、ペーター・ベーレンス、[10] マッキントッシュ、[11] ガルニエ[12]など現代建築の先駆者たちは、現代建築に偽りの衣装を纏わせていた昔の様式の仮装をはぎ取りました。とはいえ、受け継がれた伝統やプロポーションの法則を、彼らが根本から取り除いたわけではありません。伝統の名残にその時代の雰囲気が漂い、伝統に忠実な構造はもとより、わずかに自由に見える構造でさえ、本来の建築要素と矛盾していたことが後になってわかったのです。このような矛盾を検討すれば、もう一歩先へ進むことができたのかもしれません。しかし人々は、建築そのものを否定したのです。そして、技術者の仕事、その建造物や機械に魅了され、機械美学[13]なるものを作りあげました。この熱狂的な一元論のなかで、絵画や彫刻も含む一切の芸術を、この美学に従属させようとしました。とくに建築にそれを強く求めたのです。構造は時に大変美しいものを生み出すために、絶対的に自由なものと位置づけられて、構造には「現代の様式」の規範［カノン］となることが期待されたのです。そのために「現代の様式」は構造的でなければなりませんでした。ゴシック建築やイスラム建築の意味ではありません。構造は、プロポーションや構想、また芸術的理念に導かれて、形式を獲得するのです。それはペレやサリバン、ベルラーへなどが試みたとおりです。この一面的な傾向の結果、構造は独裁者となったのです。

先に述べたように、構造は常に露出されることをまったく望んでいません。目もくらむほどの明るい光のなかでむき出しにされることを、少なくとも常には好みません。事務所や商業建築、学校や住宅など一般の建築物では、実用的な理由からむき出しの構造を覆う必要があることはすでに述べたとおりです（図51、51a）。それにもかかわらず、柱や梁などの構造的骨組を露出したい場合は、階段部分を除き、窓下に胸壁［スパンドレル］を作る必要があります。そこに暖房の室外機を納めることもできます。このような状況から、連続する窓や階段室のガラス壁などのスタイルが生まれました。しかし浴室やクローゼットなどの付属室、特殊な空間には、外壁面と同じ長さの窓を取り付けることはできません。事務所や居住空間を使いこなすためには、窓の左右に家具や戸棚を置く場所を取ることもあります。またカーテンもいるでしょう。室内がつねに屋外同様に明るく感じられる必要はないのです。屋外での読書や書き物は、た

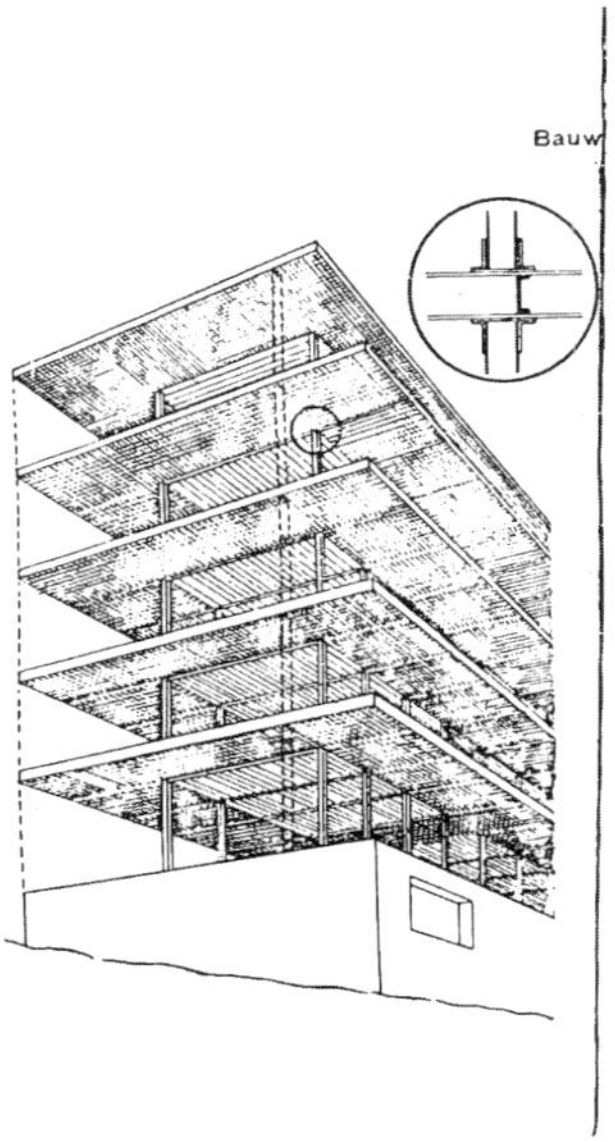

図51　骨組構造の建築物

図51a　完成された被覆

とえ木陰であっても、直射日光によって視神経が疲弊することはよく知られています。

ガラス面を持つ建築は、事例のほとんどで容易に分析されるように、まったく見かけだけの建築です。たしかに構造は明示されていますが、構造に内在する押しと引きの力は、観る者には決して伝わりません。このように真実の追求から生まれた流行の建築は、構造上の事実を歪めてしまったがために、真実の半分もないのです。そして、歴史様式に隠された構造を構造と呼ぶならば、この歪められた真実は、完全な嘘よりもたちが悪いものです。住宅が柱の上に置かれる［たとえばピロティ］とすれば、真実はさらに劇的に歪曲されます。これらは杭上家屋のように柱の上に架構されているわけではなく、通常の窓のある一般家屋を、単に柱の上に持ち上げただけであり、針の先でマッチ箱を支えるかのようです。これはまったくの嘘なのです。

構造的建築を好む現代の傾向は、このような流行現象に堕落し、先端に冷却機能を持つ自動車の流線型ボディーなどのように、多くの技術的現象と同じ段階に陥りました。建築家は技術者と同じ次元に行きたかったのです。その当然の結果、建築家の生み出すものは、技術者が作るものと同レベルになりました。流行の建築物を見ただけでは、どの土地やどの国にあるのか、もはやわからなくなってしまったのです。

図52　展覧会会場兼運動場　ブルーノ・タウト
マクテブルク　1922年、鉄筋コンクリートの骨組

では、技術者は建築家に対してどのような態度を取るのでしょうか？

まず、技術者の建築家に対する、きわめて単純な、いわば本能的な態度について考察してみましょう。技術者が建築家のところに行き、構造上のアイディアについて話す光景を良く目にします。住宅の骨格、もしくは橋梁のシステムなどについての構想であるかもしれません。そして、このような構造的探究に基づき、美しいものを生み出すことを建築家に依頼します（図52）。これまでの慣習に倣い、通常の装飾について建築家に相談を持ち込む場合もあるでしょう。しかし、構造にプロポーションを与えるのは自分の仕事ではないとして、建築家に教示を願う技術者もいます。いずれにせよこのような技術者たちは、美的に洗練されていてもいなくても、同じものを求めています。つまり建築家が建築家として、つまりプロポーションの芸術家として、技術者の仕事を基盤に鑑賞に耐えるものを生み出すことを、技術者は建築家に期待しているのです。建築家の協力無くしては、自分たちの仕事が無味乾燥でありきたりのものに過ぎないことを、技術者は本能的に感じ取っています。建築家の実際の仕事ではこのようなことが日常茶飯事であり、技術者との共同作業から美しいものが多数生みだされます。さらに、次のようなこともあります。建築家が事務所か商店の設計を依頼されたとします。平面図はすでに完成していますが、建築をどのように解決するのか決めかねており、そこでどのような構造システムが一番ふさわしいかを技術者にたずね、その意見に基づき形式の問題を最終的な解決方法に導こうとします。その後、鉄やコンクリートの骨組に関するさまざまな可能性について話し合い、ある部分を張り出しにするか、それとも吊り下げにするか、または別の方式にするかを議論します。こうした打合せは、多くの場合、技術者が次のように建築家に話すことで終わります。「あなたの好きなようにやってください。いずれにせよ、難しいことはありません。」それでも建築家は、絶対的に最高の構造があるに違いない、そこから自分の建築を発展できるのではないかと考えます。しかし、建築家は技術者から、それ以上何も聞き出すことはできないのです（図53）。

図53　ドイツ交通連盟ビル　ブルーノ・タウト　ベルリン　1927–1932年

このような場合に構造的建築を求めることは、抽象的な考えにすぎません。サンタクロースがプレゼントに何をくれるのか、少なくとも何か思い描いている子供の願いにすらなっていません。このように自分でも何を贈ってもらいたいのかわからないような建築家を、技術者は助けることができないのです。

プロポーションの芸術である建築は、あちらこちらをさまよいます。建築家は自らに拠り所を見出せず、技術者も彼を助けることができません。

建築家は、やはり自分自身を頼るしかありません。しかし、どうやって？——これは大きな問題です。

建築家の本分に立ち戻って考えてみましょう。建築家が設計に際して細心の注意を払い、風土的な条件を考慮するとしましょう。しかもその建築全体が実用的で使用目的に適っていれば、それだけでかなりの質に達しています。このような建築には、あらゆる技術的方法が使用され、住宅や学校、その他の小規模な建築は、その地域の性格を帯びることになります（II章、III章を参照）。大ホールや公会堂、鉄道駅のロビーなどのホール建築では、鉄や木材、コンクリートなどの支持構造が露出していることがあります。このような場合、実用的な理由から構造を被覆しなければならないとしても、構造の特徴を残すのはむずかしくありません。さらに、壁や窓、ドアなどを作る際に、照明や防熱、防寒のために気候的な諸条件を考慮すれば、ここでも一定の質に仕上がるでしょう。建築家の才能次第で、ある地域の性格が自然に表現され、独自の魅力を持つことになります。つまり多少に関わらず、世界的な流行に距離を置いているのです。

このような仕事は、控え目であるという美しい特質をわずかなりとも備えており、この点についてはすでに多くの作品に実現されているようです。しかしここで達成されている質はやはり控え目なものにすぎません。構造はプロポーションにまったく異なる要求を課しているのです。

この要求は、建築家が構造に盲従し、プロポーション本来の意味を理解しないならば満たすことができます。

ホールの奥行きと間口のプロポーションが適正かどうか、当然のことながら技術者が気に掛けることはありません。この問題の根本的性質を明らかにするために、まず次のような質問をしたいと思います。パルテノン神殿の破風側正面はそのままに、奥行きだけを長くすることを想像できるでしょうか。２メートルだけ、いや50センチでも、簡単に長くすることができるのでしょうか。また、列柱の軸を取り除くことはできるでしょうか。しかし現代建築では、建築物が垂直あるいは水平に構成されていようと、間口の幅を好きに延長できるのです。

要するに、気候的な条件が満たされ、構造的にも無理がなく、ある建築物のすべてが良好な場合に、ようやく建築家の仕事が始まるのではないでしょうか。これは技術者が、直感的に建築家に期待することです。しかし、装飾的要素を付け加えることとは関係がありません。ここでいう装飾的要素とは、昔の様式に見られる複雑な装飾などではなく、現在よく見られるパネルや滑らかなフロアのことです。このようなものはすべて重要ではありません。建築家自らが考えることだからです。その建築がある程度のプロポーションを有していれば、建築家が長いこと考える必要はないのです。

プロポーションが構造に対して果たすべきは、どのような課題なのでしょう？

技術者が自分自身の仕事について——自ら意識しているか否かにかかわらず——不満を感じるのは次のようなことです。

材料注文や、製鉄所、建設現場に必要な構造図が完成すると、静力学や物理学、押しや引きの力、圧力に対する抵抗力など、材料の科学的分析の結果が示されます。さらにセメントや鉄、木材の安全性を高めるために、必要な骨材の量が算出されます。材料の構造は製造過程で多少変化することもあるため、予期せぬ事態に備えて、計出結果には割増分が見込まれます。追加量は実験と経験から決定されます。これについては多くの国で、法律的に義務付けられた一定の数値があります。

図54　弓型のアーチ橋——鉄橋

構造に関する技術者の仕事は、すべて厳密で理論的です。科学的な理論や経験は、ある特定の場合に適用されます。技術者の仕事が理論的に、また科学的に厳密であるほど、技術者の価値は高まり、その存在も重要になります。

構造とその細部が生み出す線は、力学上の科学的本質の線です。後にこの線は、図面上に製図されている厳密さどおりに、組立工や作業者によって実際に仕上げられます。このような線の科学的論理性が観る者に伝わり、観る者は人間の思考の明晰さに喜びを感じます。こうしたことは構造のシステムがそれ自体で完結している場合、たとえば塔や橋などでたいていは力学的な曲線が見られる場合にとくに顕著です。エッフェル塔をはじめ、多くの橋のアーチや吊り橋、テンション構造の橋、アーチ橋、その他ホールの吊物などはこうした例です。橋上の車道は、厳密な水平に見えますが、技術者はまさに実用的な理由から、わずかにゆるやかなカーブをつけて下がらないようにしています。同じことが、水平の天井や梁にも見られる場合があります。この処理がないと、水平部の中央が窪み不格好になるからです（図54、55）。

技術者がこのような「トリック」を使うのは、ただ実用的な理由からで、美的観点からではありません。

およそ独創的な構造に限っては、それ自体で完結しているために、人間理性の論理への喜びを喚起します。楕円や放物線、双曲線など、複雑な性質の数学的曲線を持つ建造物にとりわけ顕著です。特に美しい例は、エッフェル塔やフレシネの飛行船格納庫です。（図56）。しかし、まっすぐな直線、完全な円や立方体など、真に純粋な線は、観る者の眼を不安で落ち着かなくさせます。数学上の基本形態であるきわめて純粋な数学的図形が組み合わされたり、平行に配置されたりしているときは特にそうです。現実の大気や光は、人間のどうやらこのような形を許容することができないようです。

図55　弓型のアーチ橋——鉄筋コンクリートの橋

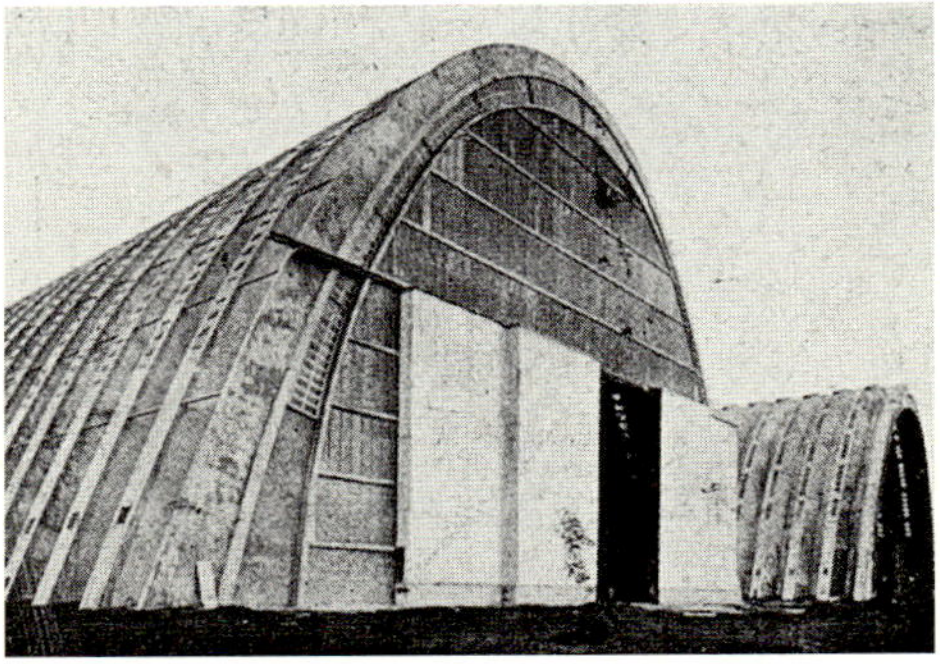

図56　飛行船格納庫　ウジェーヌ・フレシネ
パリ近郊オルリー　1916年

眼は、完全な数学的純正さを認識しようとしません。一直線の長い大通りを飛行機から眺めると、どこか非現実的で暴力的に見えます。人間は抽象的な形を数学的に思考することはできますが、人間の眼はその形を見ようとはしないのです（図57）。音楽と比較すると、眼と同様に耳もまた中間音を好み、いわば数学的な音楽には耐えられません（図58）。技術者の仕事が賞賛されるのは、放物線や双曲線のなかに、おそらく音であれば中間音にあたるものが認められるからでしょう。そうでなければ、健全な眼は、この基本的形態を持つ技術的構築物から、本能的に眼を逸らすでしょう。思考は橋のスパンを克服した技術の素晴らしさを賞賛したとしても、眼にはこれを鑑賞する手掛かりがありません。鉄橋や工場などをどんよりとした曇り空の色に塗装する理由のひとつは、できるだけ目立たなくするためだと思います。本来ならば、このような壮大な建造物は誇示して良いはずです。しかし人間の本能は、景観のなかでこれらを現実として認識しようとはしないのです。

鉄道旅行で駅や倉庫などの近くを通過した時に、こうした大部分の建造物は目に入らず、古い建物や農家などには眼が引きつけられるのも同じ理由によるものです。

抽象的なものは、思考のなかだけに存在します。現実となった抽象は耐え難いものです。これは形の世界だけでなく、人間社会にも当てはまります。（エジプトのピラミッドは建築ではない。ピラミッドは、天文学的・数学的なイメージやこれに類するものから誕生し、芸術的形式に関する感覚とは正反対のものだった。）

図57　アンカラ、駅前通り
（曲がっているように見える）

建築の課題は明白です。

きわめて一般的にいえば、その課題とは、理論的に描かれた図面に変更を加えて位置をずらし、あらゆる細部に変化を与えることで、これを自然そして光と大気のある現実空間のなかに、描かれたものではなく建てられたものとして、つまり実在として見せることです。こうして建築物は、はじめて現実との関係を得るようになり、優れたプロポーションを保つことになるのです。

理論的な図面、すなわち技術者による厳密に科学的な図面

図58　シャンゼリゼ　パリ

は、抽象的思考の真空空間で生まれます。技術者の作品が受ける大気や現実世界の影響については、図面上には記されていません。技術者は目の錯覚にも関心がありません。たとえば同じ間隔で並べられた平行線が平行には見えず、直線が弧と交わると屈折して見えるというような錯覚です。屋外ではまっすぐな直線が曲がって、周囲の状況に応じて凹凸があるようにみえます。しかも、直線が長いほどそのように見えるのです。数本のまっすぐな線が平行に並べられると、まるで振動しているように見えますが、直線同士の間隔が同じ場合にはいっそう顕著です。また垂直に並べられた2本の平行線は、上方では線同士が離れているように見えます（図59）。このような現象はすべて非常に複雑で、土地によって大気の透明度が異なることとも関係しています。太陽光は多種多様な力を及ぼし、さらに雨や霧、雪などの気象も加わります。現実世界には、「純粋な」形を歪曲し、時には人間の眼を完全にあざむくような原因が無数にひそんでいるのです。

これらの現象は、知性だけで克服することはできず、法則を見出すこともできません。実際の解決方法は、感情によってのみもたらされます。現実からの影響で歪曲されることのない形を創造することが問題になります。これこそが芸術つまり建築の本分なのです。

そしてこの領域にこそ、現代の建築家が取り組むべき大きな課題があります。古い建物の持つ静けさと美しさは、芸術的な意図が現実に実現されたことで生じていると一般的に認められています。ですから、建築物を構成するあらゆる部分、

図59　オリンピック・スタジアム　ヴェルナー・マルヒ
ベルリン　1936年、視覚的なバランスは崩れている

図60　アーヘンの大聖堂
カルナップによる復元

コーニスやその他の建築要素、装飾に至るまで、大気と光の影響による歪曲が、すべて排除されなければならないことを理解する必要があります。たとえば、直線と半円の接点では目の錯覚による歪みが生じますが、それはコーニスで矯正することができます。単純な線によるこのような目の錯覚は、まだ初歩的な段階に過ぎません(図60)。形を単純化する場合には、このことをとくに学ぶべきですが、現代建築ではこうしたことさえ尊重されてこなかったのです。

　現代的な構造を持つ建築物は、一般的には垂直と水平の線だけで構成されています。構造が簡素化され華奢になるほど、建物が揺れないように、視神経に不安を与えないようにすることが難しくなります。そして、形が単純簡潔になるほど、芸術的作業の必要性は大きくなります。たとえば、柱を細くして多くの窓を平行に配置するほど、線の構成が歪んで震えているように見えるからです。まるで不気味なのは、直線で描かれた図面では、柱の間隔や窓の間隔、それぞれに異なる柱の強度などが考慮されていないことです。一般の人たちにこのような批判を期待することはできません。建築家自身がまったく無批判に無味乾燥な構造図を設計していたからです。しかし、この状況は長続きすることはなく、やがてこうした建築が醜いといわれるときがくるでしょう。コンクリートやガラス、石や鉄で建設された建物の図面と、そうした建築物で営まれている知覚的生活の現実との不快な対立を、私たちの眼は感じ取るからです（図61）。道行く人々や行き交う乗用車、その他の街頭生活の陰で、そのなかに出入りしながらも自分とは関係がなく、自分の感覚や知覚とも何の関係もない建物があることに、やがて気づくことになるでしょう。

直線に曲線が加わると、さらに問題が難しくなります。連続する窓の列は一枚の紙が反ったように

図61　バタの工場　ウラジミール・カルフィーク／フランチシェク・リディエ・ガフラ　ズリーン　1930年頃

見え、なぜ曲がって揺れているのか。私たちの眼は理解できません。窓の列はそのまま下がり落ち、それを受け止めるものが何もないために、全体がずり落ちているような印象になっています。

鉄筋コンクリート製の大きな板を壁面から突出するように取り付けることは、きわめて形式的ですが非常に難しいものです。構造的には比較的容易なため、このようなことが行われていますが、私たちの眼には、まったく不可能なことに思われます。眼は建築にプロポーションを求め、そうでなければその建築物を認知しません。バルコニーに水平の手すりを取り付けると、さらに酷いことになります。この手法は船の甲板の手すりを模したものですが、船の場合は、入り込んだ海水をできるだけ迅速にデッキから排出するという目的があります（図62）。さらに、水平に並んだ鉄の棒が甲板全体の曲線と共鳴し、心地良い印象さえ与えています。

図 62　大波のなかの船

建築物が完全に平滑な立方体で、窓もバルコニーなどもなく、コーニスさえない場合は、ますます危険な状態になります。このような建築物は、まさに厚紙で組み立てられた模型のように見えます（図63）。立方体の稜線は上に行くにつれて離れて見え、屋根の水平線は、観る者をたいへん不安にさせます。これは直線なのかと人々は不安になり、まっすぐな壁が空を区切っているのを見ると、人間の眼はひどく戸惑います。これは完全な虚構です。実際の屋根とはまったく異なって見えるからです。その上、雨や霜によってしみや傷がつくため、特別に保護しなければなりません。

ここでは、いくつかの要因を挙げただけですが、このような要素は実際には無数に存在しています。職人のなかには、慣習として優れた形に対する感覚の名残を持つ人がいます。たとえば家具職人は、建築家が図面上に書かなくとも、ドアの上下左右の框［かまち］を同じ幅に見せるためにあえて同じ幅では作りません。またタンスの抽き出しも、図面上は同じ高さでも、上に行くに従い少しずつ低くなるように異なる高さに仕上げます。しかし現代の建築家は、家具職人たちにかっちりとした角をつくるよう要求します。角の部分の化粧張りは難しく、技術的には堅牢とはいえません。この意味では、現代建築家の要求に反する職人たちの方が正しいのです。彼らは昔ながらの形式のなかにも具体的な感覚の表現を認め、古い建築様式のつまらない模倣作品にも、その名残を残したのです。

昔の建築様式の模倣には、実際には、現代建築の模倣よりも多

図63　バタの工場　ズリーン

くの労力が求められます。現代建築の直線ならば、ほとんどだれでも描くことができます。しかし、本来は反対でなければなりません。なぜなら単純化には、より緻密な作業が必要だからです。「最大の簡潔さのなかに、最大の芸術がある」[14]という命題は、たしかに私たちにも当てはまります。しかしこの命題には、芸術家の重要な義務も表現されています。つまり、より深く慎重に物の本質に入り込むということです（図64）。こうした観点が建築批評の対象になり、建築家が批判的な自意識を持つとき、建築は決定的な転換点に到達するのです。

図64　ブリッツのジードルンク　ブルーノ・タウト　ベルリン　1927年

建築の転換点！

これは新しい標語（あるいはスローガン）のように聞こえますが、そういうつもりではありません。（注：建築家が自分の考えを書き記すと、言い回しや表現が素人のようにならざるを得ない。しかし、建築家が自分の考えを適切なことばで表現できるなら、建築家ではなく小説家や詩人になるだろう。）

新しい標語によって、もう一度新たな様式を広めるべきだと考えているわけでもありません。むしろここで考えられているのは、どの建築家も本質的な外面を変えずに、これまでの仕事を続けたいと思っているということです。しかし私としては前にいった観点に立ち、これまでの私の仕事は自ら改善されていくだろうというささやかな希望を持っています。建築が世界中で停滞しているということについて、ほとんどの教養人の意見が一致しています。大げさな標語で大衆を煽ったところで、実際には何の役にも立ちません。新しい流行を生み出す結果に終わるだけで、それもすぐに消えてしまうでしょう。建築物の合理的基礎を追求する傾向にある現代の試みは、今でもある種の理性的基盤を持ち続けているからです。同じように、ペレやライト、ベーレンス[15]、ガルニエ、吉田鉄郎[16]、グロピウス[17]、コルビュジエ、オウト[18]、ヴェスニン[19]、ミース[20]、メンデルゾーン[21]などの建築家が生み出す新しい形態や、昔の様式を好む依頼主は、これらの建築家に自邸を依頼するでしょう。依頼主が、建築家のように抽象的な図面と実際の建築とをはっきりと区別できれば、大きく前進することができます。依頼主は建築家に次のように要求するでしょう。「この目で実際に確認できるような家を建ててください。心から落ち着いて眺めることができ、長く見れば見るほど、長く住めば住むほどに、ますます見入ってしまうような家が欲しいのです」と。

　建築形式の種類や様式に関する議論を終わりにすることに、私は賛成です。定義できないこと、わかりやすい簡単なことばで表現できないことを、話したり書いたりするのを止めることにも賛成です。詩人が、ある美しい建築に感動して賛歌を作るならば、それは詩の問題であり、そこから建築作品に関わる現実的な何かが生まれるわけではありません。このような風潮が知的生活一般に限らず、建築家の知的生活にいかに影響を与えたとしても、それはやはり非合理的で超越的な領域に属するものです。このような非合理的な風潮の重要性や必要性を軽視しているわけではありません。しかしそのようなことをことばで表現できない人、つまり詩人ではない人は、詩に関わるべきではありません。建築家がそうせざるをえないならば、そうした表現はすべてまがい物であり、彼の建築もまがい物となるでしょう。

自らの創造する形式に対するそうした批判を考慮しなければならないならば、建築家の課題は、当然たいへん困難なものです。建築家の仕事によって一般人の眼が肥えてくると、建築家の責任はますます大きくなり、細心の注意が払われるようになります。何よりも手厳しい評価は、次のようなことばです。「これはぎこちない。この線は安定せず震えている。この建築物は見れば見るほど、不安定な感じがする。」

ここに何も新しい見解がないことは明らかです。多くのまじめな建築家には自明のことで、ことばにする必要がないくらいです。しかし建築家の見解もまた、彼の作り出す形の様式と同様で、完全に新しく独創的である必要はないのかもしれません。

芸術は発明ではありません。建築は発明から最も遠いものです。建築が依って立つ原則は連続性です。これについてはII章で考察したとおりです。ですから、建築家がある個人的な様式の建築物を建てた時、人々がそれを一瞥しただけで「だれそれの作品だ」とわかってしまうのは、建築家の強みではなく、むしろ弱みなのです。このように簡単に判断されてしまうならば、その建築にはどこか問題があるのかもしれません。建物の寿命はきわめて長く、通常の建築物でさえ１００年を超えるからです。実際には、新たに建物を建てるよりも、取り壊すほうが決心を要します。芸術家は「個人的」な様式を確立すると、そこから脱却するのが難しいのです。「独創的」と評価された芸術家の名声も、現在の傾向ではすぐに忘れられます。「これがだれそれの作品だ」と即座に認識されなくなると、彼の建築家生命ももう終わりということです。

これは現代に典型的な現象であり、昔の偉大な芸術家たちには無縁なことでした。このことは多くの優れた画家たちが異なる様式で描いた作品を見れば、よく理解できるはずです（たとえば偉大な日本画家、等揚［諱］雪舟［号］（１４２０―１５０６）の作品がある。図65、66）。

現代建築のなかには、歪曲や変形のないプロポーションを生み出すことが難しい形態がいくらでもあることは、いずれ明らかになるでしょう。そうなると、もうこれらを楽しむこともなくなり、建築家はこれらを放棄せざるを得なくなるのです。

現代建築の特徴である単純さと平坦さは仕事を難しくするため、多くの建築家たちは諦めて昔の様式に戻るかもしれません。依頼主の多くもまた、現代建築に対する不評を聞き、昔の様式を望むで

図 65　屏風　雪舟等揚　15 世紀末

図 66　屏風　雪舟等揚　水墨画

しょう。それは昔の建築物であれば、時を経ても鑑賞に耐えうると安心に思われるからです。

しかしこうした事態も私たちは受け入れなければなりません。現代建築の発展が中断し途絶えることはありませんでしたが、停滞に至ったことは心苦しいことです。しかしここで建築家の仕事がさらに入念なものになるのならば、この状況もそれほど悪くはありません。現代建築の動向の再検討は、軽薄な同調者が少なくなるほど、まじめなものになっていくでしょう。ある著名な建築家が描いた曲線が、コンパスや定規では簡単に描けないものであり、この曲線にはさまざまなニュアンスが含まれているとします。たとえば、なだらかに隆起して(図67)、目に見えないほど細かく屈折しています(図68)。これらすべては、建築物の特殊な条件や近隣の景観、光などとの関係なども考慮し、優れた建築家が発展させたものです。しかも、この建築家は同じ曲線を一回だけ使用して、他の建築物で使用するときには根本的に変更します。このような建築家が現れると、現代建築の同調者が不格好かつ浅薄であることが、たちまち露呈することでしょう。

ゴシック聖堂やモスクでは、構造がプロポーションと結びつき、最終的には形式に至りましたが、

図67　エルバー通りの住宅地域　ブルーノ・タウト
ベルリン　1926年、正面が歪曲した計画

図68　馬蹄型のシードルンク　ブルーノ・タウト／マーティン・ヴァーグナー
ベルリン・ブリッツ　1925年、湾曲して段々になっている屋根

では、現代の構造から現代建築が展開される可能性はあるのでしょうか。

　この質問には、すでに否定的な答えが含まれています。現在の建築物には、ひとつの構造ではなく、多数の構造があります。そのため、ひとつの構造に注目し、それにふさわしい理論を立てるのは、完全な間違いではないにしても早計といえるでしょう。多種多様な現代の構造には、建築物四面を取り囲む壁と建物を支える骨組が、モスクのように一体化したものはありません。一方、ゴシック聖堂のように柱や筋交いなどが丸天井やアーチとつながっているものもありません。ある程度似ているとしても、これは「骨組」であり、このことばが明示しているように隠されているものです。これは、鉄筋コンクリートの鉄筋にも当てはまります。とはいえ、コンクリート構造の均質性から、押しや引きの力を、少なくとも目では直接知覚できると考えられるでしょう。もちろん静力学に対する人間の感情は、構造の進歩によって変化していきます。橋梁や広間におけるコンクリートの梁によって、美的効果も達成されています。

　ところで、建築家の仕事に関する限り、現代のあらゆる構造は、直接的な内的連関のない要素から構成されています。[22] たとえば大きな鉄梁が柱の上に載せられたり、コンクリート板が壁から張り出したりしています。

　しかし、建築家が構造の力学的・科学的基盤に介在していなければ、それは正しい行為といえるのです。もちろん、建築家自身が新たな構造手段を発見した場合は別です（図69）。それでも彼は、建築家すなわちプロポーションの芸術家として、基本的には最善をつくしています。つまり、技術者の行う抽象的な仕事に、現実の生命を吹き込んでいるのです。

　結局は、構造以外にもさまざまな要素があり、建築の形はそこから生まれます。場合によっては、この要素の方が構造よりもはるかに重要かもしれません。なかでも重要なのは機能でしょう。すでに述べたように、昔の様式が本当に仮装して近づいてくるとしたら、そのような仮装をすぐにはがすこ

図69　ガラスの家　ブルーノ・タウト　ケルン　1914年、鉄筋コンクリートの骨格（薄板）

とができるのは、機能しかありません。

図70　鉄筋コンクリートのビル
オーギュスト・ペレ
フランクリン通り　パリ　1905年

構造に関しては、建築家が形の問題で頭を抱える必要はありません。無理に力を加えたり（図70）、先入観を押しつけたりしなければ、損なうものは何もありません。柱の間隔を少し変更し、ある線にわずかな調整を加えて、被覆に形をつければ、たちまち建築物に生命を与えることができるはずです。さらに才能ある建築家ならば、さまざまな繰形や装飾なども作り出すことができるでしょう。言い換えれば、現在のようにさまざまな構造が可能な時代には、構造による多少の強制はあっても、建築家はかなり自由なのです。自由を自覚すればするほど、構造自体をもより使いこなせるようになります。その結果、発展の最終段階でひとつの構造方式が誕生します。これはゴシック聖堂やモスクのように、それ自体で形式要素になりうるものです。

構造について、現代は「無限の可能性の時代」といわれています。このようなことばは美しく聞こえますが、残念ながら建築家にとっては喜ばしいものではありません。無限の可能性などは、建築には存在しないのです。建築の本質は、均整によって制限されているからです。

構造についての考察は、前章の「技術」と同じ結論に達することになりました。

より詳しく検討したことで「技術の時代」は無趣味の時代であることが明らかになりました。しかし「無限の可能性の時代」が、必ずしも無趣味とはいえません。時として、大変美しい技術的構築物が生み出されることもあるからです。

しかし建築は、やはり構造をも救うことができないのです。

訳註

1　タウトがここで述べている建築の概念は、18世紀以降の啓蒙主義、古代ギリシア・ローマ建築遺跡の考古学的発掘調査、産業革命やフランス革命などの歴史的変革、それらを背景とした建築学の体系化によって、18世紀半ば以降に多数著された建築論に基づいている。関連する建築論については井上充夫『建築美論の歩み』（鹿島出版会　１９９２年）参照。

2　エッフェル（Alexandre Gustave Eiffel, 1832–1923）、フランスの鉄骨技術者、構造家。１８８９年パリ万国博覧会のシンボルタワーとして建設されたエッフェル塔の設計者。１８８４年には、アメリカの自由の女神の躯体も設計している。

3　II章註24参照。

4　II章註23参照。

5　スレイマニエ・モスクは、スレイマンII世（1495–1566）の時代に、ミマール・スィナン（II章註23参照）設計により、１５５７年にイスタンブールに完成したオスマン建築（トルコ建築）のモスク。

6　ファヤンス焼。彩色を施した白色陶磁器。

7　木賊（とくさ）、常緑多年生のシダ植物。枝分かれのない地上茎がまっすぐに伸び、節部に黒い鞘上の葉を持つ。

8　ルイス・サリバン（Louis Sullivan, 1856–1924）、アメリカの建築家。シカゴを中心に活躍し、後にシカゴ派といわれる建築動向のなかで、ウエインライト・ビル（1890–91）をはじめとするアメリカの商業建築、高層建築に独自の様式を確立した。「形式は常に機能に従う（Form ever follows function）」ということばは、その後の建築思潮に大きな影響を与えた。

9　ヴァーグナー（Otto Wagner, 1841–1918）、郵便貯金局（1904–06）などをはじめ、ウィーンを中心に活躍したオーストリアの建築家。過去の歴史様式との決別を掲げたウィーン分離派の中心的メンバーでもあった。

10　ペーター・ベーレンス（Peter Behrens, 1868–1940）、ドイツの建築家、デザイナー。鉄筋コンクリートとガラスのカーテンウォールを取り入れた作品によって、新しい建築の方向性を示すとともに、ドイツの家電メーカーＡＥＧを中心に、インダストリアル・デザイナーとしても活躍した。ベーレンスの事務所には、一時期、20世紀の建築界を主導したグロピウス、コルビュジエ、ミース・ファン・

デル・ローエが在籍していた。

11　チャールズ・レニ・マッキントッシュ（Charles Rennie Mackintosh, 1869–1927）、グラスゴーを中心に活躍したイギリスの建築家。アール・ヌーヴォーのイギリス版であるモダン・デザインを標榜し、グラスゴー派として、19－20世紀初頭のヨーロッパに大きな影響を与えた。

12　トニー・ガルニエ（Tony Garnier, 1869–1948）、フランスの建築家。Une cite industrielle（産業都市計画）（1901–04）に代表される工業化時代の鉄筋コンクリート建築を提示した。

13　「機械美学（Ästhetik der Maschine）」は、第一次世界大戦後に急速な工業化を展開したアメリカを中心に、１９２０－３０年代に世界的に流行した概念。機関車や自動車を主要な表象として、アール・デコ様式にも関わる。

14　『画帖桂離宮（Gedanken über Katsura）』（タウト全集第１巻、育成社弘道閣　１９４２年、岩波書店復刻版　１９８１年、２００４年）のなかのタウト自身によることば。13番目のページには“Kunst ist Sinn. In der grössten Eigenheit liegt die grösste Kunst.”と記されている。１９３４（昭和９）年５月７日に２度目の桂離宮拝観を果たしたタウトは、日本の筆を使い、画帖裏表27面のスケッチと解説から構成された一綴りのスケッチ帳を完成した。詳しくは『タウトの日記　１９３４年』（III章註１）５月７日－10日参照。またタウトのここでの考え方は、１９２６年のミース・ファン・デル・ローエの「より少ないことはより豊かである。（Less is more）」（註20参照）にも共通する。

15　ライト（Frank Lloyd Wright, 1867–1959）、アメリカの建築家。プレーリーハウスによる新しい住宅の提示や、有機的建築という考え方にもとづく活動を展開し、20世紀建築に大きな影響を与えた。帝国ホテル（1916–22）を始め、日本でも作品を残した。

16　吉田鉄郎（1894–1956）、日本の建築家。日本庭園を研究するほか、逓信（郵政）建築の先駆者として活躍した。代表作は丸の内の東京中央郵便局（1933）である。ドイツ留学経験を活かし滞日中のタウトを助け、現存するタウトの唯一の作品「熱海日向別邸」（1936）では設計に関わった。

17　ヴァルター・グロピウス（Walter Gropius, 1883–1969）、ドイツの建築家。20世紀初めから建築の工業化を提唱し、乾式工法（トロッケンバウ）によって建築の部品化を実践した。１９１９年には新しい造形教育学校「バウハウス」（II章註２参照）を設立し、20世紀の造形教育に大きな影響を与えた。１９３３年にバウハウスが閉鎖された後、アメリカに亡命し、ハーバード大学建築学科で教育にあたるほか、ＴＡＣ（The Architects Collaborative）を組織して共同設計を提唱した。タウトとは第一次大戦前から親交があった。

18 オウト（J. J. P. Oud, 1890–1963）、ドイツの建築家で、オランダで活動した。

19 ヴェスニン（Vesnin）兄弟、長男レオニード（Leonid, 1880–1933）、次男ヴィクトル（Victor, 1882–1950）、三男アレクサンドル（Alexander, 1883–1959）の三人兄弟で、ロシア・アヴァンギャルドの代表的建築家。

20 ミース・ファン・デル・ローエ（Ludwig Mies van der Rohe, 1886–1969）、ドイツの建築家で、１９３７年にアメリカに亡命後はイリノイ工科大学で教鞭を執る。Less is more.（少ないことは豊かなことである）の理念を実践した建築作品は、20世紀の建築に大きな影響を与えた。

21 メンデルゾーン（Erich Mendelsohn, 1887–1953）、ドイツの建築家。鉄筋コンクリートなどの新しい素材で独自の有機的な形を表現した。ポツダムのアインシュタイン塔（1920）はその代表作である。１９３３年にドイツを離れ、最終的にアメリカに亡命した。

22 タウトによる１９２２年のシカゴ・トリビューンタワーのコンペ案を参照のこと。その高層タワー計画は、上層階で曲げられた格子状の支持構造から構成されている（Speidel, Kegler, Ritterbach, "Wege zu einer neuen Baukunst. Frühlicht 1–4 und Rekonstruktion 5", Berlin 2000, S. 48 und 97）を参照。

V

機能

建築のなかでも、機能という概念は最も繊細な特性からなるものです。私がここで機能について語ろうとすると、現在の最も大きな問題を示し、人びとは建築に関する諸問題を知ることになるでしょう。

建築が芸術であることに本気で異を唱える人はいないでしょう。しかし、建築に関する議論や話は、いつも芸術としての建築を全面的には受け入れられないという結末になります。採光の良い優れた住宅であること、明快に構成され目的にかなった都市であること、そこですべてが円滑に機能していることを語り、そこに現代建築の業績を期待する結果になるのです。つまり建築は、より心地良い生活を求めるための専門分野の技術になり、そして建築家は公衆衛生技術者のように見なされるでしょう。ゆえにこの考え方のなかで、新しい建築計画だけでなく、社会や国家、そしてその組織について、つまり建築の形以上のものを期待することはきわめて論理的なのです。そのように考えると、建築の課題は、素人、もしくは建築家ではない立場から、衛生をさらに改善し機能を高めるという願いや望みを叶えること以外になくなります。

古い建物の美しさについての知識が普及し、建築美学に関する感覚もかなり広まっています。しかし、何か新しい建物を建てようとすると、これらは突然意義を失うように思えます。幸いなことに、建築は生産的な芸術であると考える人たちもいます。ただ、新しい都市の未来のイメージを造ろうとすると、交通、経済、衛生などの問題が強調され、形の問題は後退してしまいます。都市をどのように見るべきかというイメージを避けるのも確かに当然です。建築家による将来計画がこれまでに満足された試しはなく、それどころか反発さえ引き起こしたからです。客観的にどのような態度を取ったかは、後述することにします。

はじめに私たちは次の事実を認めておきましょう。一般的に、建築自体は人道的な技術と衛生学上の方法、建築家は地位の高い技術者と見なされ、建築は芸術に属するなどと主張するならば、たちまち疑念が呼び起こされるのが現状であるということです。

たとえば音楽の話をしているときに、楽器の製造やそれらの材料、バイオリンやフルートなどの特殊な製造法、そして楽譜や特別な技術的手段などの話が繰り返された場合、音楽家がどのように考えるか想像してみましょう。同じように、色彩の化学的成分や下塗り、仕上げ、カンバスの準備、筆の素材などだけで、絵についての話を聞く画家のことを想像してみます。最後には音楽家も画家も言うでしょう、私たちは音楽や絵画の技術的手段についてだけ話している、音楽や絵画についてではなく！　と。

建築についても同じです。より良い生活、つまり衛生的で光あふれる住宅や都市を作るための議論を否定する人はいないでしょう。ただそれでは、建築の補助手段について話しているだけなのです。議論の根底にあるその建築の補助手段は、重要な機能のなかにあるのです。そのことだけからも、機能が私たちの現代生活にいかに重要か、それゆえに建築にとって重要でなければならないかと、まとめることができます。

現代の建築家たちは、機能が現代生活のなかに占める重要さ、機能を見分ける重要さを心得ています。

私は1928年に、「良く機能するものは、美しい」と書きました。[1]

この文章を、必要性と合目的性の拘束、つまりプロポーションの芸術は、衛生、社会政策、交通技術などの下に置かれると解釈するのは正しくありません。後に美しくないといわれても、建築自体は機能的に優れ、まだ良く機能するものは繰り返したくさん建てられているからです（前章参照）。

しかしこれを逆に、「美しいものは、良く機能する。」ということはできません。古い偉大な建築作品は、このことばによって侮辱されるでしょう。それらの建築は黙って存在し、そこでの生活がどのようなもので、かつては何を満たしたのか、ほとんどの場合イメージを持つことができません。

昔の建築職人は、建築の補助手段、つまり技術、構造、機能について頭を痛めることはなかったと思われます。あらゆる場合に適した様式のイメージがあった偉大な様式の時代には、プロポーションは強い生命力を持っていたために、改めて分析する必要がなかったからです。そしてプロポーションだけに従うことで、形態は次第に洗練されていきました。それゆえにまた、機能は議論の対象ではなかったのです。ですから、次のような現代の葛藤はありませんでした——家屋、街区、都市全体が素晴らしく設計されていること、太陽と光、衛生面や交通技術のすべての問題が素晴らしく解決されていること——つまり、すべての建物は昔の家屋や都市とは対照的に社会的技術的に進歩している。

それにも関わらずそれらは無味乾燥で、美学的にも昔の家屋や都市にまったく対抗できない。プロポーションに対する私たちの眼、私たちの感覚は、まったく充たされないままである。——後に、私たちが現在の建物を昔の建物を観るように考えたとするならば、偉大な予言者の才能が無くても、そのときの批評を想像することができます。つまり、「20世紀前半には建築が無かった」と書かれることを。

さしあたり私たちは、合理的に分析することで先に進むことができます。そのためには、機能に関するいくつかを明らかにしなければなりません。

機能の概念とはどのようなものなのでしょう？

ある建物が良く機能しているならば、それはまさに目的に適って建設されているからです。ゆえに、目的を充たすことは機能の主要な特性です。しかし、ある建物は利用されないときでも、利用されているときと同じに目的を果たし続けています。ところが「機能して」いないときに、機能について話すことはできません。たとえば楽器での演奏と同じように、楽器を奏でることで生みだされた美しい音色が、いわば機能です——しかし演奏されない場合でも、楽器が目的に適っていることは変わりません。機能ということばは、それ自体が生きているできごとをふくむため、ドイツ語においても、英語やフランス語においても、別のことばに置き換えることができないのです。

機能という概念には、次のような不思議な特性もあります。建物、住宅、学校、広間や大広間のある大きな建物で、空間自体、もしくはその空間相互の連結が巧みに計画されていると、人間の動きはそのなかで非常に円滑になり、その空間に人がいなくても、通りぬけただけでもこの喜ばしい特性がわかるのです。[2]

建物が使われていない、つまり「機能して」いない場合でも、この建物を使うことがいかに心地良いかが孤独な訪問者には伝わります。要するに機能は、不変の形式になるのです。

機能のこの属性は、照明に顕著に現れます。大聖堂やモスク、もしくは広間や居間での太陽の光は、曇った日やランプの光と同じように常に変わらずに美しいものです。この場合、空間が多くの人に満たされた場合、照明がどうなるかと考える必要はまったくありません。建築的機能としての照明は、この場合は使用状況の有無からまったく切り離されます。そのとき機能は、完全に建築の形式になるのです。

しかし音響効果に関して、機能はまったく別の性格を持っています。コンサートホールはそれ自体が音楽のための楽器です。この楽器は、建物によって演奏が良く聞こえるように計算し、本質的な条件を充たすことで調律されます。つまりホールは、聴衆に満たされなければなりません。そうでなければ、聴衆は望み通りの音響を得られず、ホール全体は粗悪な楽器になります。また、空間の音響的特性は、正しく使われたときにはじめて効果を発揮します。たとえばある部屋は、カーペット、カーテン、布張りの家具などで反響が和らげられています（図71）。そのため、少数の人たちがそこで低い声で話そうとしても、彼らは家具や布などがない部屋（図72）より大きな声で話さなければなりません。簡素な空間は、小さな集まりでの心地良い会話のためには適切な音響効果を持ち、逆に大きな声で喧々がくがくの議論を闘わせる集まりならば、家具、カーテン、カーペットなどが多く備えられた部屋が適しています。

つまり機能は、特定の領域での照明については不変です。そうでない場合、機能の性格はまったく相対的になるでしょう。つまり機能の質は、屋内空間の使いかたに関係があると思われます。人間は、建築家たちが区分けしたすばらしい空間を、あちこち走り回ったりせずに、喜びをもって効果的に使わなければなりません。さもないと、シベリアの新設住居ブロックの住人が、トイレ便器を初め洗面流しとして使ってしまっ

図71 「理想的な」住宅 1880年頃

図72　住宅の部屋　ブルーノ・タウト　1926年

たように、空間はきちんと機能しません。しかしシベリアの労働者と農民たちがその意味を理解した後には、彼らも正しく使うようになりました。大きな建物の機能も、それを使う人間がその意味を理解したときに、はじめて効果的になるのです。形式になった機能は、その美しさの度合いに応じていっそう適した形式を生みだし、より適したその形式によって、家を使う人間の振る舞いが優れて改善される場合もあります。

機能自体がきわめて相対的なだけでなく、そのことによって、目的にかなっていることもまた相対的で不確かになります。たとえば、家のなかの生活騒音をなくすことは、どのような場合でも正しいのでしょうか。そのことによって、逆に周囲への配慮や大きな音を出すことが助長され、私たちの世界では控えめに振る舞う必要もあることを教示できないのではないでしょうか。布地や家具などを使用して空間の反響を相殺することが、集まりのなかで叫び声を上げる人を、援助することになっていないでしょうか？

その意味では、建築はすでに機能によって道徳的な効果を上げており、15年前に家具や絵画、カーテンなどで飾り立てすぎた居住空間をもはや良しとしないとしたことは、そのような感覚上の効果もあったのです。[3]

極度に不安定な性格を持つ機能は、技術でもみたように、建築においてはまさに芸術の一手段なのです。すでに述べたように、機能は絵画にとっての色彩のようなものです。さまざまな要素同士と多くの前提条件との関係から生じるものです。そのようにみると、機能は芸術、つまりプロポーションの芸術の手段に違いありません。関係の美しい均整によって、とりわけプロポーションが支配するなかでだけ、機能の助けによって建築が生まれます。

この現象は、音響効果の問題に顕著です。複数の広間を調整するためのシステムや、音波を図式的に調べることなど、音響効果は大きな学問になっています。さまざまな素材について音色や共鳴、その吸収度など多くの公式が確認されましたが、実際のところ、公式やシステムのほとんどは、せいぜい音響効果の悪い広間の音響を多少良くする程度しか役に立たず、この学問的な手段で、良い広間を設計することはあり得ません。広間の設計計画を相談された音響学者は、必要に応じて社交辞令的な報告をします。しかしすぐれた音響効果のある広間は、広間の各プロポーションや建築の細部、簡潔にいえば、音響効果もまずプロポーションから形を得る、という意味において芸術的な構想の問題です。空間的に、またその形も美しい広間は、一般的に音響効果もすぐれていることは事実なのです。

機能は、多くの点で技術に似ているようです。技術的な手段によって、機能は生活に結びつきます。技術は生きもののように生まれ、そして死にます。そのとき、技術を動かした構想ももはや生きられません。機能もよく似ていますが、機能の始まりと終わりは技術と同じではありません。

しかしプロポーションは、その死を知りません。プロポーションは、機能がその生を終えた後もさらに生き続けます。私たちはパルテノン神殿から、それがかつてどのように使われまた機能したかを、ほとんどイメージできません。けれども建築としてのパルテノン神殿は、いまだに強く「機能して」いて、私たちはその建築的な影響が今後なくなるとは考えられません。都市建築としてのパルテノン神殿は、ピレエフス[4]までの通りを覆う偉大な支配力と[5]、幾重にも重なる豊かな関係性、つまりアクロポリスの丘と都市との連結や、とりわけパルテノンの建物と灯台のあるなだらかな丘や、その背景に連なる高い山々との関係とによって偉大な精神的機能を保ち続けていて、廃墟のような現状とは何ら関係がないのです。船がピレエフスから海へと出て行くと、アクロポリスへの視界は、まずその前を横切る丘によってさえぎられます。つづいてサラミスの方向で、アクロポリスとパルテノン神殿の偉大な長側面が見えてきます。ギリシア人がパルテノンのような建物の視覚的弱点、とくに遠くからの斜め一方向の視線を覆い隠したことは驚嘆に値します。ところが、建物の長側面が直接はっきりと風景全体に関係づけられて浮かび上がると、低い灯台、アクロポリスとその背景の連山のなかにあるペンテリコン[6]の高い頂が、不思議なことに一本の直線上で互いに連続しているように思えます。この点では、ギリシア人は古代の中国人に似ており、中国人の大建造物も、同じように、山々とのシステムを構成しています。しかし中国人よりもギリシア人のほうが地形の方位に素直でした。たとえば北から南への建物を絶対的かつ正確に方向付けたように、中国人はギリシア人の素直さを、硬直した規則によってきゅうくつな方法に挟みこんだのです。大都市計画を方向付けたギリシア人のこの率直さから、ギリシア文化をヨーロッパの基盤とする巨大な影響が生まれました。しかしそれだけにとどまらず、この影響はアジアの奥深くにまで到達しました。中国、とくに日本では、ギリシア人と同じ美意識を持つ民族にまで到達したのです。日本の美意識は本質的にはその前提をギリシアとは異にし、また彼らが創造したさまざまな形式も異なりますが。

パルテノンは、かつて生きて使われていたときの機能をもはや示していません。その機能はアテネの宗教と同じように今は死んでいます。しかしその機能は、都市、港、自然との関係のなかでは、今でも生きているのです。

しかしゴシックの大聖堂は、それがほとんど逆です。カトリックの礼拝は、現在でも中世と同じように大聖堂でおこなわれています。ミサや行列などのための機能は、今でも完全に生きていることを示しています。それに対して、都市計画としての大聖堂の機能はほとんど死んでいるか、完全に消滅しています。つまりゴシック特有のプロポーションは、大聖堂を眺めただけでは明らかにならないのです。大聖堂の諸前提は心のなかで再構築されなければなりません［すなわち、］

ストラスブールの大聖堂［Münster von Straßburg］でもパリのノートルダム大聖堂［Kathedrale Notre-Dame］でも、ゴシックの大聖堂は、上から下までよく観察すると、形態の基準が奇妙に異なることをその正面に示しています。ノートルダムやウルム大聖堂［Ulmer Münster］、そしてケルン大聖堂［Kölner Dom］のように、塔の正面に大きな広場のある大聖堂を近くから見たとき、私たちは建物下の部分と上の部分とを比べてある不協和音を感じます。ストラスブール大聖堂は、古い時代のままの大聖堂側の広場に接する大通りがあり、そこにこの現象が現れています。大聖堂は、かつては都市の家々にかなり接近して建てられました。わずかな軍隊と当時の戦争技術などの理由から、都市をうまく防衛するには

図73　ラオンのノートル・ダム大聖堂　12–13世紀

家々を密集させる必要があったからです。そのため、私たちが建物各部を近い距離から快適に見ることができるように、短い視線を基準にしなければなりませんでした。当然のことながら、繊細な特色が、上にいくほど荒くなるようなことはありません。しかし大聖堂のファサードが街の屋根の上にそびえ立つような場所では、大聖堂が遠くから眺められたときにも主要な形を消さないように、建築家たちは論理的な基準を使いました（図73、図36、41参照）。つまり、都市の外壁を超えてそびえたつ塔には最大限の効果を持たせたのです。古い都市が現代的な大都市となり、大聖堂の偉容と都市の小さな家々との間の大きな対比がなくなった現在でも、私たちがそれを数キロメートル離れた鉄道から見ることができるような、都市の家並みを超える大聖堂の塔と身廊のシルエットがあります。都市が地平線に消えるにつれ、その大きさは増大するようにさえ思えます（たとえばライン川河畔のケルン大聖堂）。

古典的な建築の多くは、多様な関係の一部分にだけ機能が保持され、部分的な命をつないでいます。しかし日本の最も重要な古典建築、京都の桂の御殿［桂離宮］では、機能はいまだに完全に生きているのです。[7] それは、建物の内部空間、外観、広大な庭園との多様な関係のなかに直接見ることができます。私たちは何も再現する必要はなく、この建物が建設された17世紀前半の生活様式は、今なお、人びとの最もすぐれた生活の一部に維持され続けているのです。小さな御殿の庭を取り囲む感動的で簡潔な竹製の垣根（図74）は、周囲の風景と一体になり、本質的にほとんど変えられていません。神殿［神社］、稲田とその地方の美しい農家、それらは慣習と思考のなかで古い文化財として守られ、ヨーロッパの影響でさえその表面に触れたにすぎません。[8]

そのためこの建物は、世界の建築におけるその高次の古典的な美しさを明らかにするもので、機能が集約された形であり、日本においても類いないものです。その考察は、建築の本質に関わる機能の何かを伝えるに違いありません。

図74　桂離宮　庭への入口　京都

詳述すれば、一冊の本にすることができます。この建物を実際に詳細に研究することで、次の結論を導くことができます。ここでの機能には、総合的で多面的な特性があり、その影響と関係はどの場所でも中断しない、ということです。機能は、居間、寝室、浴室、トイレなど実用的な日常生活の面では有効性として、そして日陰のある風通しの良い空間、きわめて落ち着いた光と高い次元で洗練された芸術、室内から庭を楽しむことなどでは、快適性としても姿を見せます。さらに建物それ自体が、庭との多様な関係のなかで完全な調和を作り上げ、関係同士の戯れあいはどの場所でも破綻していません。居室空間前の庭は典型的日本の庭園芸術ではなく、芝生

図75　桂離宮　池からの眺め

と木立があるだけです。茶室[9]〔松琴亭〕に至る道は、反対に精神的な要素が強く支配しています。私たちヨーロッパ人でさえここでは瞑想を感じます。瞑想は世界共通の自己集中であり、そして日本文化の禅思想の源泉です。実際に、この偉大な芸術作品の細部では、形態個々がそれ本来の価値を決して越えない理由がわかるにちがいありません（図75）。この建物と庭は、どのような状況でも正しく振る舞う人間のようです。つまり茶道や体面が必要なところではまじめにふるまいますが、寝室、更衣室、浴室と脱衣所などでは自然にふるまいます。ここに皇帝の王子〔皇室の親王〕が住んでいたことにさほど大きな意味はありません。この建築は、その形態について語る必要はなく、何も説明する必要がないのです。眼それ自体が、そこで考えるのです。理解するという点では満足するでしょう。しかし自由な建築形式は、思い上がりや付随する意図を感情に直接訴えかけてくるため、実際には脳よりも眼が考えたことを話そうとします。つまり、すべてがなぜそうあるべきかが直接わかるのです。細部相互の関係の豊かさは、あまりにも多様なためにこの建築は美しく、すべてを見たと思ってもまた新しい関係が発見されるのです。当然のことですが、そこには前面も背面もなければ前と後ろもなく、重要なこととそうでないものとの境界がまったくありません。この建物の原理は、現代建築にとって非の打ち所のない手本です。建物は用途、目的と完全に一致し、住宅としての建物の機能は、寺院や教会堂よりも細分化しています。日本の生活をわずかでも想像できる人にとって、桂では機能が享受され、機能が形式になっているのです。その美しさは形式に次のことを伝えます。機能がことさらに意識されない場合でも、機能は建築創造のためにプロポーションに仕えるということを。

桂では「良く機能するものは、美しく見える」と真にいうことができます。

つまり、機能が建築に対してどのような意味を持つのかを、桂は直接に説明しています。桂はいわば、建築における機能の概念の建設された定義なのです（図76）。

近い将来の日本で、マット［畳］や紙を張った引き戸［障子戸］、伝統的な住宅に特有の要素やそこでの適切なふるまいが無くなる可能性がないとしても、一度ここで仮説をたててみましょう。桂離宮がかつてどのように使われていたのか、もはやそれをだれも知らないとしても、その美しさは生き生きと続いていくでしょう。しかし、この場合機能は、実際には死んだかのようです。古典的なこの日本の建物も、やはりパルテノンとほぼ同じようなものになるでしょう。

ここからある結論が導かれます。つまり、パルテノンがかつてその機能が非常に優れ、想像以上に完璧な関係性を有していたとしても、現在の私たちは何もイメージすることができません。美しい古代の建物がかつてそのように存在したことを、私たちは穏やかに推測するだけです。

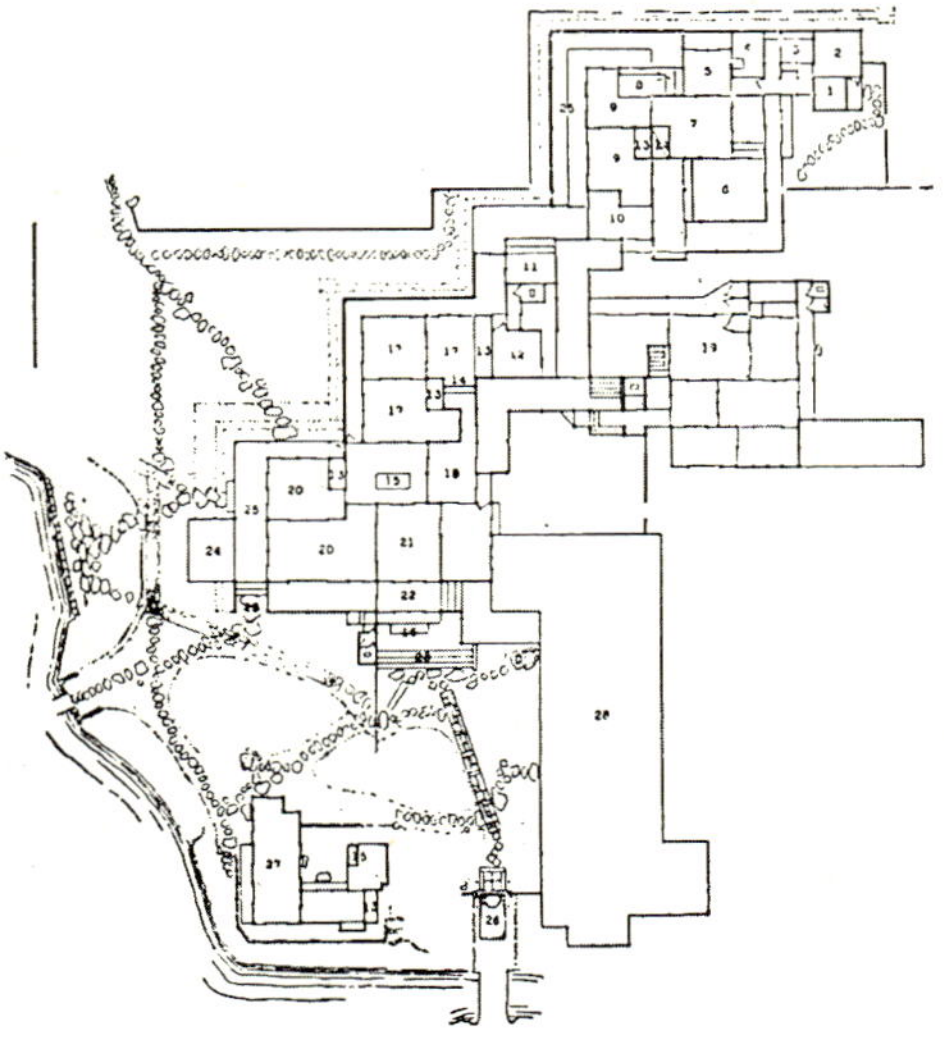

図76　桂離宮　住宅平面図

そこで機能の概念は、プロポーションの概念との完全な一致を得ます。現代の私たちはパルテノンについて、「この建物は良く機能しているがゆえに美しい」ということはできません。つまりギリシア人がパルテノンを建造したとき、ギリシア人がどのように生活し、彼らが何を考え、どのような意図を持っていたか、私たちには想像できないからです。確かに、歴史的な資料に基づいて、当時の状況に身を置く努力はできるかもしれません。しかし、それは確固としたイメージにはなり得ず、古代ギリシア人の生活を推測するだけであれば、19世紀初頭の擬古典主義者や建築家、彫刻家、画家や詩人たちのようなロマン主義者と同じです。

ある建築作品の創造過程では、機能はプロポーションと一体のものでした。しかし機能の寿命は不確実で、時の経緯のなかで機能全体、もしくはその特性のある部分は死んでしまいます。ところがプロポーションは、機能が消失した後もさらに生き続けるのです。

プロポーションが機能を生活のなかに、美しい形式の命のなかに呼びよせたがゆえに、プロポーションは論理的に存在するのです。ギリシアの言い伝えにたとえれば、不死の神が死すべき運命の子を産みだしたのです。

前述の定義は、本来は「機能」の概念にそぐわない精神性を押しつけなかったでしょうか?

私たちはすでに、技術と構造においてこの概念、つまり技術と構造が建築の美しさのための補助手段となるやいなや、月並みなものを超えることを確認しました。プロポーションは、芸術すなわち建築の決定的かつ唯一の特質です。合理的に考えられ意図されたすべてのものは、芸術に触れることでありきたりな平凡の枠を超えます。機能もまた同じです。

機能はプロポーションから非常に大きな力を得ます。つまり、その大きな力は平凡で普通のものを調和的に整え、適切な形式を与えるのです。前に述べたように、桂［離宮］では、日常的に使われる空間がほかの空間の美しさに劣ることはありませんでした。その空間はより簡潔で、階層に分けられた謙虚さのなかで、代表的な空間とまったく同じ独自の形式として調和しています。つまり機能は、精神的文化に定められた部分でも明確な建物の部分と同じように、プロポーションと関係の適正さを保っているのです。

日本の古典的作品［桂離宮］は、建築文化すべての同じ現象に関する生きた説明です。私たちはギリシア神殿の廃墟を見ただけで、ギリシア神殿が建設された時代に、建設されたものすべてが同一のプロポーション感覚に支配されていたことを確信できます。たとえば住宅は、神殿の形式が偉大で繊細であるのと同じ意味で、簡潔でなければなりませんでした。プロポーション感覚は、住宅は神殿に対して距離を保ち、神殿建築の要素を住宅に受け入れることを避けるように配慮されたのです。中世やイスラムなど、古代建築文化のいずれにも同じ現象が認められます。文化が退廃した時代には、現在もまたそうですが、かつての成金たちと同じように、住居を神殿や宮殿のように模しているのです。そのような模倣が禁じられ罰せられたのは、良き文化感覚の名残でもありました。

以上のことから、機能それ自体は、技術や構造と同様に建築を生みだしません。しかし反対に、プロポーションは機能を建築の形式にすることができるのです。

プロポーションの秩序から引き離された機能は、建築家にとってはまったく興味のないものとなります。その機能は学問にはなりますが、それだけで現実にはなり得ません。

このように断言すると、現代の一般の人びとは、前に言及した異議を同じように唱えるでしょう。つまり、現代の建築家は、衛生や交通、社会政策など、さまざまな学問の大きな影響を建築上でどのように否定するのか？　また、広々として光あふれる住宅や集合住宅や都市と、逆に狭く薄暗いかび臭い昔の建築との大きな違いを見ないのは、建築家が盲目なのか？　という異議です。

私たちはここで建築、つまりプロポーションの芸術ににについて取り組んでいます。狭く薄暗いかび臭い昔の建築は、確かに現代の衛生的で技術的で社会的な建築よりも下位にあります。しかし、現代建築の大多数が建築的にはさらにその下位にあり、そのままであり続けるだろうと、その異議に対して冷静に主張することができます。

機能が、家屋や都市建設のために有効な学問になるほど、建設物の機能の命は短くなります。機能に関する新しい学問的や研究理論は、技術や衛生について、そして社会的にすぐに新しいものに追い越されるため、学問として独立するほどすぐに古くなるからです。私たちは進歩に対する自尊心を、本来は誇るよりも恥じなければならないはずです。では、わずか数十年後、かつて人びとが誇りにした社会的有効性のある衛生的な方法が、もはや効力がなくなったときに結局何が残るのでしょう？私たちの努力の跡に唯一残ったものは、昔のがらくたになったのですから、現実に残るものは何もありません。そこで残り続けるべき唯一のものは、建設する際には、わずかしか評価されないものです。それがプロポーションとその美しさであり、プロポーションが建築のなかに見いだした美しさです。

以上のことは、機能のなかに現代建築の主要な手段を認めることや、将来の建築を機能的と表現することを妨げるものではありません——前に、ギリシアと日本の技術的な建築について、ゴシックとトルコの構造的な建築について語ったこと、そしてまた日本の桂の御殿を機能的な建築としたことと同じ意味においてです。そして私たちは、この実例［桂離宮］に原理的ないわゆる「モダン」という感覚を見いだし、現代特有の機能的傾向がこの実例に立証されていることを知りました。まず、機能から作られた何かがプロポーションであることがわかりました。機能は決して技術や構造以上のものではありません。機能的建築がいつか現代建築になるべきであるという見解は、おおむね機能的であって良いということであり――今や、機能はそのふたりの姉妹［技術と構造］と同様に慎ましく控え、プロポーションに優先権を与えなければなりません。

イメージのままにいえば――機能が相応に賢く控えめなときにだけ、機能は役割を果たします。機能が愚かで思い上がったものになれば、プロポーションとの関係を見つけることは、まずできません。また建築は、「学問」にふくれあがった機能の理論から身を引き、偉そうな主人［建築］に機能が服従するところでは、機能は値打ちのないもの――もしくは明らかなキッチュ以外の何物も生みだすことができません。

賢い機能とは――水洗トイレ、浴槽、エレベーター、大きな窓、屋上テラス、終わりのない道路、巨大な広場などでその本質がわかるものではありません。もちろん、これらもまた建築的機能の一部ですが、あくまでも一部なのです。機能の本質は、これらすべてのものが互いに関連して作動し、ほかの諸要素とも関係を保つような、優れた関係性、すなわちプロポーションのなかにあるのです。

建築家たちの課題はそこにあります。機能の概念に実体に与えること、その実体がなければ機能の概念は建築家にとって何の価値もありません。

このことを実例で検証してみましょう！

まず、超高層ビル［Wolkenkratzer（摩天楼、スカイスクレーパー）］です。

超高層ビルそれ自体は、合目的性を満たし、円滑に昇降するエレベーター、高性能の換気装置、煖房、冷房など最良の機能があれば、すべて「オールライト」です。しかし建物に限らず、ありふれた必要性の概念をもう少し広く解釈すると、全体的に疑わしくなってきます。前述のように、超高層ビルは土地投機者のポケットに対しては最大限に有用でした。かつては超高層ビルがより階高を増やすと、その近郊の土地の価格も高くなりました。建物の高層化とともに工費も高騰しましたが、不動産業者の利益にはほとんど関係がなく、結局収益性に対しては、建物の寿命を20年程度と計算する必要がありました。この経緯のように超高層ビルには限界がありません。構造に関するエンジニアの能力は、さらに高層化を克服し、また地下にも階層を重ねるでしょう。限界は構造のなかにではなく、むしろ投機のなかにあります。建設者は競い合い、営利的な危機によって争いをやめるのです。

暗く沈んだ魂は、慰めを探し求めました——超高層ビルにも何か良さがあるにちがいないと。そして、同系統の事務所をエレベーターで互いに連結すれば、大変便利だということに慰めを発見しました。超高層ビルの是非に関する情熱的な議論のなかで、そのパイオニアたちはおもに経済的理論との関わりで超高層ビルを論じ尽くしました。つまり、建物の下半分にある事務所が日照不足に悩んでいる事実を無視し、またエレベーターによる垂直方向の動線ほどでないにしても、建物内の水平方向の動線をより便利にする技術なども無視したのです。このような考察方法や議論のなかで、ある人が投げかける質問は、子供のように純粋で、同時にかなりの確率で滑稽なものになるでしょう。つまり、何のためにタワーを建てるんですか？　と。そして、タワーから遠くを見ることができ、遠くからもタワーを見ることができるからと、自ら答えるでしょう。ところがこの自問自答は、聖なるビジネス全体の基盤を確実に揺るがすものです。次のような質問者も同じです、なぜ膨大な数の人間をタワーに詰め込む必要があるのでしょうか。この質問は、感情からだけではなく、アメリカの巨大都市を創出させた現実にも基づいて発せられました。つまり通りは、過密に隣り合うタワーを離れる膨大な数の人間を吸収するにはあまりにも狭く、車についてはいうまでもなく、かなり離れて止めるしかないからです。

単なる感情的反論からも、またある程度現実的な結論でも、つまり超高層ビルというものはプロポーションの領域外にあって、建築とは何ら関係がないことは明らかです。経済上の利害が、配慮のすべてをはぎ取ったからです（図77）。

しかしながら、超高層ビルは独自の印象をつくり出し、その反抗的なまでの荒々しさは勝利を収めました。マンハッタン島の賛美者たちは、それを割れ目の多い山脈にたとえます。叙情的な心の高ぶりは、建築作品の美しさを詠ったものすべてを超えています。言語道断な規模に向かい合うと、その塊は、ひとりの人間を取るに足らないものとして押しつぶし、その人間は個人の自意識を完全に見失ってしまいます。彼が自らを主張するためには、押しつぶした怪物を褒める以外ないのです。取るに足らないという自身の感情は、そうすることを唯一の助けとしますが、自覚をともなわない個々の自尊心は、人からは何の共感も得られず、また何の実体もないものです。空虚な個体は風船のように膨らんでいくだけでしょう（図78）。

超高層ビルの影響は、建築が扱う対極にあるものを示しています。建築の美しさとは、それを見る者に簡潔で穏やかな幸福を伝える

図77　シカゴ

ものです。興奮や熱狂は、そこにはないのです。

きまじめなアメリカ人たちは、超高層ビルから顔を背けました。しかし巨大な規模が持つあの心理的影響は、集団を繰り返し惹きつけました。ヨーロッパの建築家たちも、群集心理に屈したかのように超高層ビルに感激しました。この段階で、彼らは小さな建築物が連なる美しさを創造する力を欠

図78　ロックフェラーセンター
建築家の共働
ニューヨーク　1929–1941年

いたため、高さを独自の美しさと信じ込むようになったのです。

ヨーロッパの建築家たちは、超高層ビルに必要な距離を配慮し、適切な場所を設定すれば、超高層ビルの問題も解決し得ると信じました。そして彼らが計画し建設したものを、彼らは「高層建築」[Hochhäuser] と名付けました。荒々しい奔放さから、事態を建築的なプロポーションへと連れ戻すためです。建物をあまり高くしないことで、ある程度まで建築として達成されたものもあります。つまり現実が、耐えられる程度を強要したのです。

しかし、プロポーションから離された機能は、理論としては技術や構造よりも大きな魅力を持っています。ドイツでは１９２０年頃にタワー状住宅の考え方が発表されました。[11] その建築家は、一般的には広大な平地に建設されるような住宅を約30階建てのなかに収め、[高層化した場合] 残りの平地を庭や遊園地のためにそのままの状態にできると考えました。１９２８年頃になると、この考え方は理論的に描写されて宣伝されました。つまり、一般的な集合住宅は高層化されるべきであるというように。住宅の高層化を進め、その建物の間を広い平地にすべきだというのです。

そこで理論が重要であり、はじめに次のことを予測することができます。現代の社会関係を変えない限り、高層住宅の間の広い平地にはさらに建物が建てられるということです。そして、子供のいる家族を10階か20階に収容することに普通の感覚ならば抵抗を覚えても、高いところに住むことは素晴らしいという主張によって押しのけられるでしょう。日常生活が地面から離れるほど、人間はますます不健康に、精神的な発達はいっそう憂慮すべきことになるという異議も助けにはなりません、——たとえば塔の番人が演じる、風変わりなだけの長編小説を思い浮かべてみます。単なる感覚では、理論家を納得させることはできません。しかし、建築的プロポーションという特性、これには説得力があります。建設費と建築目的との適正な関係は、II章で詳述したように、いずれの国、それが最も革命的な国であっても、大衆のための簡素で小さな住まいを、可能な限り価格を抑えて建てようとするでしょう。国の関心は、できるだけ多くの住宅を建設することにあります。建設費は4階〔日本では5階〕以上から格段に高くなり、12階〔13階〕以上からは累乗的に上昇します。この当たり前の現実が、超高層ビルに由来する「機能」の理論からプロポーションへと引き戻します。しかし超高層ビルは、けっして建築的な機能から生じているのではありません。

前述の例は、機能をプロポーションから引き離すことの危険性を示しているのかもしれません。機能はまさに、技術や構造以上に時代に適うものであるため、理論家は簡単に道を誤ります。外見のひどさを、機能が補填することもあるでしょう。つまり、機能的であるから新しいものなのだが、その美しさは今はまだ理解されない、と簡単に主張するのです。

しかしそれは、機能の小さな部分だけが取り出されたのです。機能の心理的影響は、まさに建築家の興味を最初に喚起します。ほかのものならば、建築家以外の特別な専門家にも作ることができるからです。プロポーションに関する人間の感覚を満足させることに対してだけ、建築家が必要なのです。

このことは構造と似ています。つまり建築家無しでは暖かみが欠けるのです。建築家が関わらず、理論的なことだけの場合、形は大気や光のなかでゆがみ、ある程度の時間が経過するとはっきりと醜くなります。建築家はどのようなときにもプロポーションを忘れてはならず、また機能的要素のひとつだけに没頭してもいけません。高層のタワー住宅と同じように、一列に並んだ平屋住宅にも耐えられません。住宅の列がまっすぐにそして平行に始めも終わりもなく、任意に切られたソーセージのように並ぶ——もはや眼は、それを見ることができません。家の列が私たちの生活の眺めになるならば、長過ぎてはいけないのです。材料輸送や絶対的な標準化における建設過程の機械化だけに議論が集中し、建築家はそのような図式的な家屋配置について議論することなく、自身の職業を否定したために建築家自らが技術者になる運命をたどりました。しかし真の技術者であれば、合理的であっても内容がなければ、形にすることを絶対に良しとしないでしょう。アメリカは技術的に考える国であり、標準化がヨーロッパより先に非常に高いレベルで発達しました。標準化は機械的に住宅を建設するために、建築家にとって必要な実験でした。ところがアメリカでは、いまやすべての人力の限りを、これらの住宅を個性的にすることに注いでいます。それがあまり美しくないのは、技術者ではなく建築家の弱さにあると思われています。確かにこの感覚は正しいといえるでしょう。

機能のいくつかの部分的要素は、本質的に合理的です。部分的要素を統計や推論に使用する研究者は、全体からその要素を引き離せないこと、そしてほかの要素に左右されること、また時間的制限があることなどを知っています。

建築家はプロポーションに奉仕しますが、その目的は形態にあります。建築家が合理的要素のいくつかを彼の仕事の主要原理にしたならば、彼は抽象的なものから可視の形態を作り、抽象的な思考に属する基礎から具体的な形を展開することになります。建築家が創造したい形態から、風刺画、そして幻影ができるのです。つまり彼自身が形式主義者になるのです。

そのような傾向が都市計画に現れるのはきわめて危険です。未来に向けた創造への熱望は、並外れて誘惑的な力を持っています。そして建築家が心のなかで、新しい都市建設を生き生きと思い浮かべることも、建築家すべての心をそそることでしょう。そのような空想的な仕事の正当性は、建築家の芸術的な考え方をどの範囲で試してみたいかにあります。それは彼の視野の広がりによって、小さい建物でも個々の形態がより自由で明確になる、という点では実り多い試みになり得ます。建築家個々の行動、またあまり重要でないことを全体に関係づけること、いずれもが自然な欲求です。しかし建築家は、小さなことを大きなことの一部と見なし、彼の芸術的な考え方の可能性についてある程度のイメージを得て基準を獲得すれば、小さく控えめであっても大きな課題を与えられても変わらないのです。

このような場合、建築家は未来的（もしくはそれ以上）なスケッチ（図79）のなかに、空想的創作だけを考えているのですが、それは現実の実施計画とは関係ないことです。建築家のそのような計画の実施に対しては強く警告するのです。

優れた建築家がこれまでに設計した、未来をイメージした計

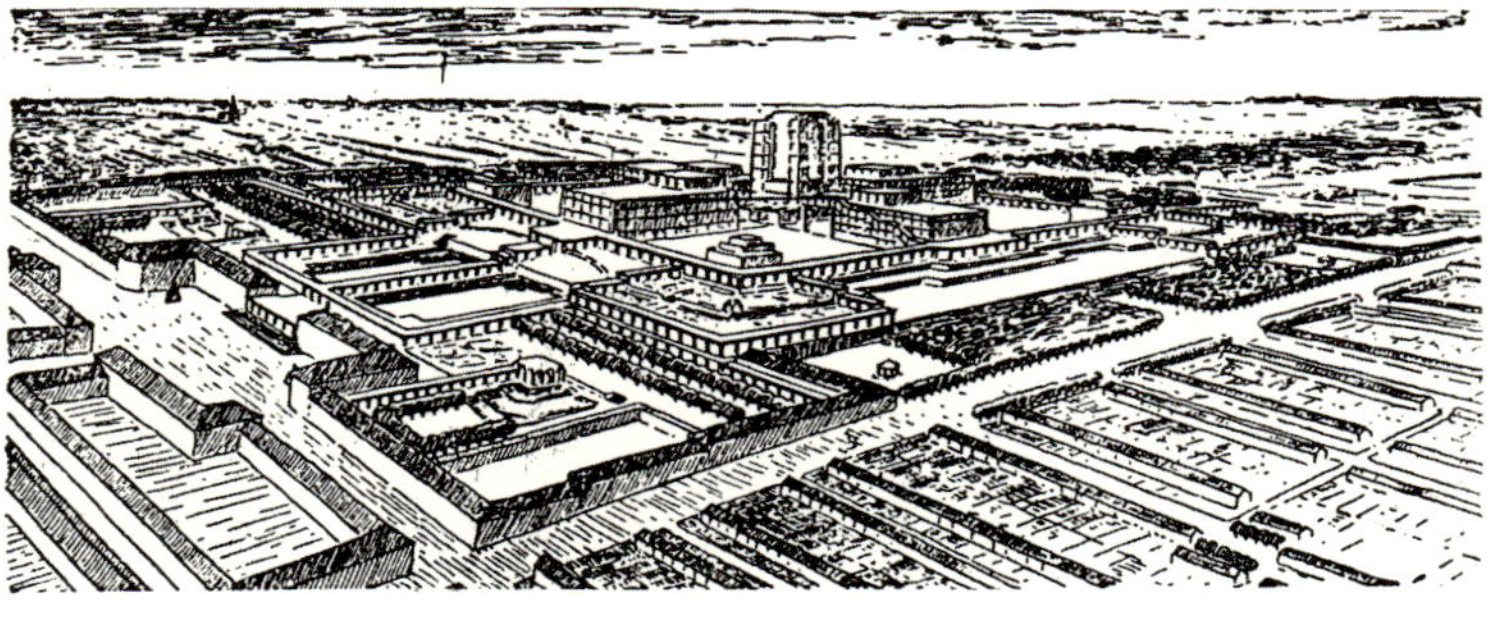

図79 『都市の冠』 ブルーノ・タウト 構想計画 1917年

画の多くも、この視点から判断しなければなりません。

その空想が大まじめに都市全体にあらわれ、受け入れられるようになると事態はまったく異なります。このような計画の意図には、すでに考え違いがあるのです。時間は絶え間なく変化を続けるにも関わらず、人びとはある瞬間からすべての認識が止まっていると信じているからです。建築家は、時間的不安定さと未来のイメージのような都市計画のために、機能的要素全体に手がつけられず、現代に特徴的に現れているひとつもしくはいくつかの要素を選び出しています。彼らはまた、この要素が未来にも残ると信じています。しかしそれは彼らにもわからないため、彼らの信念が強く熱狂的になるほど、いっそう形式主義になっていくのです。高い建物を強調すること、明らかな交通問題を過大評価すること、地下通路、全体的な直線性など、これらは表面的な特徴です。建築家たちは、荒々しく広がる影響による誇大妄想、感情を抑えるための催眠状態を理解し許容することに感動しているのです。[12]

実践的な都市計画家は、理想のイメージから設計することはできません。彼が試されるいずれの場合でも、計画が実践されるたびに予期せぬできごとが起こります。つまり、彼が基本理念に拘束されている限り、それはトルソ、つまり未完の作品になってしまいます。都市計画家は意識しなければなりません。何が未来をもたらすか、簡単に知ることはできないということを。それは、彼が突然、都市全体を建設することはあり得ないからです——幸いにも。また近い将来、それどころか現在でさえ、多くのものが彼の視線からこぼれ落ちていることも知らなければなりません。初めは些細に思われたこと、彼がそこに引っかかりを覚えたときに、理念を破壊することになるのです。ルーブル宮殿の設計者は、[13]テュイルリー宮、シャンゼリゼそして凱旋門を計画していませんでしたが、[14]後にすべてが生まれました。それは連続する世代が、本質的に同じプロポーション感覚を共有していたからです。都市計画は個人的な芸術ではありません。それは、核が可能にするクリスタル形成のようなものです。核が良いものであれば、より簡単に拡張が生じます。そこで、都市計画における建築家の役割は控えめなところへと連れ戻されます。つまり、建築家が建物それぞれに高い質を与えることができれば、彼の作品も周囲にいっそう大きな影響力を及ぼしていくのです。

街路、鉄道、エネルギー供給管理などは、遅くならないうち、つまり都市が拡大し新しい地域に人が流入する前に計画されなければならない、私はその必要性に異論を唱えるものではありません。そのような経済上の諸計画は、むしろ都市計画唯一の実り多き領域です。それらが未来の発展に柔軟で、そして遊びの空間を許容すれば、さらに良くなるでしょう。しかし設計されるべき当面の枠組みを超えて、都市の一部もしくは全体が計画されるとすぐに、形式主義が生じるにちがいありません。その影響は、頭のなかに凝り固まったイメージを作り、標準的な人びととの無邪気さを利用し、発展の邪魔をする困ったものです。星形広場や観点など、エコール・デ・ボザール[15]の形式主義は、都市計画やその他の計画が受賞したこと、またパリの都市の美しさを介して、早くから一般の人びとの信条とされました。建築家たちの特別な理論、高層住宅、街並み、連結都市、放射状配置、衛星都市などを宣伝する、現代の建築家たちの形式主義もさほど変わりありません。

「都市計画」このことば自体がすでに思い上がりを意味していました。都市の一部もしくは全体に可能な建物の準備をすること——そこに、今日の良き都市計画家の現実的で実り多い仕事があります。良き都市計画家は、機能というものがいかに相対的で時間の制約を受け、変わりやすいかを知っており、この認識が都市の有機的な生成には最も役だつことも知っています。彼はそれを持ってプロポーション、つまり建築にも仕えるのです。プロポーションに忠実な建築家であれば、この課題を悪い方向には導かず、さまざまなほかの専門家たちのうちでも適合するはずです。それゆえ建築家たちは、１９００年頃から都市計画を彼らの仕事の専門分野として獲得することができました。多少の争いはあっても、人びとは建築家に必要な信頼を寄せました。プロポーションを仕事とする職業こそ、都市建設への影響の流れを作り、観点を調和的に秩序立て組み立てることができると、人びとがわかったからです。しかし現代の建築家が、都市全体の形を未来に向けて決定することや、近い将来にも実施未確定な広場や建物、その他の輪郭を考えるという要求を持って登場した場合、深刻な危機が生じます。つまりこれまでの実例にあるように、先駆者たちが苦労の後ようやく獲得した信頼を、建築家が結局失うという危機です。

私たちは機能をもう少し間近に観察し、機能に関するいくつかの点について学問的な確認をおこない、そこから実際の建物に生じた結論を追跡してみましょう。

機能統計学が果たす最も重要な効用は、次のような点にあるに違いありません。統計学上は、たくさんの人間がこの住宅に生活して、そこに住宅を建設することができ、たくさんのホールを訪問し、あの通りや広場はあなた方の地区整備計画にかかっているなど。人口調査や比較を基準とした学問的な手法によって、正確な頻度数を得ることができれば、建築家はさぞ心安まることでしょう。ところが問題のある専門家がこれを実施すると、彼は実践のなかでひんぱんに大きな失望を充分に味わうことになるのです。新しく設計したホール開館日にすでに、ある部分の小さすぎや大きすぎたことを知り、しかもこの不具合は長く続くのです。住宅も同じです。地区整備計画内の通りを、建築家は役所からの所見に従い、車線の広い重要な交通路として計画する必要がありましたが、完成後はさほど交通量が多くなく、荷車は逆に脇道として作られた通りを好む、などなど。多くの場合、建築家が自らの感覚に従い、人びとが彼の言うことに耳を傾けたならば、建築家はこの失望から逃れられたはずです。つまり、建築家の感覚は比較統計学にもとづくものではなく、プロポーション、つまり重要な前提条件の間にあるものに基づくことを示しています。

頻度、いわゆる使用の度合いから、面積の大きさや多様な空間の容積が明らかになります。

この点において、少なくとも経験全体の基準、健康に関する規則などが明らかになるはずです。しかし、実際に、学問的に理解するには多少の抵抗があるように思われます。

たとえば劇場の座席はどのくらいの広さが必要でしょう？　隣の人と肘が触れなければ、座席は快適です。その場合、太った人には90センチメートルの幅、やせた人なら75センチメートル、若者には60センチメートル、子供ならば50センチメートルが必要です。しかしこのうちの最小寸法が、許容範囲と認められています。また、太った人をやせた人の間に座らせることはそれほど多くないにしても体格に応じたさまざまな座席幅を想定する必要があります。電車のなかで人びとが間隔をつめなければならない場合、その幅はわずか35センチメートルか30センチメートル、最終的には25、もしくは20センチメートルを必要とします。

座席幅の前提条件に何をおくかに応じて、その寸法は1対4½で変えられるのです。制限のない集会の席に、押し合うほどの人数が集まる場合には、この差はさらに大きくなるでしょう。ですから、ひとりあたりの立ち席を半平方メートルとする統計学的な理論は、まったく現実的ではありません。隙間がいっそう大きくなるか、さらに詰め込むかのどちらかになるだけです。1930年以降、私たちはベルリンで、いわゆる最小限住宅を建設しなければなりませんでした。役所が決めた標準は、2人用住宅ということでした。しかし後の調査で、実際にはそのなかに標準以上の住人、それどころか10人も住んでいたことがわかりました。

動物に属する人間（ホモサピエンス）は、窮地にあって次のような天与の才を示します。つまり、ほとんどの動物には耐えられない、きわめて小さな空間に耐えられるのです。囲いのなかで動物が死んでも、人間はなかなか死にません。

ですから、容積の上限をみつけることは下限をみつけるよりも簡単なのです。劇場の座席が広すぎる、部屋が大きすぎる、通りが広く長すぎる、座席が離れすぎているときに、人は殺風景で荒涼とした印象を持ちます。「広場［臨場］恐怖症」[16] はこのような状況に対する心理的反応です。

では建築家が本当に自制できることは何なのでしょうか？　それは良いプロポーションだけです。容積の上限であれば、未熟な感覚でも限界を設定することは比較的簡単です。しかし適正な下限をみつけることは、鋭敏で繊細な感覚の問題であり、効果的な頻度の要因とともに、その他の諸前提も慎重に検討しなければならないという点では、芸術的な神経の問題です。たとえば、比較的高い建設費、消耗の激しさと手入れと清潔を維持することの難しさをどのようにするかは、小住宅やその他の建物を建設することと同様に、確かにやりがいがあります。

刑務所、兵舎、収容施設、病院などで、ひとりあたりの立方メートルの下限が決定され、それにしたがいひとり用の部屋や寝室の大きさが決定されることは、まさに非人間的でぞっとします。そのため、このような建物に課せられた課題が建築によって果たされることはほとんどありませんが、冷たい刑の執行に適した刑務所は論外です。つまり、感覚との関わりが少なくなるに従い、プロポーションの芸術はますます遠いものになるのです。

機能はその単純な関係においても、正確に把握することができないものです。機能にはいわゆる四次元、長さ、幅、高さ、そして時間があります。そして5番目の次元が、ひとつの空間の隣、もしくは並んでいる空間との関係のなかにあり、通りと広場の関係も同じです。これを空間の柔軟性ということができます。第6の次元は光、7番目は音、8番目の次元には空気、これは換気方法や1時間ごとの空気の入れ換えに応じて部屋の大きさにかなりの影響を及ぼします。9番目は風土特有の天候などになります。

建築家はこれらの次元を個別に見るのではなく、ともに調和的な秩序の内にとらえなければならないのです。

それを表現することばはなく、だれもみつけられないでしょう。機能個々の現象を説明する定説は単なる理論に止まります。そしてこの定説のひとつを優先する建築家は、形式主義者になります。そのような形式主義は、建物の平面図に、光と音に関する表や公式、動線、さらに狭い台所で仕事をする主婦の小さな足どりの歩数まで記していました。型番書には、この図面に構造家による計画様式を与えるために、計算と説明を付け加えました。流行を追う人々には一時流行りましたが、ある建物の各細部を学問的に究明し、証拠で覆うということ自体が迷いだったのです。機能を発見しましたが、樹を見て、森を見てはいませんでした。

シャルロッテンブルクの私の学生たち[17]は、一部は何か信仰のように、住宅や都市計画、列状建築、外廊式住居、高層住宅やその他のさまざまな流行の教義に執着していました。私は彼らを完全に自由にした上で、集合住宅や住宅の機能に関する質問すべてについてシステマティックに考え、客観的に演繹するように指導しました。私たちはそこで興味深い多くのことを学びましたが、私たちがみつけたものは——既知のこと、つまり理性と感情とがすでに学んでいたことでした。たとえば、45平方メートル以下の面積からなる階層住宅は、経済的、技術的、機能的、心理的、そしてその他さまざまな理由から建設しないなど。機能の関係性、つまり機能は極めて多様な要素から構成され、部分的な矛盾はあっても、ひとつの調和を実現するために、最終的に全体を相互に検討しなければならない、それが私たちが実際に知り得たことです。[18]

なかでも太陽と建物の位置がとくに大きな問題であり、現在、ほとんどすべての建築課題、住宅だけでなく、学校、事務所、大学などの教育施設、そして国家の大規模建築物ほとんどすべてにおいて、重要な位置を占めています。ドイツでは１９２５年頃に、建築にとっての太陽がいわば「発見」され、以来人びとは失明するまで［他のものが見えなくなるほど］太陽をじっと見続けたのです。住宅は東か西向きにすべきで、［南向きにすると］北側を展開させることが非常にむずかしくなります。最終的に北側が付属室で占められるからです。私たちは一所懸命衛生学者の研究結果を探しました。そこで私たちは、真南に配置すべきだという研究成果をみつけ、先の考え方が否定されたことを知りました。また、別の衛生学の専門家は、真南から少しそれたほうが良いという考え方を示し、私たちはついに衛生学の研究成果の思いがけない結果を見いだしたのです。それは、直接の太陽光が重要なのではなく、むしろ天空に放射される光線が健康を促進するというものでした。続いて、居間については方位が決定的なのではなく、むしろ空の広がり、部屋の窓に自由に空が広がることが大事だということ。

つまり、光の状態が大事だったのです。過剰な光に目がくらむことは、暗すぎるのと同じように神経に有害です。そして眼を使う多くの人間にとっては、さらに有害でしょう。中央ヨーロッパでは晴れの日数が大変少ないため、雨や風の日と同じくらいに［晴れの日に］注意を払うことが重要です。要するに、建築家のような人間が、機能の現象すべてを合理的に調べても、ことばで規定することはできないのです。実際の設計図では、与えられた諸条件に基づき、住宅のグループや集合住宅を最高の状態にしなければなりません。家々の間の空間、中庭、広場などのそれぞれに際して、結果は美しいホールと同等です。プロポーションがあること、すなわちそれが気持ち良いことです。人びとはそのような施設を快適だといい、さらに邪魔な反響や雑音がなければ、すべていうことはありません。

前述のことは、私が建築にとっての機能が重要ではないと考えているためではなく、むしろその逆です。私たちの生活は技術的に高度に分析され、そのなかで建築の課題は専門化していますが、この状況が展望を混乱させます。つまり、確固とした何かを少しでもつかむために、個々の研究成果にしがみついてしまうのです。しかし、現代の建築課題が第一に形を与えるべきものは機能です。現代の建築家は、技術と構造とをほとんど際限なく意のままにできます。ですから、建築家の建物が後の広範な展開を妨げないしなやかさを備えるようにすることは、彼にとって何の障害もありません。そこから、ある様式を展開することができるでしょう。その本質は形式的な外面性ではありません。外面的な形を見ただけでは、人びとが建築それぞれの設計者や学派を知り得ないような、外面的に多様な形が生まれる可能性もあります。しかし建築は、内面の関係性になるはずです。その建築の質はさまざまな関係の豊かさに左右されます。形式的なものは、おそらく重要ではなくなります。重要なことは、他の源泉に由来するからです。建築は謙虚なものになり、建築家たちの能力によって、やがて思いやりのあるものになるでしょう。悪い形は疑心を招き、機能の観点から少し詳しく検証すれば、粗い形がさまざまな建物の価値全体を侵害することがわかります。ある建築家がわずかに歴史様式を使ったとしても、それは人びとに受け入れられるでしょう。しかし、現代の機能が歴史様式の形を使うことを非常に困難にし、また結局不可能にすることも予測されるのです。

軸（Die Achse）

あらゆる建築図面を支配する形式上の基本原理、軸！　この機会に考えてみましょう。

他の芸術はわかりませんが、水平もしくは垂直方向におけるこの想像上の線に対して、左右両側はまさに同じです。軸は建築の線です——しかしまた技術上の線でもあります。ですから建築家は、軸を批判的に判断しなければならないのです。鉱物の結晶、植物、動物、そして人間の形成においてはシンメトリーが優勢であること、同様に人間が本能的にほとんどの生産物に軸を使用するということ、それらを否定するのは当然無意味です。しかし次のようなことは近視眼的ともいえます。自然界の形のシンメトリーが必ずしも数学的に正しくないことに気づかないこと、一般的なシンメトリーの原理のなかですべてを実現しようとすることは小さな逸脱になるということ（図80）。芸術の質は芸術自体の原理に従いますから、現象全体を好ましいものにするために、やはり逸脱のバランスを微妙にとることがあるのです。切妻の3つの角、フリーズやメトープ[19]、その他アシンメトリーな図形によって、シンメトリーの強いギリシア神殿はその生命を得ています。そしてゴシックの大聖堂では、正面玄関、窓などのパーツの軸は、実はほとんど気づかない程度ずらされています。中世の建築物は総合的にシンメトリーな印象を表層的につくることが多々ありました。近くから見ると、建物の両側にはさまざまなものがあり（図81）、片側にはもう一方側より多くのモチーフがあってもシンメトリーの堅固な印象が失われることはなく、むしろ反対に、外面的な秩序は強くなっています。しかし中世の親方や職人がおおざっぱな仕事をしたと判断するのは、間違いでしょう。彼らは非常に精密な仕事をしました。そうでなければ、このような構造的な成果をもたらすことはできなかったはずです。彼らはこのシンメトリーからの逸脱を、完全な意図と意識とをもっておこなわなければなりませんでした。[20]総合的かつ絶対的なシンメトリーが、全体的にシンメトリーな人間の顔と同じく耐えがたく硬直し、そのあ

図80　プリマヴェーラ（春）
サンドロ・ボッティチェッリ　1478年頃
ヴィーナスの頭部、芸術家が
意図的にアシンメトリーに描いた例

図81　昔のダンツィヒの都市門

まりの退屈さと無表情を回避するためです。

さらに、純粋に数学的なシンメトリーは単なる抽象であり、全体的なバランスと同じです。視覚的、美的なものとはまったく違います。構造の章での説明に似ていますが、建築家はシンメトリーを逸脱することで、抽象的な考えを確固とした現実にする配慮をしなければならないのです。

中心軸から建物の両側を形成することは、明らかに宗教的モチーフです。本来は偉大な時代の文化のなかで、寺院、教会、モスクなどから育まれたからです。そこから、宗教的なものと世俗的なものの区別がうすれ、さまざまな建物の規則に関するプロポーション感覚が消えていき、一般に文化が退廃したときに、このモチーフは宮殿や世俗的建物へと移行していきました。軸のシンメトリーは、おそらく最も聖なるもの、宇宙や神、それを創造したもののイメージです。そのためにこの世の支配者は、文化が創造的な力を持つ間は、そのイメージから距離を置きました。（おもしろいのは、自由でアシンメトリーに配置されたイスタンブールのスルタンの宮殿で、[21]とりわけ軸が連続してずれていることである。とくに、スルタンの謁見の間——“Arz Odasi”——への公式な入口に向かって何度もずれていることは、素晴らしい研究課題である。（図82））文化的時代にだけ、比較的遠慮がちに、人びとは軸を世俗的建築物に取り入れました（図83）。そして聖なるものが力を失うにつれて、世俗的なものが次第に宗教の世界へと侵入し、国家は権力者が聖なるものだと宣言するに至ります。ローマ皇帝（日本の独裁者も同様[22]）は自らを神と宣言し、彼の立像を寺院のなかであがめさせました。それは権力者の自己防衛手段であり、彼の住居もまた神聖で、

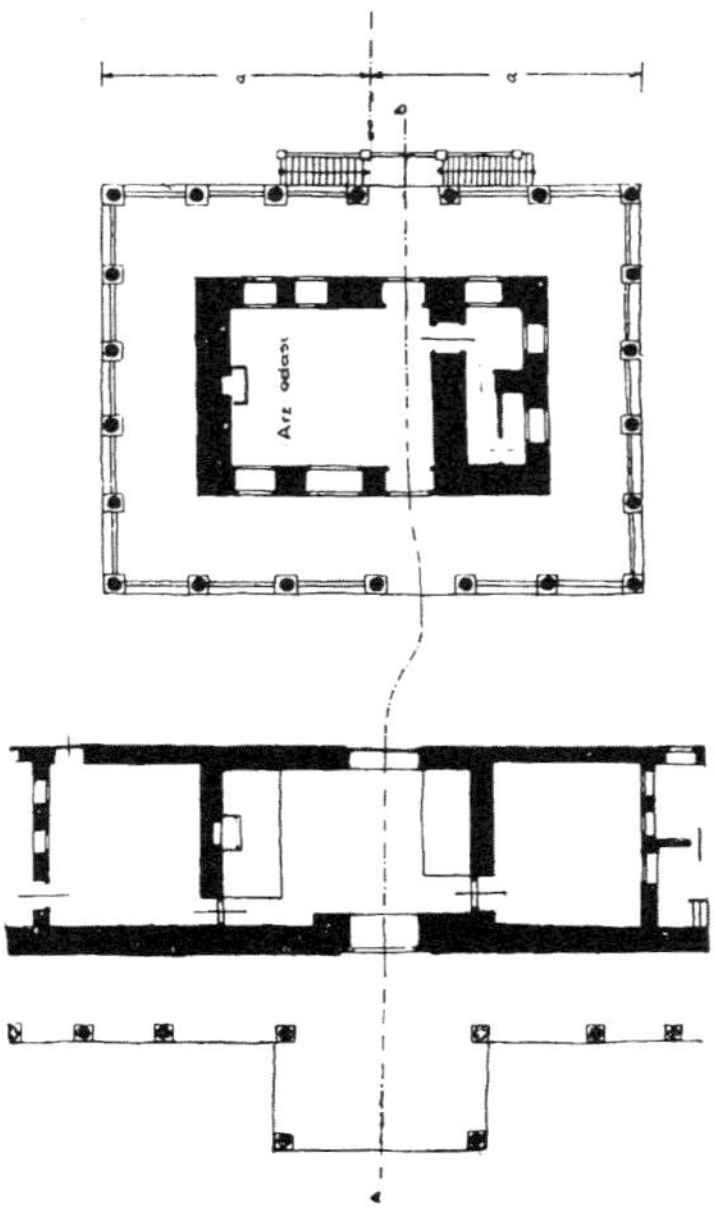

図82　旧セライユ（トプカプ宮殿）謁見の間、イスタンブール

図83　“Gänge”［屋根付の通路］
リューベック

寺院の軸の厳格さを持つ結果になりました。権力者が建てさせたものすべては等しく神聖なものになり、権力者の神聖さを移した国家もまた、最後に聖なるものの象徴をその建築物に与えたのです。

古代ローマが、その支配下で建設した建物すべてに、強い軸性が示されているのはそのためです。

中世には、新たに宗教性が深まりました。キリスト教もイスラム教も、神の家に荘厳な力を与え、ゴシックのカテドラルは、同時代のすべての建築のなかで、軸の形式をとりました。後の専制政治時代には、多くの城館がこの聖なるモチーフを取り入れます。ヴェルサイユ宮殿やその影響を受けたいくつもの城館と庭園などは、王や皇帝がさらなる神聖を維持し――「太陽王[23]」――その神としての人格を国家に体現しました。つまり「朕は国家なり」ということです。フランス革命は確かに教会を倒しましたが、その理想は古代ローマ市民とその美徳に支えられ、フランス王国は「大公国家」になりました。その国家は以前にも増して神聖さを宣言し、抽象的な国家概念のもとに理想化され、結果として、国家が建設するすべての建造物に対して絶対的な軸を適用しました。革命家ロベスピエール[24]が絶対的な王の城やルーブル宮殿の軸を、テュールリーにまで延長した理由が理解できます。ナポレオンは彼の帝政の形を、シャンゼリゼ通りの軸を凱旋門まで広大に延長することで完成させましたが、ことばと国家の概念を考え出した精神の充実感それ自体は素朴なものでした。

以来、権威を表象するすべての建物にとって、軸はまさに必須になっています。ある建物に、その建物本来以上の何かを表現しようとすること、このこと自体がすでに迷いであり、効果の面では建築の美しさを深刻に損ないます。宗教的なモチーフである軸を、規模の大小を問わず世俗的な建造物に取り入れることが、すでにプロポーションの感覚を欠いた思考なのです。軸を取り入れた建物は寺院や教会堂のように荘厳であるべきで、現代のロシアでは、教会堂の形とのわずかな類似が禁じられているにも関わらず、いっそう強いシンメトリーが求められています。新しい課題を伴った社会生活が細分化するところでは、建築が達成すべき要求が鋭く対立していますが、そのような状況は、建築が死を宣告されたのも同然です。

軸の原理はフランスから始まり、エコール・デ・ボザール[25]を通して全世界に広がりました。現代の人々は、絶対的にシンメトリーな建物だけに、日常を超えて飛び立つ何かを見ました。東京の新しい国会議事堂[26]のように、たとえ形態とプロポーションがまったく伴わなくてもシンメトリーによって何か崇高なものとなり、軸の左右の同一さは無意味なまでに徹底されています。

このような傾向から、巨大な軸を伴う伝統的都市計画の附属品すべてが生じました。つまり、直線道路の数学的で幾何学的な抽象形態、長方形、八角形、円形や星形の広場（エトワール広場）その他など。

この分野全体で、形式主義は、前に強調された機能のいくつかとは別の起源を持っています。なかでも、精神的機能の分野についての誤解、つまり聖なる領域においてだけ適正に認められ形づくられるモチーフ、それを俗世が取り入れたことはとくに問題です。軸とシンメトリーを広範な建物に取り入れ、都市全体の形としたことが、狂信的な狭量性のなかで建築の発展を間違いなく阻止し、現在の困難な状況を作り出しているに違いありません。悲しいことに、現代の生活は、巨大建造物、たとえば巨大なスポーツスタジアムのように、純粋に機能的な特徴の建造物の建設に拍車をかけています。古代ローマでは、少なくともまだ繊細な感覚がありました。大円形劇場、スタジアム、浴場、市場など

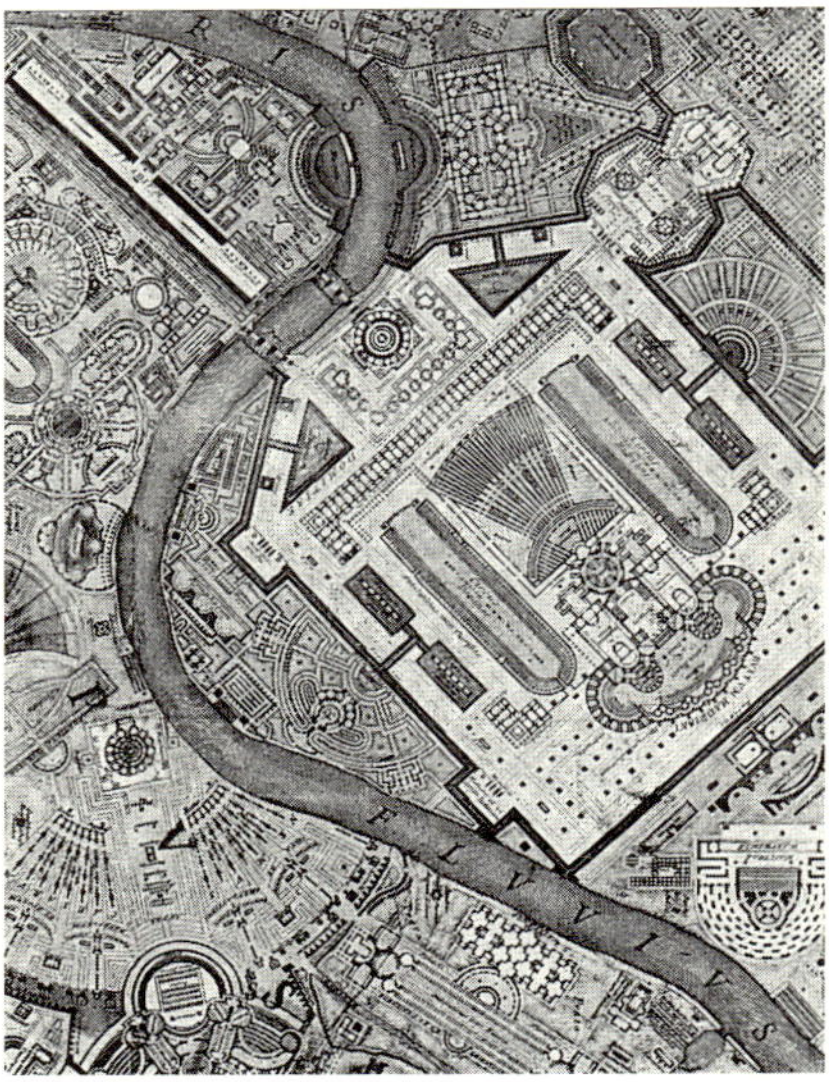

図84　古代ローマ部分計画
ピラネージ　1701年

は、軸性をそのなかだけで適用し（図84）、その軸を数キロメートルにわたる「パレード並木道」へと延ばすことはありませんでした。大建造物は都市計画の上に雪の塊のように配置され、それぞれにシンメトリーのシステムを持っていました。古代ローマ人は、軸は自然におけるシンメトリーな形のように、有機体個々に属するものと考えていました。ですから、軸の方向を見通すために塔や丘に登り、銃の照準を定めるように一貫した中心線を見定めようとすると、軸が本来の意味を失うことを知っていたのです。

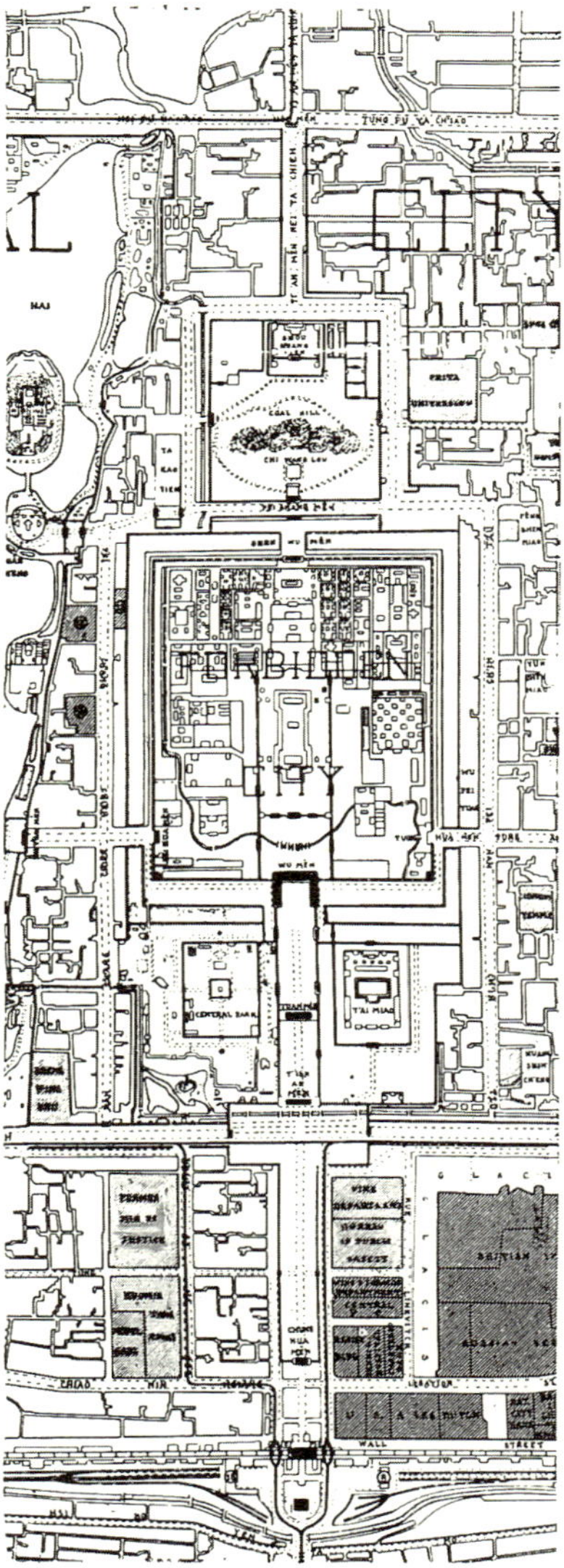

図85　北京の皇帝宮殿、紫禁城　配置図

最終的な建築の美しさはすべてを総合することではない、そのことにいかなる理由も必要としません。このことに関して、風変わりな原理に準じた古い時代の建築を思い出してみましょう。それは中国です。「石炭の丘」［景山 Kohlenhügels］の中心のあずま屋から北京の「禁じられた町」［紫禁城 Verboten Stadt］の門［天安門］（図85）を見ると、多くの寺院と宮殿が相前後して寸分違わず中心に置かれ、その後ろには同じく中心に町の長い大通り、最初の都市門、そしてこの長い通りの最後に都市門が配置され、その反対側も同じです（図86、図87）。ここには、2つの際立った特徴があります。

ひとつめは、昼12時方向への絶対的

図86　景山から南への眺め　北京

に正確な方向づけです。石の繋ぎ目の影は、この方向で正確に重なります——全体、そしていくつかの部分も同様に、日時計を形成しています。二つめは、どの主要建築物も中心軸内に配置され、区画のなかの最後部も、たとえばベルリンの新しいオリンピック・スタジアム[27]のように、中心軸が建物で強調されていることです。スタジアムは前後両側を区切る塔状の柱も、同じようにシンメトリーな構成になっていますが、軸は単なるイメージ上の線、つまり抽象的な図面のための補助手段に過ぎません。しかし北京では限られた区画に一列に並べる構想こそが重要であり、中心建造物と中庭とによって非常に良く均整がはかられ、異

図87　景山から北への眺め　北京

図88　「紫禁城」 前庭の金水流に架かる橋　北京

常なほどしっかりとした屋根の棟、屋根と列柱の細部、みごとな稜線の曲線、軒の末端、強く構成されたテラスのさらに卓越した役割などの構想は、全体的に堅固で静謐な印象を作り出しています。それに加えて圧倒的な彩色。白大理石による寺院とセレモニーホールの敷地とテラス〔基壇〕、細部まで構成されたテラス、緑に覆われた中庭、巨大な皇帝ホール〔太和殿〕前をまったくアシンメトリーな水路が横切る[28]（図88）――ここでシンメトリーは、その強さを和らげるかのように、正反対の要素に連結されていきます。さらに赤い柱、多彩な緑、黄色、青、黒、白、赤による強い色彩の建物と、きわめて鮮やかに黄色、青、緑に塗装された強大な屋根と緑のレンガ壁。長い棟の端に取り付けられた強大な装飾も同じです。棟から軒の末端まで下降する線は、1本のロープを上と下の2点の間に垂らしたとき、自然に生じるたるみに則っていますが、これは現代の建築家も用いる方法です。現在の中国では、昔の手法のすべてが硬直した慣習になっています。しかし北京の最も美しい構想は、黄色い寺［太和殿］や天空の寺［天壇祈年殿］に際だって示され、数百年にわたり基本形態を保持したことが、現実を超えた美しさを達成したのです。[29] さらに、シンメトリーに最大の輝きをもたらすために、新しい精巧さを連続して発見します。たとえば、屋外階段の中央部に立ち入ることは禁じられています。そこには段がなく、龍と雲の装飾が施された斜めの大理石の板になっています。皇帝の篭は、その上を両側から運ばれたといいます（図89）。その結果、そこでは軸の外側から常に片側が見られることになり、詳細に観察すると、そのことでシンメトリーの眺めがより美しくなることを発見します。さらにドイツの建築家仲間は、円形の躯体に連続窓を平行につけ

図89　高い「調和」のホール［太和殿］への階段中央にあるレリーフ　北京

ることを好みますが、中国の建築家の方法から、曲げられた平行の重なりを眼に心地良くするための情報を受け取ることができます。天空の寺では、あちらこちらに揺れる平行は数学的な平行ではなく、たとえば正面玄関や文字板［字額］など他の要素の重みによってもゆがめられていることが写真からもわかります（図90）。中国では、建築家たちの目的は、いくつかの建物とその周囲に、静寂さと完結性を実現することでした。しかし大建造物すべてを、南北のひもの上に真珠のように置いたことには、建築として他の理由があったに違いありません。それはおそらく、建築に関わる人びとの影響外のことです。皇帝は「帝国の中心」において「天の子」であったため、聖なる軸だけでなく、「日時計」としても取り扱われました。しかし皇帝は神ではありませんから、天の子であることを実証しなければなりませんでした。彼はいわゆる司祭であり、国に凶作や支配の乱れがあったときには、解任に至るほどの責任を負わされたのです。黄色の皇帝［黄帝］が模範とした昔の哲学では、彼は「群れない群衆」を使命にしました。つまり、人間の知性がその地位を下げるということは、群衆の解散を阻む群衆行動の必然の結果だからです。国家体制の価値は、個人の価値に基づいています。儒教はそれを実践するために、非常に複雑な社会的組織と高度で現実的な基本的考えを伝え、それに適した道徳を発達させました。他の芸術と同様に建築は、そのような社会制度のなかの自立した要素であり、日時計のなかの天は人間的な知覚に対する最も心に迫る表現として、セレモニーホールの日時計と同様

図 90　天空の寺（天壇祈年殿）　北京

に、天の子である人物に関わる最も大きな象徴だったのです。中国人は、ある建物の後ろに建物がそびえ立ち、これが私たちの眼には邪魔でも、まったく気にならなかったのかもしれません。そのことによって、天の偉大なシンボルが存在したのです。

日本について説明するためには、やはり天皇神話に言及しなければなりません。[30] 日本（またはニッポン）の天皇は、太陽女神アマテラス［天照］直系の子孫とされます。ですから、天皇自身が神聖なのです。天皇本人が国家創造に介在したかどうかは、この特性とは関係がありません。それにも関わらず、天皇は軍事的独裁者［徳川幕府］の法律［禁中武家諸法度］によって、1615年に京都の宮殿に幽閉され、その家族とともに長期にわたり比較的粗末な生活を強いられました。しかし独裁者［将軍］はあえて、国の象徴には手をつけませんでした。身分にふさわしい偉大さは、中国と異なり必要ではありませんでした。神性の由来は、宗教的なことだったからです。京都の戴冠の広間［京都御所の紫宸殿］は、中国からの影響が多少認められても、その簡素さは戴冠の宮殿として世界に類がなく、大臣の部屋、謁見の間、そして大広間などもすべて同様に簡素なものです。ごく内輪での生活はそのなかで発展し、天皇の宮殿は美的教養の中心になりました。「天皇趣味」は、現在でも教養ある日本人には、優れた伝統の最も繊細な形式を示すことばです。その業績は桂の宮殿［桂離宮］の機能的な建築においてその頂点がわかるのです。これに対して独裁者（将軍）は、軍事、警察、スパイ活動など外面的な権力の所有者であり、このような文化的伝統の基礎はなく、ただ出世しただけの人物でした。彼は中国の豪壮さを引き継ごうとしましたが、小さくまとまりすぎて、理解されず不安定なものでした。将軍は帝国の中心にあっても天の子ではなかったからです。日本の国土の規模は、中国の思想と美学を展開するためにはあまりにも小さかったため、その規模に適した象徴を天皇に見いだしたのです。偉大な山富士山は、約3000メートルで比較的低いのですがすそ野を円形に広げて高くそびえています。その形は荒々しい自然の状態ではなく、美的かつ優雅で、これ以上に良くはなり得ないほどです。[31]雲に隠れて見えないときでさえ、その美しさの影響は止みません。

日本では、中国とは対照的に純粋な美学が発達しました。それは、無制限さや巨大さにはならず、逆に最小のものがその最大限の影響力を得ることを意味します。最小の手段による最大の効果、素晴らしい表面上の単純明快さが美的原理になり、一方で名人芸や職業芸術家を軽蔑するようになりました。「まるで不器用なように」、これが15―16世紀、すべてのものの基盤となった時代の創造的な中心思想でした。また現在でも日本文化の価値があるところです。15世紀の重要な画家は、Yosetsu[32]〔如拙〕と名乗りました。「まるで不器用なように」を翻訳したことばです。見るべきは精神的な内容であり、作られたものは見られるべきではありませんでした。実際、庭園と建物は、双方が非常に高い質にあれば、計画されて作られたようには決して見えません。そこには基準と標準の程度をわきまえた細やかな仕事の素晴らしい適切さ、卓越した技術があり、それは私たちの模範でもあります。職人による作品のすべてに美的なものが要求され、職人はこの要求に繊細かつ多様に応えました。このことを前提条件として、工芸におけるさまざまな規格化と専門化が必要になったのです。

現在の私たちは、工業化のために、専門化とさらなる規格化をおこなっています。しかし私たちには、日本のような美的原理はなく、結果的にはそれに対する精神的な基盤もありません。軸は、私たちにとって自明の理です。桂の建物と庭園は、形式的に見ればまさにアシンメトリーな形式ですが、この宝石は世界の建築のなかで、きらきらと輝いています。

まず軸から離れること、自由にアシンメトリーを支配すること、非正面性、建築本体と細部が自由に戯れることによって、私たちは機能を建築の原理へと引き上げられるでしょう。このことが現代建築の課題であることは疑問の余地がありません。（ムッソリーニでさえ、１９３６年にローマで開催された国際建築会議で、彼の建築にふさわしい首尾一貫性を要求しなかった。たとえば、厚かましさを大げさに避けるように。）

日本の禅思想では、シンメトリーは無知と不快なしるしと見なしました。禅において悪徳は、厚かましさそのものだからです。（つまり、グループで写真撮影をするときの３人のシンメトリーは不幸をもたらすというのは迷信であり、むろん信じる人だけに適用される。）ただ、シンメトリーな寺院でさえ、入口への道は斜めに配置され、何度も折れ曲がります。大寺院や城館の敷地にある主要な道には、ほとんどの場合壮大な門がありますが、人びとはそこを通り過ぎるとすぐに90度方向転換をします。これは建築上の欠点ではなく、熟考と洗練による美的な要素です。道は長さに応じたプロポーションを持たねばなりません。そして長くまっすぐな道ほど、歩行や行進に疲れるものはありません。美しさは消えていきます。

最高の美学は古典です。ギリシアは、広場や寺院の近くの道をどのように作ったでしょうか。彼らの文化の最盛期はペリクレス[33]とフィディアス[34]の時代にあたり、パルテノン神殿が建設されたときでもありました。そこには長大な軸や「パレード通り」もありませんでした。古代ヘレニズムの都市の広場、アレオパゴス〔古代アテネの最高法廷〕やその他の施設は機能的に秩序づけられ、主要道路や建造物に対してシンメトリーに配置されていませんでした（図91）。寺院は何らかの方法で片側に配置され——すべては美しい形を利用することで成し遂げられていました。そこから、月並みでつまらないことについて、多数決で否決する制度が育まれました。現代のギリシアの建築家は、古代ギリシア建築の計画は、不等辺三角形の原理によると考えられること、この三角の鋭角のなかに建物正面のそのと

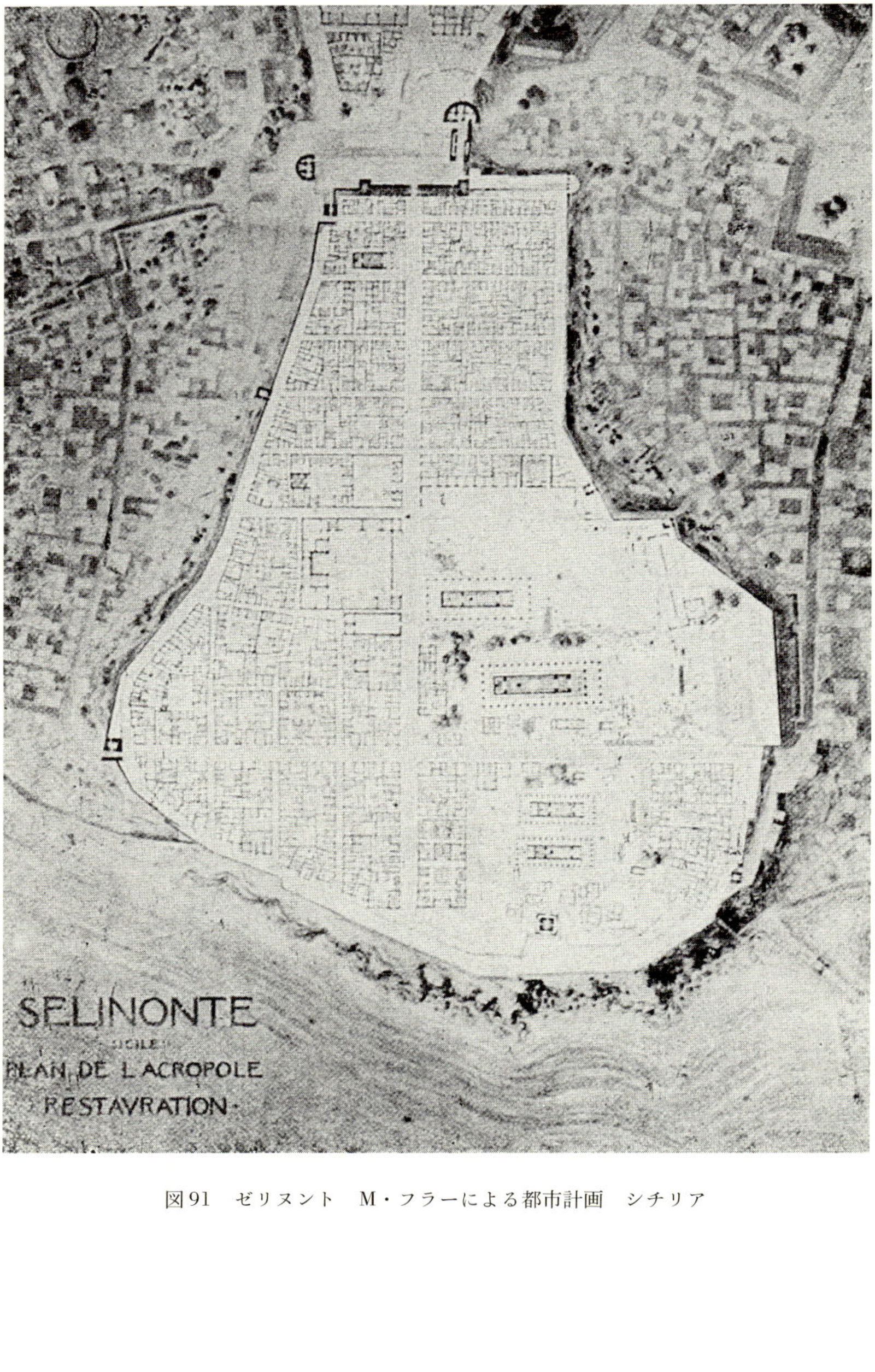

図91　ゼリヌント　M・フラーによる都市計画　シチリア

きどきの中心が認められるということを、研究理論として展開しました。アクロポリスの上で、プロピュライアからパルテノン、エレクティオンの向こう側に、非常に重要なものが見えます（図91a）。かつての偉大な立像アテナは、おそらくこのアシンメトリーのなかに独自のバランスをも求めたのでしょう。屋外階段左右の壁は、思いがけなくさまざまに位置してプロピュライアに続きます。右側の上にだけ、小寺院、ニケ寺院があり、四角に高くそびえ立つ壁の土台の上に傾いて建っています。つまりプロピュライアに向かって無理にねじ曲がっているのです（図92）。

　すべては、グループによる現在の建物の計画とは大きく異なっています。現在はまず計画されて建設されます。しかし当時の人びとは、初めか

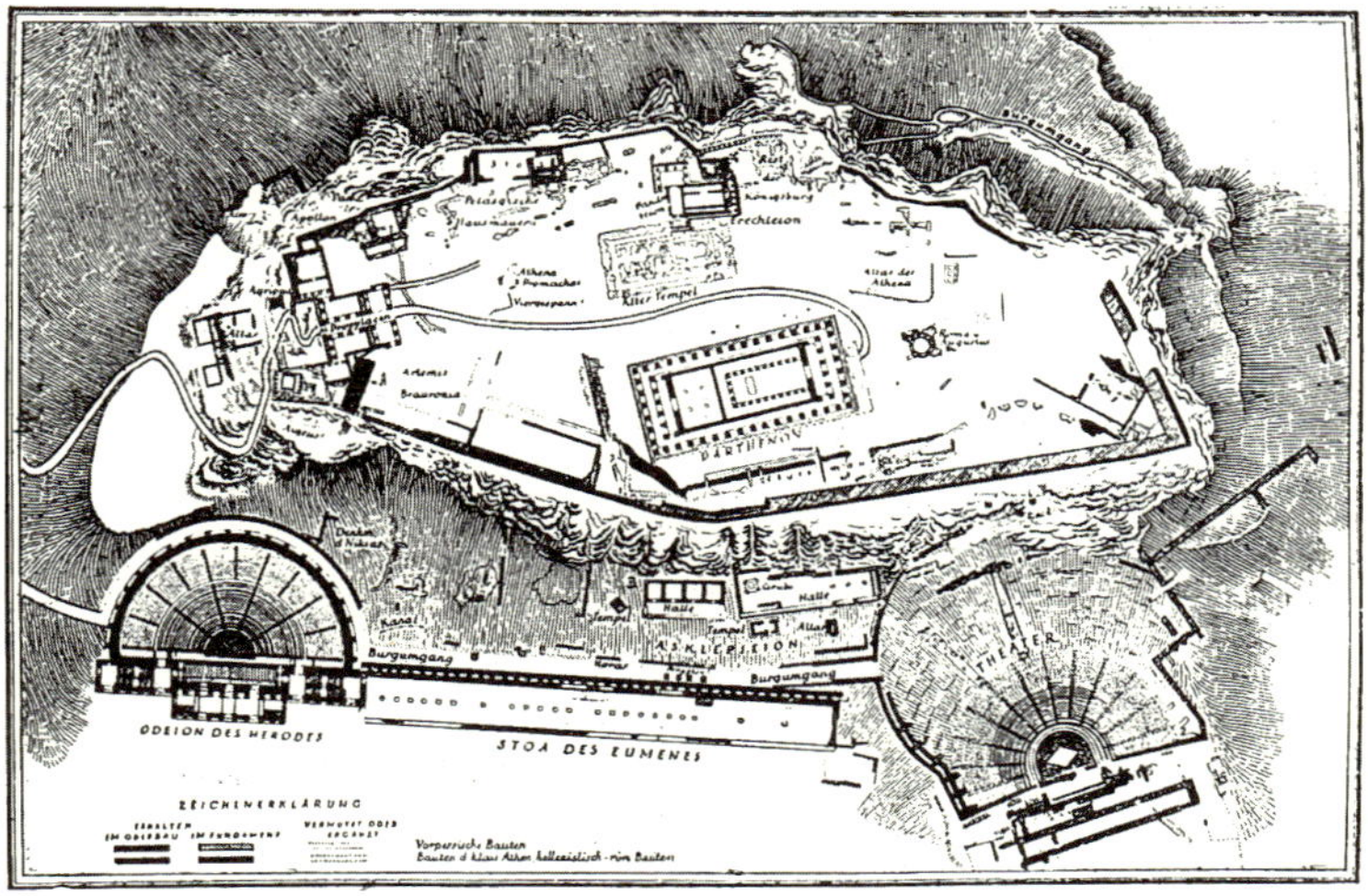

図91a　W・ユーダイによるアクロポリスの計画

図92　アクロポリスのニケ寺院　アテネ

ら効果を考え、その効果を建物に実行しました。図面はあとからの補助手段だったのかもしれません。ギリシア人たちは、この方法によってだけ建物を完成させることができ、建物をはじめから無理に連結して損なうのではなく、まず美しい彫刻で細部まで入念に仕上げました。アテナやポセイドンなどの神々は、そこに喜びを覚えたことでしょう。そして次に、建物と都市との際だった関係が生まれました。海、丘や山との関係など、このことについてはすでにパルテノンのところで触れました。特色ある建物や彫刻などがあるアクロポリスは、現在は部分的に存在するだけですが、すべて同時代に建設されたのではなく、全体計画のあとや理念計画のあとに建設されたのでもありません。機能的な設備は、弾力性のあるものを初めから許容し、人びとはまた、初めから弾性を考えたのです。後世に様式が変更された場合や、イオニア式がドーリス式に変わり、人びとが他の何かを望んでも、損なうのではなく豊かにする範囲内で構成することができました。（しかしこの高い美意識は、ヘレニズム期とアレクサンダー大王とその後継者たちなどによって失われ、浅薄なものになったと思われる。）

シンメトリーと軸を実践することは、現代の要求によるスポーツスタジアムやフォーラムなど、建築として深い印象を必要とする大規模建造物を生みだしました。確かに何らかの「記念的壮大さ」を必要とするものですが、そのことがすでに考え違いです。記念性は創り出すものではなく、建築作品の特徴と力とによって、長い時間の間に築かれるからです。記念性に対する意志と意図ではハドリアヌス帝の墓標[35]は記念的にはなり得ず、その設計者は、ただ良きプロポーションを創り出し、人びとも明らかに他の何ものも必要としませんでした。結果としてその石の塊は、現在では記念性の典型になっています。

大規模なスポーツスタジアムは、これまでに建設された建築の空間規模を超えるという点でも新たな課題を示しています。また、そこで観戦や演説を聞くという新しい行為に対して、私たちの感覚器官だけではもう充分ではありません。私たちは機械的な補助手段、見るための双眼鏡、聞くためのマイクロフォン、さまざまなスピーカーを必要とします。人間とその知覚器官、そのサイズを機械装置によって切り替えることで、プロポーションがなくなります。あるスタジアムの10万人の観客は、ありが列を成すように見え、個々の感覚と考えを持った個人はなくなるのです。

人間が人間として振る舞えないところには、建築も存在しないことを受け入れるべきです。事実、そのようなスタジアムはその形が言語道断な深皿のようです。「飛行機から写真を撮ると、無味乾燥な実用品にすぎず、それは事実です。付属する建築物はアクセサリーのようなもので、本来は不要なものです。たとえばあるスタジアムの外側の大規模構造物のすべては、大きいだけで不要な消費を生み、そこには始めも終わりもないためにどのようなプロポーションも創り出されません。

純粋に理論的には、建築作品の大きさは、建築上の入念な仕上げを許さないという障害ではないといわなければなりません。ゴシック様式の部分では、長さと高さの巨大な規模を助けとして、その形態を克服しました。現代の大規模施設もまた、さしあたり建築の細部に、人間に対するプロポーションの特徴やそれ以外の形態を必要とするはずです。遠くからでも人間に対する尺度を感じさせる最終的な仕上げのなかに、統合が起こりえます。このことを達成するためには長い時間だけでなく、建築家の世代的統一が必要です。すでにこのことを基本として、施設の内容が長い命を持たなければならないことは明らかだからです。しかしスポーツはそのようなものではなく、大衆をあおる暗示力に基づくため、すぐに暗示力の逆の力が増大しました。重要なことは、スポーツスタジアムには建築の入念な仕上げが不可能である、つまり、かなりの精神的な仕事が要求され、それに伴いおそらく半分以上建設費がかさむことも聞き入れなければならない、ということを知ることです。この両方は、与えられた目的に報えず、精神面でも物質面でも仕事を成しません。そのような大規模施設は、内容が非常に月並みで、規模的にスポーツの偉業に一致しますが、それに付随する合理的なもの、フォーラム、駐車場、パレード通りなども、やはりに月並みになるに違いありません。終わりのない、精神を失った軸の使用の論理的な結果です。ヨーロッパやモスクワにおいてギリシア精神を引き合いに出していますが、より正確な分析から全体の間違いが論証されなければならないでしょう。オリンピアを例として、2つのことを取り入れなければなりません。まずギリシアの神々の儀式とスタジアムを、小さな規模に縮小することです。そして、パレード通りに面する寺院地域の建物に、軸を廃止することです（図91b）。

機能に関する考察から得られた最も重要な

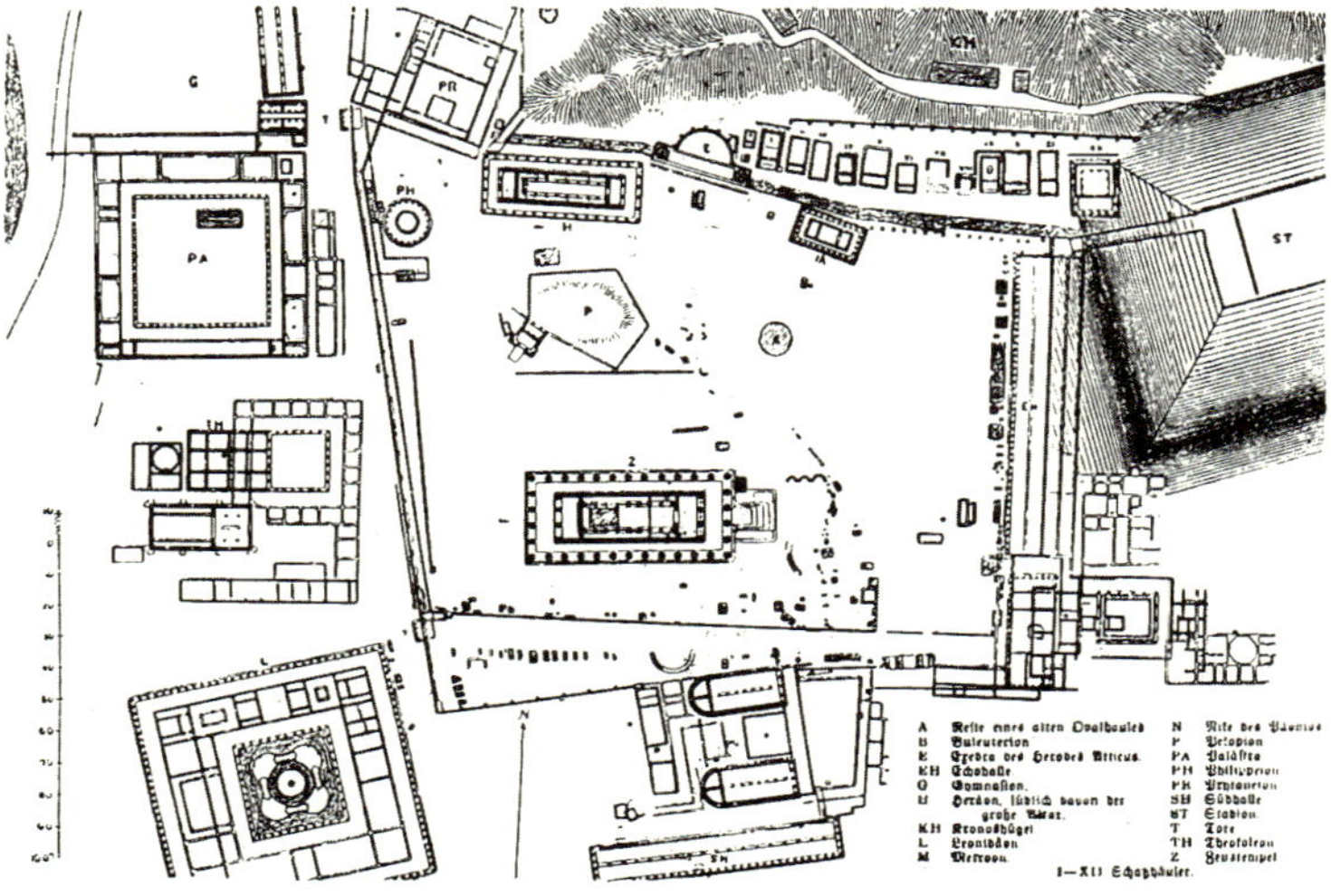

Plan des Heiligtums von Olympia

図91b　オリンピア　レイモンド・アンウィンによる計画

成果とは、各建物配置の弾力性です。現在、目的の関係は互いに複雑に絡み合っています。とくに私たちは、未来が何をもたらすかを知りません。私たちはどのような場合でも、将来の展開を建物で台無しにしないことを義務と心得るべきなのです。このことは、すべての硬直から解放されることを意味します。現在の建物それぞれは、これからの拡大と変化を見込まなければならないからです。

しかし過去に対しても、しなやかでなければなりません。衛生学者や交通技術者の意見が当面必要な場合でも、美しい昔の建築物を犠牲にすることは許されません。たとえば交通技術は非常に短命です。それは機械的な発明に左右されるからです。塔や都市門を取り壊し、価値ある建物を貧しい状況にしただけではなく、都市の最も高い地点にあった塔から、どの時代でも、都市の豊かな特徴を受け取れなくなったのです。取り壊した後に、この交通上の障害物は、本来は非常に良いものであったことが判明しました。塔がそこにあったならば、多くの交通網が塔によって整理されたからです。モスクワではスクワレウスキィ塔を取り壊しました。けれどもパリの凱旋門は、モスクワでロータリー交通を整理する議論に際しては好例になり得たのでした。(取り壊しの主な原因は、事実以外の観点であり、おそらく社会的反感だった。)

機能は、慎重に探りそして性急にとらえないことを、建築家に求めます。彼が大仰に働いても、むなしさのなかでせっせと働くことは、決して振る舞いとして美しくないことがわかるでしょう。建築家が望むものに対して振る舞いが正しければ、成功を得られるのは周知のことです。しかし建築家にとって、彼の建物がいつも良くあること、またその建物が古くならないということは、成功したということではありません。建築家がいっそう芸術家であるためには、それぞれ用心深く慎重に進み、それぞれ自らの人間性を顧みて、そして彼の感覚によってプロポーションを効果的にすることです。

プロポーションは強要されるものではなく、また強要するものでもありません。

プロポーションが機能に望む唯一のものは、建物の使いかたとそれ以外の施設が美しい形態のなかにあることです。至福をもたらす唯一のもの、現在だけでなく過去と未来に対しても、プロポーションは何も許容しません。プロポーションは、しなやかな柔順さと適応とを愛するのです。

プロポーションにとって機能とは、美しい有用性であり、美しい使いかたなのです。

訳註

1　ブルーノ・タウト "Die neue Baukunst in Eupora und Amerika" (Stuttgart, 1929)（ヨーロッパとアメリカにおける新建築）参照。

2　タウトの建築論の一部にはゲーテの影響が認められるが、機能に関するこの部分は、次の記述に共通する。「美術としての建築は眼にだけ訴える、と考えられるかもしれない。しかし、最も看過されがちな点であるが、建築は主として人体の力学的運動の感覚に訴えるべきなのである。ダンスで一定の法則にしたがって動くとき、私たちは快適な感情をおぼえる。誰かに目隠しをして立派な構えの邸のなかを案内するときも、同様な感情をこの人に呼び起こすことができるであろう。」（『ゲーテ全集13』芦津丈夫訳、潮出版社、1980年、127頁。）

3　ブルーノ・タウト『新しい住宅』（斎藤理訳、中央公論美術出版社　2004年）とくに第3章「新しい動き」参照。

4　ピレエフス（Piräus）。ギリシア南部の港湾都市でアテネの外港。

5　1933年3月1日にベルリンを脱出したタウトは、日本までの旅の記録を 'Bis Japan'（日本まで）に残している。『建築と芸術』（吉田鉄郎訳、雄鶏社　1952年）、91―190頁および "Ex Orient Lux"（III章註10）185―220頁所収。アクロポリスとパルテノンやトルコのモスクについての詳細な記述は、そのほとんどがこのときの体験に基づいている。

6　ペンテリコン山。アテネ北東方にある1109メートルの山地。古代には山頂は女神アテナの神域とされていた。大理石の山地でもある。

7　本書における桂離宮に関する記述は、1933年5月4日の桂離宮拝観を記した「桂離宮」に基づく。同文は、『ニッポン――ヨーロッパ人の眼で見た』（平居均訳、明治書房　1934年、森儁郎訳、講談社学術文庫　1991年）、『日本美の再発見』（篠田英雄訳、岩波新書　1939年（増補改訳、1962年））、"Ich liebe die japanische Kultur"（Manfred Speidel編、Berlin, 2003）93―100頁に所収。また翌年2度目の桂離宮拝観後に記された「日本建築の世界的奇蹟」（Nippon 2, 1935.1）（欧文雑誌）にも同じ内容が記されている。

8　桂離宮（II章註25参照）周辺の現状は、タウトが訪れた昭和初期の記述とは大きく異なっている。

9　桂離宮には松琴亭の他、賞花亭、笑意軒、月波楼の4つの茶室があるが、ここでは松琴亭について述べている。

10　ドバイ、ロシアなど、投機がさかんな都市の現状を参照のこと。

11　ブルーノ・メーリンク（Bruno Möhring, 1863–1929）、「タワー状住宅の長所と前提について」“Über die Vorzüge der Turmhäuser und die Voraussetzungen, unter denen sie in Berlin gebaut werden können”, Stadtbaukunst alter und neuer Zeit, 1920, 353、370、385頁所収。また、1930年ブリュッセルでのCIAM第3回会議テーマ ‘Rationelle Bebauungsweisen（合理的建築要領）参照。タウトは1903年にメーリンクの設計事務所に務めていた。

12　おそらくタウトは、ルードヴィッヒ・ヒルベルザイマー（Ludwig Hilberseimer, 1885–1967）の「高層住宅都市の計画（Projekt Hochhausstadt, 1924）」を示している。

13　ルーヴル宮殿の建設は12世紀までさまのぼるが、1546年にフランソワ1世（1494–1547）が建設に着手、1665年にはベルニーニ（Gian Lorenzo Bernini, 1598–1680）による改築、1667年にル・ブラン（Charles Le Brun, 1619–1690）などによって宮殿東面が設計、その後、ナポレオン3世（1808–1873）がパリ改造の一環として新館を建設した。

14　II章註21参照。シャンゼリゼ、凱旋門を中心とした現在のパリは、19世紀半ば以降の都市計画による。

15　II章註8参照。

16　広場恐怖症、原文はdie Platzangst、英語はAgoraphobia。広場に限らず、外出先、旅行などで「何かが起きたら」と恐怖感を抱くこと。

17　タウトは1930年からベルリンのシャルロッテンブルク工科大学（現ベルリン工科大学）で、集合住宅などについて教鞭を執った。

18　タウト「合理的建設方法」（Rationelle Bebauungsweisen）および、ベルリンの工科大学での「住宅と集合住宅の関するゼミナール」。Deutsche Bauzeitung, 66, 1932, No. 14. 261—264頁参照。

19　切妻＝屋根の端、フリーズ＝建物壁面上部の帯状装飾、メトープ＝梁の間の方形レリーフ。

20　岡倉天心（一男）『茶の本』（桶谷秀昭訳、講談社学術文庫　1994年）、Inselbücherei 274, 1919. タウトは1923年に、マグデブルクでの不規則な計画を根拠づけるために同書から引用している。タウト “Ex Oriente Lux”（III章註10）160頁参照。

21　「イスタンブールのスルタンの宮殿」は図82のトプカプ宮殿。スルタンはオスマントルコの「王」の意味。

22　江戸幕府の将軍の意味。

23　太陽王ルイ14世（1638–1715）、フランスブルボン朝第3代のフランス国王。

24 マクシミリアン・F・M・I・ロベスピエール（Maximilien F. M. I. de Robespierre, 1758–1794）、1789年のフランス革命前後に活躍した政治家。

25 II章註8に同じ。

26 1937年に竣工した現在の国会議事堂。タウトは日記のなかで「骨ばかりで冷たく、アカデミックな仰々しい建物」と酷評している。『タウトの日記』（III章註1）および「日記（Tagebuch）」（岩波書店所蔵タウト遺品資料）1933年5月19日参照。

27 ヴェルナー・マルヒ（Werner March, 1894–1976）設計、1936年に開催されたベルリン・オリンピックのメインスタジアム。タウトは同じ内容を、1936年9月20日の日記に記している。「巨大な軸によって競技場全体を貫き（これは軸に対する偏執にほかならない）、この軸上に相対する塔上の柱を建て、会場を意図的に区切っているが、その印象はまるで射撃場である。」

28 水路は、正確には太和殿の太和門前を流れ、水路に「金水橋」がかけられている。

29 タウトは、日本からトルコへと移る途中の1936年10月に、北京を訪れた。「日記」（前掲註26参照）855–856頁。

30 以下の天皇と将軍に関するタウトの記述は、日本で最初に出版された『ニッポン——ヨーロッパ人の眼で見た』（前掲註7）などをはじめ随所に認められ、日本の諸芸術解釈に関するタウトの基本的な二元論理念（たとえば天皇芸術と将軍芸術の対比）を形成している。タウトの理念もふくめ、史実に加え当時の日本における天皇観、またタウトに日本の政治・文化などを説明した日本人の解釈を加味して考える必要がある。

31 タウトが富士山に示した賞讃は、多くの色紙に残されている。

32 如拙（生没年不詳）。室町時代前期に水墨画を確立した画僧で、水墨画「瓢鮎図」（退蔵院蔵）が代表作である。「大巧は拙なるが如し」（非常に巧みであることは未熟なもののようである）から名前を得たとされる。

33 ペリクレス（Perikles, 495頃–429 B.C.）、古代アテネの政治家でアテネの最盛期を築いた。

34 フィディアス（もしくはペイディアス、490–430 B.C.）、ペリクレスと親交のあったアテネの彫刻家。

35 ハドリアヌス（Hadrianus, 76–138）、第14代ローマ皇帝。墓碑とは、ハドリアヌスが自らの霊廟として計画し、死の翌年139年に完成したサンタンジェロ城。

VI　質

II章の始めに、プロポーションは、このことばが芸術、とくに建築と関わる限りにおいて、均衡であると定義しました。

そこに大きな問いが生じました。このプロポーションとは何かということです。

またI章では、建築をプロポーションの芸術とも定義しました。そのことを受けて、この芸術の主な特質、美しいプロポーション、配分の調和、均衡を作り出すものについては、簡潔なことばで概略を述べる必要があるでしょう。

技術、構造、そして機能の領域におけるこれまでの演繹によって、私たちは最終的に、これらから何らかの美しさを創り出すのがプロポーションであることを見てきました。同様に私たちは、プロポーションは合理的な考え方や議論の外にあり、感覚の領域に完全に属するものであることも確認しました。

合理的な論理による何らかの証明は――建築は絵画、彫刻、音楽、文学などと同じ芸術であるという唯一の証明を除いて、必要はないでしょう。住宅建設の多くが実用的かつ現実的に達成されたことによって、建築は論理的に理解可能で、合理的な要素で構成されていると一般的には考えられています。この考え方とは反対に、建物の合理的な基本要素に関する研究から、合理的な基本要素は美しい形になるとすぐに、純粋に合理的ではなくなることも明らかになりました。その合理性は非常に相対的で、意志のない寡黙な僕であり、優れた主人からの命令を待っています。そしてこの命令が正しければ、非常に良い仕事を達成するのです。

以上のことからも、建築の本質はどの芸術とも同等に扱われるものです。

音楽は音の調和の芸術といわれますが、厳密で合理的な考察による定義では、物理的現象としての音とは何かを確認しただけです。芸術の概念は合理的に理解可能なものではなく、むしろ人間に与えられた本質であり、それゆえに有用で必要な能力であると解釈されます。それはⅠ章で示したとおりです。調和や美しさは、取り組むべき演繹の範囲には入らないのです。

それでも美しさは、決して偶然で気まぐれで超越的なものではありません。美しさは、私たちの世界の重要な現象と同じように希少です。理性的な人は、彼が死を避けられないこと、また生まれなければならないことを納得するでしょう。つまり彼は、彼の死後がどうなるか、反対に彼が生まれる前のことに関しては頭を悩ませません。彼らはそのような傾向を病的現象だと感じます。彼は単純に事実に満足し、くよくよ思い悩みません。本当のことは何なのか、生か死か？　さらに、理性的な彼は、概念としての「人生」を分析することもなく、人生のさまざまなできごとを分析しようともしないでしょう。まず、彼の感覚の好みと行為は、彼の感覚によってそこに仕向けられる必要があります。最も重要なことは、これがいずれの場合も愛に向かうということです。もちろん、たとえば良い結婚のような好ましい結果になれば、都合良く状況を語ることはできます。しかしそこに至る真の理由を説明することはできません。その理由はまったく超越的なものではなく、むしろ何か現実的なもの、つまりその影響が明らかに確認可能なものだからです。このこと自体に対して、問題がないということはできません。しかし厳しい事態であれば、さまざまな点でことの問題点をいうことができるでしょう。

芸術においても、そのことは同じ状況です。建築作品において、プロポーションが完成度の高いものであった場合、また最高の質が達成されていた場合、この質そのものについても、質が達成されていること以外は何もいえません。技術、構造、機能それぞれについて考察したように、外面的にどの程度までほかの作品と区別され、どの程度まで諸前提条件をさまざまな様式に用いたかで、作品を特徴付けることができます。しかし建築作品のある部分が、他の時代様式よりも完璧な理由を分析しようとすると、細かいことにこだわり、その部分や特性を他の特性から引きはがすことになります。完璧な作品の細部の名人的な技巧は、この細部と他の部分との適正な連結から説明できますが、細部に没頭することは、作品を理解することから徐々に離れ、全体の喜びからも遠ざかることになります。バッハの音楽やパルテノン、スレイマニエ[1]やその他が古典的な成果であるかどうか——細部への没頭は作品を誤るだけでなく（あまり重要ではないにしても）、その美しさを受け入れる才能をとくに奪います。これは最悪ではないにせよ、質の意味が次第に衰弱するという限りでは、困った結果です。質に対する感覚を持つ人びとの数が少なくなるほど、任務を引き受ける才能ある建築家への期待はいっそう少なくなり、良い建築が徐々に建てられなくなるのです。

質のテーマには2つの大きな問題があります。建設する建築に質を実現する機会と、質を認識し保護する人びとの存在が質を生みだすという問題です。前者は建築主とコンサルタントの教育、後者は建築家の教育です。

名誉欲のある建築主は、彼の建築が長期持ちこたえ、できれば絶対的な質を持つ傑作でありたいという点で、根本的にはこの傑作を創出しようとする建築家と同じです。ただ建築主の名誉欲は建築家よりも大きな役割を演じます。建築家の名誉欲は、ある意味では彼の作品のなかで消失するからです。建築家の名前が歴史書からなくなることは多々ありますが、建築主の名前は建築作品と結びついています。建築作品に建築主の名が付けられているからです。考えるまでもなく、多くの支配者たちの名前が建物の名称に残されています。カラカラ大浴場[2]、スレイマニエ、アハメディエ[3]など、パルテノンを造営した３人の建築家の名前を物語の本などでは見たとしても、だれも彼らを記憶してはいません。それに対して、いずれの構造物も、文化的な支配者ペリクレス[4]の輝かしい時代に、その古典的な建造物とフィディアス[5]の傑作とが生まれたことを知っています。

現在の建築主たちの多くも、新しい建築が持つ質が、彼の名誉欲を的確に捉えるものだと本能的に感じています。しかし、建築の美しさに関する明確な理念が欠如し、良き趣味の普遍妥当の慣習がない現在、芸術的な業績の程度の違いだけを取りあげることは、建築主の名誉欲のなかに、質に対する大きな危険が潜むことを示しています。彼は建設しなければならず、それを望み、そして急いでいます。そのような建築主は何に対応して建築家を選択し決定するべきなのでしょう。建築家の仕事が非常に特徴的な傾向を示したにもかかわらず、建築家たちが、芸術としての建築を否定する意思表明をした今？

芸術の世界では、芸術作品の質の理解が、後世になるほど高くなるというのは昔からの決まり事です。それは芸術家には悲劇であり、彼の名が賛辞を受け、名声にふさわしい生活をおくる前に、ほとんどの芸術家は人生を終えるからです。アンリ・ルソー[6]やファン・ゴッホ[7]が、一般大衆のために制作していると信じていたとしても、慰めの幻想に過ぎませんでした。

建築家は、画家、彫刻家、音楽家や文学者とは異なり、住宅が使われるという幸福な状況にある限りは、彼自身も幸福です。現代の建築家たちの多くが、彼の芸術性を技術や技術者風の理論によって装う理由もここにあります。しかし装うまでもなく、建築家は実用的な知識やしっかりとした技術的な仕事を通して、建築主の信頼を勝ち得ることができ、その芸術、つまり建築を、依頼を受ければ個人的な趣味とすることもできます。建築家は趣味として、建築主に個人的な贈り物をする場合がありますが、これは建築家にとって重要だからではなく、またそれを建築主が望むからでもありません。建築家に限っては、他の芸術家のように簡単に飢え死にしないということなのですが、ときどき運命から逃れられない建築家もいます。たとえば、偉大なアメリカの建築家ルイス・サリバン[8]は、不幸に

図93　オペラハウス　ルイス・サリバン　コロラド　1890年

も忘れられたまま年老いて亡くなりましたが、現代建築家のなかでとりわけ重要な開拓者のひとりになっています（図93、94）。また17世紀、アウグスブルクのエリアス・ホル[9]もそうでした（図95）。

　しかし、ある建築主が裕福で、並外れた芸術理解者で高い教養があり、彼の名誉欲を大きな目的につぎ込んだとしても、彼は良き建築主にはなれません。ヴェストファーレン・ハーゲンのカール・エルンスト・オストハウス[10]は、ヴァン・ド・ヴェルド[11]、ペーター・ベーレンス[12]、ヴァルター・グロピウス[13]に建築を依頼しましたが（彼の死の少し前に、私も大きな計画を依頼された）[14]、建築に手を出したことによって、彼の家族、裕福な友人たち、そして親戚からあざけりを受け、堕落した巨万の富の相続人として神経を悩ませることになりました。彼が現代画家の肖像画を多数買い求めたことは、当時は嘲笑の的でしたが、しかし今ではほとんどの人が、この肖像画のひとつでも所有したいと思っています。それは今や小さな財産ですから。

　現実には、教養ある建築主はそう都合良くは現れません。富と権力は社会やその他のものに結びつき、また質に関しては、彼の名誉欲を中心に広範な目的がつきまとっているからです。いずれにせよ、こっけいな笑いものにされない場合は孤立するのです。現在、新しい建築の規模が増大していることのなか

図94　マイヤー・ビルディング　ルイス・サリバン　シカゴ　1893年

図95　市庁舎　エリアス・ホル　アウグスブルク　1615–1620年

に、芸術の質が低下している重要な原因があります。巨大建造物では、建築家は芸術家としての才能を合理的な理論の後ろに隠しておくことはできません。とくに建築主自身が、あるグループや国家の代表として、個人的な名誉心を強く持つ場合は、それを良しとはしないでしょう。ですから、たとえばベルラーヘ[15]が証券取引所［1897—1903］を建設したとき、彼を信頼するアムステルダム市当局のある市議会議員が、賢い弁舌と巧みな外交とによって他の議員たちを説得したのは、非常にまれな幸運なのです。この理解ある人物が去った後には、市当局はベルラーヘの証券取引所の隣、この現代建築の模範的作品の隣に、弱々しく素人くさい織物取引所を建設しました。

ある国、ある都市において、すぐれた建築は、数百万の葉のなかの四つ葉のクローバーのようなものです。しかし四つ葉のクローバーは、良い建築家のことではありません。なぜなら才能ある建築家は、新しい建築が公表され、それを自らの眼で見る少しの努力するだけでその正しさがわかるからです。四つ葉のクローバー、つまり数百万のうちの希少な個体とは、優れた建築を気にかける建築主のことです。

普通の建築主が、優れた建築を気にかけない理由は簡単です。彼が芸術に関する問いを深めるための時間や好みをそれ以外に向けたときに、富、権力そして影響力へと至るからです。彼の地位が高くなるほど、大建造物に対する彼の影響は明らかになります。さらに大きな責任が彼を悩ませます。

彼は、強要することなくより良い質を心がける建築家たちを時間をかけて探すことができず、大きな依頼を受ける建築家や、彼の客を手早く取り扱うことができるベテランと知り合うだけだからです。画家アドルフ・メンツェル[16]の賛美者が、彼との面識を得ることに成功し画家のもとを訪れたとき、メンツェルは次のようにいいました。「なぜ、あなたは培養土を知りたいのですか、培養土は花を育てましたが、その土にまで感心するのですか？」

ですから、社長や政治の有力者は、建築家の選択を彼の相談役に任せるしかなく、そのなかに雄弁で外交的に長けた識者がいて、建築家たちのなかに、意図する建物のマイスターを察知することが重要になります。しかしこのようなことは、めったにはありません。ほとんどの場合、まず委員会がつくられ、委員会は客観的な方法によって建築家を選択します。委員会は、対象となる建築家が、かつて大きな建設に関わったことがあるかなど、将来の可能性を計ります。しかし、大きな才能は大きな課題にめったに近づかないとよくいわれるように、結局そのような委員会は、質へと至る道をはじめから拒み、ずるがしこい実業家に屈する結果になるのです。さらに、建築家を選択する客観的な方法としては競技設計があり、世界各国の建築家に参加を促します。しかし競技設計の評価はむずかしいのです。競技設計は若い建築家たちにとっては、彼の才能を世に示すほとんど唯一の機会でもあるからです。一方で、競技設計によって建築が実現されることはまれです。まったくの外れや期待外れなことが問題なのではありません。審査員の総合的な適正さと、審査方法の正確さを前提にしても、透視図によって活き活きとみせた見かけ倒しの案が当選することもあり、いずれの競技設計計画も紙上の仕事に過ぎないからです。実際に建築する場合には、その地域に関する研究、つまり多くの助言、実験そして草案など、そしてまた何回もの変更などが必要になります。建築家の芸術は、抽象を現実にするところ、つまり細部まで完全に作りあげることによって生まれ、現実に耐えるものです。技術と機能の章で説明したすべては、建築家が環境のなかにあって、彼の建築は環境を取り込み導き入れるということです。――その点において、建築家の多くは、その意識の有無に関わらず、競技設計への参加を思いとどまります。競技設計はある種の宝くじですが、本来のくじとの違いは、そのくじには多くの仕事とお金がかかることです。経済的に見れば、これは人間の労働力の搾取です。しかし道徳的には、くじよりも劣るかもしれません。くじは純粋に幸福を求めて買いますが、競技設計では、参加者は勝利を得るという幻想を抱くからです。善良な理想主義者は、その舞台裏で起きていることがわかりません。競技設計がほとんどの場合、申し合わせた八百長だということは、当選者のだれも設計依頼を受けたことがなく、参加した建築家のほとんどが、選ばれる前に競技設計の外に置かれていることからわかります。けれども、ほとんどの競技設計が茶番であるがために、もはや開催すべきではないとなると――若い建築家たちが、自分の能力を示す機会を無くしてしまうのも気の毒ではないでしょうか。このことについては、後でもう一度触れることにしましょう。

以上のように建築主は重要ですが、建築的質を生み出すのは当然建築家です。建築家がある程度理性的な建築主に近づく限り、また建築主が建築家に誠実に応える限り、彼は質を獲得することができるでしょう。個人的に接触すると、素人は才能に対して本能的に敬意を払います。建築家が決して立派で感銘を与える人格でなくても、雄弁で経済的な手腕があれば、まだ興味が持てるのです。（たとえばベートーベンは、彼の肖像を常に大仰に描かせるか彫刻させたが、ヴィーンのある役人の官舎に現れたときの印象では、目立たないはにかみ屋という印象だったという。）

私たちは現在、建築芸術に関して、世間一般の統一的な見解がありません。人びとが建築に何を求めるかは、多少幻想的なイメージさえあります。しかし建築芸術に関しては、どのような構想も、またどのような明確な理想像さえ存在していません。

現在の建築家たちの社会的立場は、建築工房、秘密結社や聖職者のような組織のなかに閉じ込められ、そのなかで仕事を世間に依存せずに生きていた昔のようなものではありません。もはや手工業組合も身分の独占もなく、そのことは確かに近親交配の欠点ともいえますが、仕事の質を守ることでもあったのです。ですから現在の建築家は、いわば土地持ちのビジネスマンか、役人のようなものなのです。

そのために、建築の質は、他の仕事と同じように公共の意見に左右されざるを得ません。

現代の文明社会では、新聞、雑誌、本などの批評やその反対意見による議論を通して、公共の意見を構築することが質に基準を与えるための唯一の手段です。適正さと義務の法的な力を定め、さまざまな職業が連結された組織は、自己と世間一般を防衛するために、またもぐりの業者に対しても重要かつ必要なものです。そのような統合の最も威厳のある組織が、百年以上の歴史を持つ王立イギリス建築家協会[17]（R.I.B.A.）であり、国王を会長に冠して、建築家たちに地位と尊厳を与えています。このような組織は、建築家の堅実な仕事に信頼性を与え、建築家が仕事の謝礼をめぐって依頼者と争う必要もなく、図面や建築を模倣から保護することで、建築家を不要な争いから守っています。また他の建築家によって、ある建築が現状から改築や増築されることも許しません。一方で依頼者は、建築家がR.I.B.A.のメンバーとして、紳士であることを求められていることを知っています。国王はこの紳士に、他の職業、外交官などと同じように、「卿（サー）」の称号と地位を与えています。——しかし残念なことに、イギリスと同様にアメリカも[18]、それ自体が価値のある組織は、芸術との関係において建築家の生産力を促進しているわけではありません。個人の職業を保護し、あまり重要ではないメンバーの役に立っていても、芸術的に重要な建築家（マッキントッシュ、[19]アシュビー、[20]ベイリースコット、[21]ニュートン、[22]アンウィンなど）[23]には、「サー」は贈られていません。つまりこのような組織は、社会的組織のすべてがそうであるように、外交的な巧みさ、雄弁さ、姻戚関係などに率いられ、仕事の質には関わりがないのです。庇護や縁者びいきによって大きな仕事が依頼されるだけでなく、直接、間接に競技設計などの方法にも助けられ、教授や高官のような良い経歴までをも得られます。この状況が、最高の建築家組織を有するイギリスにおいてさえ、都市計画がみすぼらしい理由です。もちろん、この組織の建築家の作品が、質が劣っていると主張すべきではありませんが、職業組合のような組織が、優れた才能を持つ人びとには、ときに人生のなかで逆に不便な場合もあります。たとえば仲間の優秀さを認めたある建築家が、自分の利害が妨害されることを恐れ、故意にその建築家の登場を妨げることさえあるのです。

ですから、文化を発展させようとする国家は、職業組合を促進するだけでなく、同時に、自由な批評も促進しなければなりません。自由な批評によってのみ、いわゆる才能ある素人が通常は向上し、最終的に評判を得て、工科大学の教授が属するような職業組合にむかえ入れられるのです。後に名声を得た建築家が、はじめは彼の能力がまだ十分ではないとして、建築家団体にふさわしいメンバーと認められなかったということは、学問や芸術の世界だけでなく、すべての職業に良くあることです。

自由な批評と対抗する批評は、現在における唯一可能な調整法なのです。

問題は、どのように批評すべきか。なすべきことに無関係なことが混ざるやいなや、無批評よりも困ったことになります。しかし建築は、建築の意味、その基本原理、そして手段について、まとめられないほどぼんやりとした幻ではないはずです。良いと誉めるだけであれば、詩人に任せれば良いでしょう。詩人であればふさわしいことばをみつけます。しかしすでに述べたように、悪いものは、分析によってなぜそれが悪いのか、それぞれの部分を示さなければなりません。

プロポーション、技術、構造、そして機能についてのこれまでの考察は、これらの関係のなかで、ある建築作品がなぜ流行を生きのびないのかを示すことを目的としました。稚拙な建築について議論を始めるための根拠を提供できたのであれば、充分に考察できたということになります。そして批評によって醜い建築の理由を提示することは、他の建築家たちが同じ過ちを犯さないために警告を与えることになります。とくに、光学的錯視に関する綿密な研究は、現代建築に関する意見、つまりだれもが模倣可能ないくつかの直線や円周を問題とする意見を一掃するでしょう。またとりわけ相対的な機能や、軸を批評的に分析することも、同じような結果になるでしょう。

客観的な批評の自由度が高くなるほど、国家についての批評も促進され、質も獲得されるようになります。多くの人たちは、そのような批評に恐れを抱くでしょう。大地には花が成長すべきで、雑草は大地から引き抜かれゴミ同然にかたづけられるからです。

批評的な分析は、若者に対する最も良い教育手段でもあります。多くの若い建築家は、りっぱな課題が与えられることに不安を抱くかもしれません。

私はイギリスの雑誌『アジア』[24]で次のような記事を読みました。イタリア大使が、イタリアとトルコは親類関係にあり、両国ともに若者が主力である、とトルコ共和国の大統領にいったそうです。ケマル・アタチュルク[25]は礼儀正しい回答を付け足しました。「けれども、大樹は深い根を持たなければなりません」と。

この喩えは、人間の年齢層に対する偏見を、一致した熟慮によって解消しなければならないという点で、若者に関するすべての問題に対する充分な真実をふくんでいます。小さな若木の愛くるしさ、新鮮な若葉などは人びとを喜ばせますが、やがて大きな冠をいただく古い大きな木になり、嵐や地震に耐える将来が約束されているからです。しかし人びとは、この愛らしい小木が平坦で豊かな大地に植樹された後、１００―２００年の成長後に完全に水不足になることを予測し、その樹が20―30年くらいの成長後に、嵐によって生活のよりどころを奪われるか、もしくは、高齢で枯死することも想像します――典型的な障害のある森林の現象として。いうならば、若いか歳を取っているか、そのことは讃辞も非難もすることではありません。当然のことながら、未来は若者にかかっています。若者が成熟した老人に成長するかぎりは、この決まり文句は平凡な自明の理をふくんでいます。同時に現在は、過去に基づいてもいることも示しています。生物学的な方法を無視して、アタチュルクはそのことをあの喩えで暗示しましたが、若者を強くし、若者の完成が素晴らしい晩年にあることを忘れるならば、人びとは若者にひどい間違いを犯すことになるでしょう。その間違いは、彼らが成長に必要とする基盤を取り去り、彼らに運びきれない荷を負わせます。青年期に早熟へとせき立て、また子供に止まらせるのはだれなのか、若者は40歳かもう少し歳を取ったときに若さへの劣等感を抱き、やがて彼が歳を取ると今度は若い新世代を恐れるのです。

私は、さまざまな年齢層について誤った評価を下した結果としての心理的な障害に反対するのではなく、老齢の劣等感などに生じる発育不全な精神状態から、国家と社会に対するひらめきを再び追いかけるのでもありません。

建築家という職業の成熟は、比較的晩年に至らざるを得ないのです。それはまず、法外に多くの関係性を学ばなければならないからです。つまり、芸術学によって過去の時代様式の知識がもたらされ、多くの芸術理論と私たちの時代の美学上、文化上の混乱が、若い人間が彼の精神を秩序づけることが不可能なほど、彼の理性と感覚に襲いかかるからです。大学を卒業して学位を得ても、彼はほんの小学生程度といって良いでしょう。むろん、このことに気づく若い人間はまれで、後にりっぱな建築家になった私のある友人が25歳の時に、建築家の成熟期は50歳から60歳の間にあるといったことを覚えています。[26]

赤ん坊が母乳を必要とするように、若い人には熱中することが必要です。熱中することを彼らがつかむのではなく、むしろ可能な限り与えるのです。しかし大きな誤りがあります。つまり彼らが大学の授業で、大規模な建築作品を達成するのは簡単であるということや、感激に依存することを教えられることです。子供に火と鋭利な刃物は危険です。同じように、若い学生たちには、最も基本的な誤りの原因を示し、課題を緻密に計画してこれを完全に理解できるように配慮してやらなければなりません。そして彼らに少しずつ大きな課題を与え、この課題への理解が進めば、彼らはその課題に対しての理解、つまり百年を超える偉大な作品に付属するものが何かを感取するようになります。それが達成できれば、建築、つまりプロポーションの芸術が死ぬことはありません。また、偉大な業績、質について尊敬することに目覚めた25歳の若者は、忍耐強く勤勉に成長するのです。このような若木から、巨大な冠をかぶる大樹が成長するのです。

私たちがここで建築家たちに関する芸術思潮を述べるならば、若い詩人や画家、音楽家と同じ若い建築家が、なぜ名作を生み出せないのかという質問に答えなければなりません。見習い中の建築家が、工業専門学校や大学の過程を経ずに、早い時期に並外れたプロポーションの才能を発揮するような例外を否定はしません。モーツァルトやベートーベンが子供のときに、早くも音楽的な才能を示したことと同じです。しかしベートーベンの最も重要な諸作品は実は彼の晩年にあり、モーツァルトについては、彼が早世しなければさらに多くの名作を創出したと考えられます。このような卓越した特別な才能は、一般的な考察の基準にはなりません。建築以外でも、50歳で「初作品」を創作し、70、80、あるいはさらにそれ以上の年齢で重要な作品を創出した芸術家はたくさんいるのです。

例はこのくらいにして、建築家の完全な成長がなぜ晩年に至るのかを理解するために、建築の特性を考えなければなりません。

前に述べたように、建築の基本は、合理的、美的、そのいずれもが非常に多面的で、若い建築家に大建造物を任せると、むしろ彼を混乱させることになります。彼にとって良いと思うならば、この広範で複雑な基本を知らないままにさせないことが必要です。そのために彼が絶望におちいり、計画に取りかかる気がなくなれば、それは建築の質にとっては祝福すべきことなのです。彼が希望を持つことが必要なのではなく、彼が建築の構想に到達できる道を示すのです。優れた建築家のもとで働くことと、事務所の図面描きや現場監督でも、またその両方でも、可能な限り勤勉に良い建築を手伝うように助言します。そうすれば、学校や本による理論の混乱は、次第に整理され解決していきます。彼は、存続するものとしないものを区別することを学びます。彼の感覚のなかで、技術やそれ以外を伴った建築が生きた世界になり、この世界に生きるほどに彼は建築家になっていきます。そしてついに若い鳥は飛び立ち、深みや嵐も恐れなくなるでしょう。羽毛と蠟から作られた人工的な翼で太陽に近づき、そして転落したダイダロス[27]のような感激ではありません。その翼は自然に発育して、実際に彼を運ぶものです。感激はその飛行を操縦しますが、危険についての知識が、翼よりも感激を信用することから彼を守るのです。

以上は、才能ある建築家に関係することです。現実的には、建築についての才能はほかの職業よりもまれなものです。美術史をさかのぼると、現在と同じように、ドーム、宮殿建設のための名人は、遠い国々から招聘されることが多かったようです。つまり芸術は、原則として政治の外にあったのです。芸術の質は、民族や政治の野心に従属しません。それどころか、権力者の政治的な野心によって、建築家が有名な作品を手がけた名人か否かに関わらず、名人の協力者たちや職人たちとともに、優れた芸術家を敵対する国から任命することは頻繁におこなわれました。敵国で感動した建築と同じ質が、そうしなければ達成できないこと、また多くの共動者と職人なくしては、国の文化を高めることはできないことを知っていたからです。

建築の質にとって第一に、そして最も重要なことは、質の生産を可能にするために、建築家がふさわしい地位に達することにあります。さらに、建築は芸術的なこと以外の多くの助力を必要とします。実施に関わること、現場監督、技術者、静力学者［Statiker］、経費を計算し清算する者、企業家、職人頭、職人そして作業員などです。かつての偉大な建築の時代には、それらに関する明確で論理的な階級がありました。現在のような技術学校は、建築自体が完全に衰退した19世紀後半に設立されました。優秀な建築家は、技術学校を重要視せず、基本的には軽蔑しています。しかし現代の文明は、技術学校無しではすみません。何百年にわたり、若い人びとを学位の授与という幻想によって誘惑し、そのことで建築家であるかのようにしたことが、無意味であることを少なくとも明らかにすべきなのです。このような状況下で、特別な才能に恵まれ、後に名人的技能の可能性を秘めた人材は非常にまれで、また多少の才能ある人材もわずかなパーセンテージに過ぎないのですから、学校は急いで若い学生たちを育成し、学生たちが成長し後に実務に就くときには、適正な地位を用意すべきです。これは十分に可能です。技術者、静力学者、現場監督たちがしっかりとした基本を持っていれば、建築の実践の場を通して、再び信頼を得られるでしょう。彼らが有能になるほどに芸術的な野心を持たなくなり、建築の質を理解し、意識し、そして建築デザインを助けることになります。彼らは整った透視図を描くことはなく、自ずと関わりを持たなくなります。現在、完成度の高い建物のためのイメージを、自然のままに描くことができる建築家ほど才能があるとする見解があります。芸術的野心を持つ技術者、つまり素人くさい建築家は、まず何が建てられるべきかといういわば写真を作り、そこから実際の建築に附属するすべての物を規定しようとします。建築家たちは、形態の美しさをもたらす前に、まず実際の物、つまり技術、構造、素材の取り扱い、気候への配慮などを入念に仕上げることでそのようなわずかなイメージに対して形を手本から取り出し、建設経過を先取りしなければなりません。このようなディレッタンティズム［芸術愛好趣味］は、将来の建物としてまるでそれがすでに建てられたかのようなイメージで披露されたとき、それを見た人びとに、彼が非常に優れた建築家だと思わせてしまいます。透視図というのは、それ自体がすでに趣味的なものであり、残念なことに現在の優れた建築家でさえ透視図を使いますが、そうしなければ注文が受けられないからです。キッチュ［いかもの］があらわれ、自然のままのような透視図が制作されるほど、ディレッタンティズムはますます拡大していきます。

若者の情熱は、このようにして間違った方向に導かれていきます。素晴らしい技術者になり得た多くの人びとは、彼らが本来は建築家でありたいという野望を生涯持ち続けます。それは彼らが、木炭や水彩で、かわいらしい家々の絵を描くことができたからです。現在の絵画に関する概念は、混迷を強くし混乱していきます。絵画の課題を現実の再現にあるとするならば、まだ建設されていない建築を、あたかも建てられたかのようにみせるのは優れた建築家なのでしょうか？　賢明な人びとは、彼らが実務に関して有能である限り、軽快なスケッチや絵画の愛好趣味から遠ざかります。それは、彼ら自身の才能を深めるためであり、そのためには学校が役立つはずです。

ところで、建築家に向いていると考える誠実な若者は、建築家としての才能の有無を知りたいと思うでしょう。彼の才能が優れていればいるほど、多種多様な形式や技術上の問題が、彼を滅入らせることになります。手先の器用さが無意味ならば、何が効力を持つのでしょう？　もしも彼が、アルフレート・メッセル[28]のような偉大な建築家が、透視図を描くことができず、また一度も描いたこともないこと、メッセルが建築士の国家試験に落ちたが、それでも後に、だれよりも繊細な19世紀の建築を建てたと聞いたならば（図96、図97、図97a）？

当然のことながら、メッセルは絵を描くことができました。そうでなければ、彼が卓越して調和のとれた個性によって、素晴らしく美しい細部や繰り型をつくり得なかったことを、正しく理解しなければなりません。繊細な巨匠のアトリエで働いた人物が、メッセルが建築細部の図面を修正したことを、今でもまだ美しい思い出として語っています。どの建築家も独自の「筆跡」を生みだし（図98）、自らもまたそこにある種の思想を示そうとします。しかしこのことは、透視図画を描くこととは関わりがなく、また模倣することもできないのです。

では、若者がその建築的才能に関する意識を強くするため、もしくは建築の才能が明らかにない

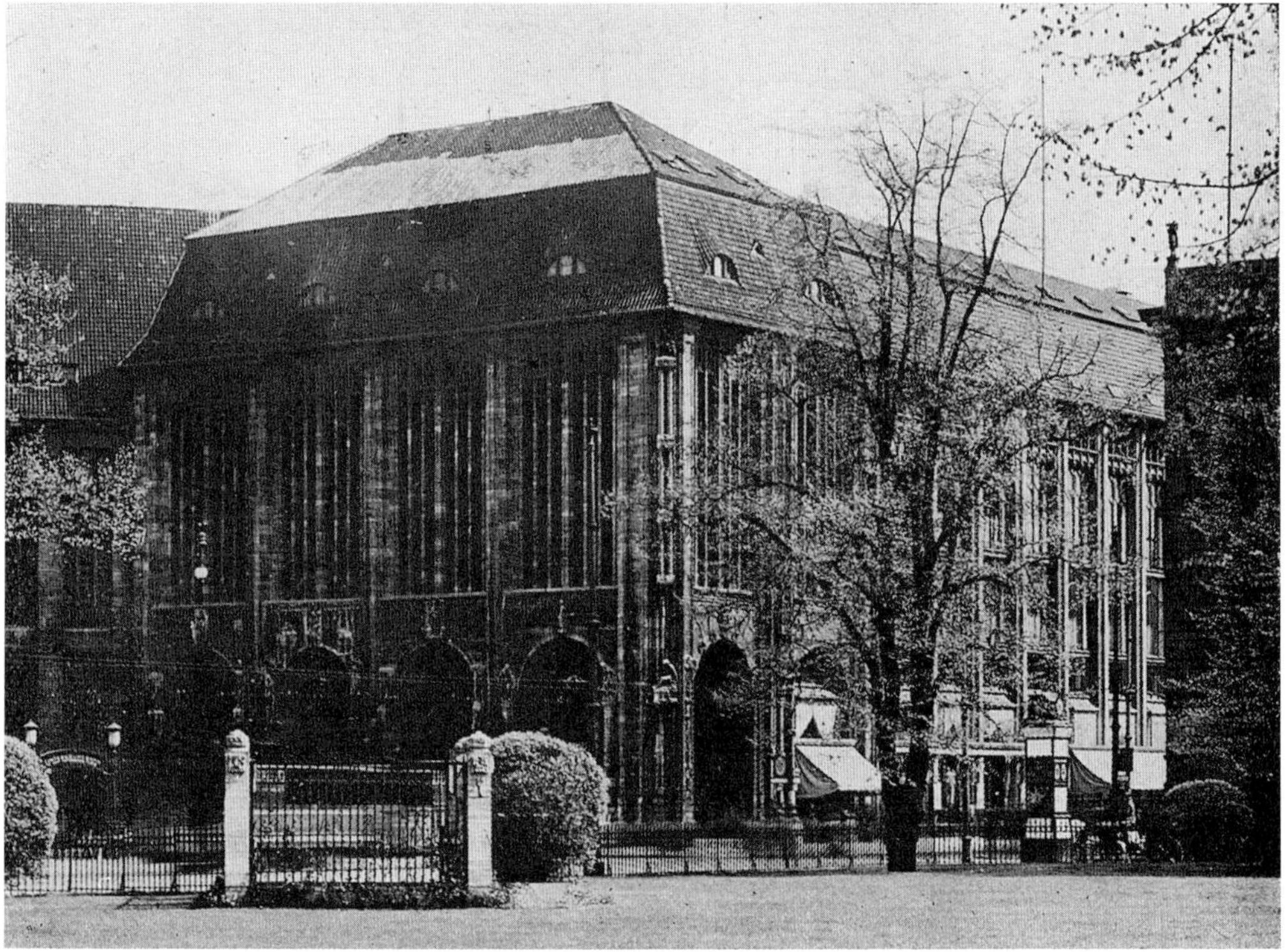

図96　ヴェルトハイム百貨店　アルフレート・メッセル　ベルリン　1904年

図 97　ヴェルトハイム百貨店

図97a　ヴェルトハイム百貨店　ライプツィヒ通り側入口

場合、彼を幻想から解放するために何ができるのでしょう？

次のようなテスト方法は信頼できるかもしれません。若者といっしょに、古い美しい建物を見に行き、それをくまなく見て若者と意見交換します。そして彼がその視線を、非常に簡潔な細部や、たとえばモスクの中庭を取り囲み空に向かう外壁のパターンなど、建物の美しさに向けます。ここで若者に、落ち着いてじっくりと、パターンそれぞれの特徴をできるだけ正確に観察するように指示します。それから彼といっしょにアトリエに戻り、彼にいいます。「さて、ここであのパターンを実寸で描いてみましょう。影の効果やスケッチではなく、ひな型を描いてほしいのです。ひな型によって、昔の石工がこの簡素な石のコーニス［蛇腹］を実際に刻んだように。急がずに2時間かけて、神経質なくらいのほうがよろしい！」――そのあとで若者に、パターンの実測、実物通りの図面を示します。完全な図面と並べてみれば、自分がプロポーションの感覚に欠けることを、自ずと理解するでしょう。ただそのテストに合

図98　マンチェスターの羊毛紡績工場の建物　旅行スケッチ
カール・フリードリッヒ・シンケル　1826年

格しても、建築家としての才能があるかどうかはわかりません。けれども、ある若者がプロポーションと寸法に対して鋭い視線を持っていれば、決してひどい建築家にならないことだけはわかるでしょう。そのほか、思い違いしているにも関わらずプロポーションの才能を示すことができても、まだ成長と熟練が足りない人もいます。このような人たちは、練習を通して直線や曲線で自由に描くこと、そして記憶力を鍛えることによって、まだ眠っている強い才能を目覚めさせることができます。しかし、一般的な建築教育ではそのような基本的な練習が無視され、建築とプロポーションとの特別な関係が考慮されなかったことも考えなければなりません。ある子供が、ピアノの授業で指導無しでも上手に鍵盤に触れられたならば、指導する先生に音楽的才能がある限りは、授業から多くの成果を期待できるでしょう。その子供は生まれつき良い「タッチ」を備えているのです。音楽家は、反対にぽつんぽつんとピアノを弾く生徒たちをやめさせます。同様に、パターンの意味をとらえられない若者にも、「ほかの職業を選びなさい」と言うのです——とくに基本的な練習にいっこうに成果が得られない場合は。

ある若者がパターンの本質な意味を理解したならば、ひな型の抽象的な線だけを問題にしたのではありません。彼は建築を建築家の眼でじっくりと見て、石の特別な構造と、昔の石工がその石を加工したやり方を示したのです。彼はまた、形の外側だけを見たのではなく、石のなかの形を現実にするという建築家の課題を理解したともいえるでしょう。つまり技術的な過程が、彼のイメージのなかで重要な役割を果たしました。この若者が、同じようにスケッチの紙の束をおき、透視図に光と影、雲などもあるかわいらしいスケッチを描いたとしたら、ものごとを建築家の目でじっくり見る可能性を得たといえるのでしょうか。しかし、よくある建築家の旅のスケッチ、いわゆる「気軽な」ものすべては、印象派の画家の無意識の模倣であり、それは建築の仕事にとってはむしろ障害なのです。

昔の建築作品をどのように研究すべきかについては、ほかの箇所で扱いました。

若者の道についてはここまでとして、建築家のことにもどりますが、どのような状況の下で、優れた建築家は最良の質を得られるかという疑問は残ったままです。物分かりの良い建築主はそのことを本能的に知っています。つまり、建物が長い寿命を持つためには、建築の計画から仕上げに至るまでを急がせてはならないということにつきます。半年もしくは1年の時間は、可能な限り何百年も生き続ける建物の時間のなかでは、ほとんど意味をなしません。さまざまな国で、昔の偉大な建築家の記念日を祝います。しかし、現代の建築家も、昔の建築家と同じ状況で働くことができたならば！　日本の偉大な建築家小堀遠州[29]は、V章で述べたように桂の宮殿［桂離宮］の設計者ですが、次の条件を出したとされています。

まず、建築主は建物の完成前に来てはならない。権力者の気まぐれな思いつきによって、統一された調和が邪魔されないためです。

次に、完成の締め切りを設けないこと。遠州はそのことによって時間を確保し、入念に仕上げる意向を守りました。そして3番目は、経費に制限を設けないこと。[30]遠州は材料の贅沢さをこれみよがしにするためではなく、細部すべてを繊細に完成するために、さまざまなことを試みたかったのです。この建築の印象は、比類なく簡素です——日本の庶民の住宅でさえ、この宮殿ほど簡素ではありません。ですから表面に気を取られる参観者はそのなかにあるものに気づきませんが、深く見る人は、尽きることのない繊細さを発見します。そしてその途方もない関係性の豊かさに気づき、以上のような条件がなければこの建築が達成されなかったことを理解するのです。

これらの条件は、今ではめったに与えられませんが、逆なこともあります。ただ問題は、逆に建築家自身が譲歩してしまうことです。つまり、建築主が建物に口出しせず、無制限に自由にできることを、建築家はもちろん歓迎するでしょう。しかし建設状況が長く続き、ほとんど完成を予測できないということは、建築家にはあまり喜ばしくはないのです。例外を除けば、建築家のほうがその規則を使用しません。つまり建築家は、彼の考え方の新鮮さが失われることを恐れます。ある建物についての発想を5年、10年あるいはそれ以上の時間維持し続ける状況は、建築家を不安にさせます。現在の状況から考えていることが、数年後にはすでに時代後れになるという予感があるからです。ブルーノ・シュミッツ[31]は、ライプツィッヒの国民戦勝記念碑の完成についてまったく満足できない理由を、計画が16年も続き、この間に新しい潮流に常に圧迫され、彼は当初の力と思想を維持することができなかったからだと、1912年に私に説明しました。多くの建築家にとって、彼らが普通に計画や図面を進める間に感じる内面的な不安と苛立ちは広範におよび、突然、重要な部分や全体に変更を加えたい衝動に駆られるのは、そうすれば美しい夢や良いアイディアを得られるかもしれないと思うからです。この建築家たちは、せき立てられほとんど時間が与えられないと嘆き悲しみつつ、実は建築主に感謝しているのです。彼らは外面的な強制によって本来の考えを冷静に保つことができ、またこの強制によって、本来考えていた統一が突然の「思いつき」によって壊されることからも守っているからです。

芸術家たちのこの心理的特性によって、今日の建築家たちの重要な点がはじめて明らかに示されます。つまり、建築を芸術として生かし得る決定的な基礎は、彼らにはなじみの薄いもの、つまり普遍性と継続性です（II章参照）。

仕事のなかにある幻想と不安は、仕事の主要な思想が確立されていない証拠に過ぎません。

建築家の仕事はほかの芸術と同じように、一般的にはひとつの建築に長い準備期間、作品を完成させるための長い時間を伴い、たとえアメリカ的なテンポで進めるにしても、建築家にはある美徳が要求されます。その美徳無しでは、彼は建築家の仕事には適しません。その美徳とは忍耐です。建築家が歳を取り、実現した建築をもはや体験できないとしても、彼は建築に対する美しさのイメージを、決して退色させてはなりません。建築が決して若者のものではない理由はここにあります。

建築家が忍耐とそれ以外の才能を備えていれば、計画や図面などを最速で作りあげることに追い立てられる、現在の一般的な状況にも対応できるでしょう。彼のこうした素質は、不快な状況から、できる限り最良のものを引き出していきます。当面、現代の建築が唐突に決定することは珍しく、長い公開討論、多くの交渉などを経て最終的な決定に至ります。そして、建築家が何年もの時間のなかで、重要な新しい建築を考え準備さえしていれば、彼は冷静さを失うこともなく、計画を急ぐこともないのです。

優れた建築家の力というものは、彼がせき立てられないところにあります。建築主やその知人、そして世間が建築家を悪くいっても、気にしてはいけません。そのような人たちの意見を聞き入れ、建築の完成を急ぎいい加減な仕事をしたならば、彼らはその建築物が竣工後も建設中も建築家を厳しく非難するでしょう。「私たちから急がせられたにせよ、やっつけ仕事をするとは、何という建築家なのか!」——といわれるでしょうし、またいわれて当然です。

仕事のなかで苛立ったとしても、建築家は言い訳をしてはなりません。建築家が自制心を発揮しなければならないことは多々あります——アルフレート・メッセルは神経熱で死にました。[32] 機敏なライバルが彼から依頼を横取りしても、決してがっかりすることはありません。建築家というものは、まともな結果につながらないことが初めからわかっているようなことに、何も関わらなくて良いことをむしろ喜ぶべきなのです。[33]

しかし建築主も一般的にそれほど困った存在ではなく、忍耐がなければ何も立派なものにならないということが確認できれば、喜んで待つでしょう。たとえばアメリカでは、素晴らしい慣習があります。それは、アメリカ風のテンポで、という諺とは反対のことです。つまり大規模建造物、超高層建築に際しては、建築主の要求が計画に盛り込まれた仮設計を建築家に許可し、その後建築家には数ヶ月の時間が与えられます。この間、建築家の事務所は建築主の急な新しい要求をいっさい受け付けません。建築家は技術者などと協力して、建築計画を細部全般、つまり電気設備や配線、各電気スイッチのコンセントなどまで組織的な方法で準備し実施します。このシステムは、アメリカのテンポから自ずと生じたことですが、それがなければ、アメリカの大都市の狭い敷地に、精密な構造と複雑な機械を設備した超高層ビルのような建築物を、周辺の交通を妨害せずに建設することは不可能だからです。アメリカの建築家の分業は、芸術、技術そして経済にまで及び、建築家が技術や企業と提携するのも同じ理由からです。建築材料や金属部品に関する総合陳列館などがあり、そうしたものを重要な建築指導として位置づけることで、建築や技術に関する仕事を、しっかりと合理的に考えています。車を持ち、何回も電話をかけ、計算機などを持つ現代アメリカの建築家の補助手段は、仕事の精神的な内容、プロポーションの芸術という点から考えれば、おそらく初歩的で稚拙なものです。しかし建築主が、技術的に卓越した仕上げに、さらに新しい建築の芸術的な感性を望むとしたら、私たちの文明にはそれらも必要な前提条件なのです。稚拙な補助手段を必需品と解する建築主に対して、建築家がその補助手段無しで自らが最良と考えるものを押しつけるならば、仕事や施工の完成度が高くなり長持ちしたとしても、建築家は即座に滅びるでしょう――この建築家が簡単に良心のないやっつけ仕事をしない限りは。

ここで問題が起きます。建築家は、唯一、質を生みだすあの忍耐の美徳と内面の冷静さを、どこに求めるべきなのか。

私はこれまでの論述に答えが示されていると思いますので、この問題に関する詳細な哲学的議論はしません。

ただ、かつての宗教的な基盤、仏教、禅哲学、キリスト教、旧約聖書などは、現在ではもはや有効ではありませんが、現代の建築家が瞑想などの祈りの練習をすれば、精神的集中の補助手段にはなるのかもしれません。建築家がこのような方法を試すならば、周囲には変人と映ることでしょう。彼は実際にロマン主義者になり、彼の考え方もロマン主義の色調を帯びるようになります。ついに彼は現代の建築家であることを辞めなければならず、最終的には存在さえなくなるでしょう。

これに対して、いわゆる建築的なものを生まれつき備えた建築家は、普遍的な感覚に対していかなる外的補助手段も必要としません。デカルト[34]以来、私たちの文明は「Cogito, ergo sum——我思う、ゆえに我あり」を哲学的根拠にしてきました。ですから、存在しない者は思いません。感激だけに由来するイメージは通用しません。逆に、理性に由来する感激は創造の力になります。

ひとつの建物の完成までに付随する膨大で合理的な熟慮、つまり建築家は考えることができなければなりません。建築家の芸術性とは、確固とした理性の根拠の上に、彼の手で形の美しさを作ることなのです。

古代ギリシア人はヨーロッパの思考の大きな基盤となりました。私たちは折りに触れてパルテノン神殿について述べましたが、ギリシアの美学を生みだしたのは彼らの理性であること、そして彼らの節度ある自由が美しい形の仕事に結実したことを感じました。芸術は神秘ではなく、現実を超えた夢のようなものでもなく――理性を許す感覚の自由さに基づき、そして何よりも広大な地平を伴う理性を願わなければならないのです。

イマニュエル・カント[35]は、彼の認識論に基づいて次のように述べています。

「私の精神は自然のかたちである。精神は、丸いかたちであり、そのなかで自然は秘密の契機によって現れる。――この形無しでは、自然は存在し得ない。この精神的な形は、本質的な力を意味し、とても巨大で、おそらく自然よりも巨大な力である。自然は私たちが知り得ない原因によって呼び出され、この形のなか、いいかえれば私たちの精神すなわち純粋理性の範囲に入ってくる。ゆえに私たち自身の最も深いところの存在は、質量ではなく、純粋に精神的なものである。これはまさにひとつの奇跡であり、その秘密の奥深いところの魔法のような力、たとえば、芸術が目覚めさせられるのを待ちつつ眠っているのである。しかし私たちは、この魔法を、理性の監視無しにやみくもに支配させてはならない。私たちは狂気や熱狂に陥るからである。[36]」

芸術家が哲学的研究を深め、また特殊な哲学で自分の位置を知ることは、結局さほど重要なことではありません。彼は、目の前に疑いが現れ、精神的な苦悩を味わえば、現在でも昔の芸術家のように、世界観の根拠を自らのうちに見つけ出すことができるのです。そして彼は、昔の偉大な芸術家が彼の思考と感覚の中心、つまり彼らの力の源泉の基盤を、自らの思考と感覚以外には求めなかったことを発見するのです。

美しさは、建築の特別な状況に由来します。

プロポーションとその質です。

訳註

1　IV章註5参照。

2　ローマ皇帝カラカラ（186–217）の治世に、212—216年にかけて建造されたことからカラカラ大浴場といわれる。

3　アハメディエ（アフメドI世、Ahmed, 1590–1617）、オスマン帝国第14代国王として1603—1617年在位。アハメディエ寺院は、白地に青の色調が美しいため「ブルー・モスク」として有名である。

4　V章註33に同じ。

5　V章註34に同じ。

6　アンリ・ルソー（Henri J. F. Rousseau, 1844–1910）、フランスの画家。22年間税関に勤めながら日曜画家として作品を制作したが、ルソーの死後に高い評価を得る熱帯のジャングルなどをモチーフにした幻想的な作品の多くは、退職後の晩年に制作された。

7　ファン・ゴッホ（Vincent van Gogh, 1853–1890）、オランダの画家。個性的な性格のために、パリに出てからも印象派のメンバーや周囲の人間となじめず、「ひまわり」をはじめとする制作に没頭した。後年の高い評価にも関わらず、生存中に売れた絵は「赤い葡萄畑」（1888）1枚だけであった。

8　IV章註8参照。

9　エリアス・ホル（Elias Holl, 1573–1646）、アウグスブルクを中心に建築家として活躍した。1602年にアウグスブルクの職工長となったが、1629年に公職を失った後は町の測量技師として働いた。代表作はアウグスブルク市庁舎。

10　カール・エルンスト・オストハウス（Karl Ernst Osthaus, 1874–1921）は、1906年に、ポスト印象主義、表現主義をコレクションしたフォルクヴァンク美術館（Museum Folkwank）を開館し、ハーゲンの美術コレクター、同時代の建築家、芸術家のパトロン的な存在として活動した。1920年に、タウトはオストハウスが計画していたフォルクヴァンク学校の計画案を作成している（註14参照）。

11　アンリ・ヴァンド・ヴェルド（Henry van de Velde, 1863–1957）、ベルギーの建築家で、アール・ヌーヴォーからモダンデザインへの転換期に、作品と思潮とによって時代を主導した。

12 Ⅳ章註10参照。

13 Ⅳ章註17参照。

14 1920年に、タウトはオストハウス（前掲註10参照）の依頼により、「フォルクヴァンク学校の構想図」を作成した。

15 Ⅰ章註4参照。

16 アドルフ・メンツェル（Adolph Friedrich Erdmann von Menzel, 1815–1905）、19世紀ドイツロマン主義を代表する画家のひとりであり、ベルリンを中心に活躍した。

17 王立イギリス建築家協会（Royal Institute of British Architects, R. I. B. A.）は、科学などさまざまな分野との連携を通して、一般の建築を促進することを目的として1834年に創立された。

18 アメリカ建築家協会（American Institute of Architects, A. I. A.）、1857年に創立。タウトは1932年に名誉会員になった。

19 Ⅳ章註11参照。

20 チャールズ・アシュビー（Charles Ashbee, 1863–1942）、イギリスの建築家、デザイナー。ギルド・オブ・ハンディクラフトを創設するなどして、アーツ・アンド・クラフツ運動を継承した。

21 M・H・ベイリー スコット（M. H. Baillie Scott, 1865–1945）、イギリスの建築家、インテリアデザイナー、都市計画家。アーツ・アンド・クラフツ運動を継承するとともに、郊外都市住宅の原型、ガーデンシティ建設に関わった。

22 アーネスト・ニュートン（Ernest Newton, 1856–1922）、イギリスの建築家、王立イギリス建築家協会会長を務めた。

23 レイモンド・アンウィン（Raymond Unwin, 1863–1940）、都市計画家。労働者住宅の改善を提唱し、新しい都市生活形態を計画した。

24 雑誌“Asia”（Vol. 34, No. 3, 1934）。タウトは日本滞在中に記事を読んだとある。［『建築芸術論』訳者註によるが雑誌を確認できない］

25 ケマル・アタチュルク（Kemal Atatürk, Kemal Mustafa Pascha, 1879–1938）、オスマン帝国の将軍からトルコ共和国初代大統領となり（在任1923―1938年）、トルコの欧化政策を推し進めた。その政策の一環として、ドイツから建築家を招聘し、アンカラの新首都計画や教育施設を建設するなかで、ハンス・ペルツィッヒ（Hans Poelzig, 1869–1936）の後任としてタウトが招聘された。またタウトは、1938年にアタチュルクの葬儀場を設計した（85―86頁参照）。

26 タウトの友人は特定できない。

27 ギリシア神話に登場するすぐれた工匠で、クレタに迷宮を作りそこに捕縛されると、息子のイカルス（Ikarus）とともに人工の翼を作り脱出したが、太陽の熱で蠟が溶け、墜落した。

28 アルフレート・メッセル（Alfred Messel, 1853–1909）、ベルリンを中心に活躍し、広いガラス面を取り入れたアパートや商業建築を手がけた。タウトは１９０６年のヴェルトハイム百貨店改装に関わっている。

29 小堀遠州（政一、1579–1643）、安土桃山時代から江戸時代初期の大名。茶人としてはきれいさびといわれる遠州流を確立し、建築家、作庭家でもあった。タウトが滞日した昭和初期には、桂離宮の設計者とされていたが、現在は確定されていない。タウトの多くの言説において、遠州は理想の建築家として扱われている。

30 小堀遠州による３つの要求は、あくまでも伝説であり、タウトは、現代建築家のむずかしい社会的立場と比較する意図でこの話を引用した。タウトの言説に初めてこの話が登場するのは、'Plastik und Malerei in der modernen Architektur'「建築における彫刻と絵画」（岩波書店タウト資料、１９３３年８月）である。

31 ブルーノ・シュミッツ（Bruno Schmitz, 1858–1916）、ドイツの建築家。ライプツィッヒの「国民戦勝記念碑」は、１８９８年に建造が開始され、15年後の１９１３年にヴィルヘルム２世によって落成式がおこなわれた。

32 前掲註28参照。「神経熱」（Nervenfieber）は、ストレスを原因とする心因性発熱と思われる。

33 建築家の建築物に対する要求の意を示すと思われるが、１９３３（昭和８）年から１９３６（同11）年までの３年半を日本に過ごしたタウトは、その間建築家としての仕事には恵まれなかった。しかし自ら「建築家の休暇」として、本書をふくむ多くの言説を著し、工芸の世界でも多くの作品を残した自らの体験とも考えられる。

34 デカルト（René Descartes, 1596–1650）、フランスの哲学者、数学者。近世哲学の父といわれ、方法的懐疑や二元論を展開した。解析幾何学の創始者でもある。

35 イマニュエル・カント（Immanuel Kant, 1724–1804）、ドイツの哲学者。根本の精神において、あらゆる権威を批判する批判哲学を確立し、近代哲学の祖といわれる。ケーニヒスベルク（現在ロシア連邦、カリーニングラード）を同郷とするタウトはカントを敬愛し、日記

に「最高の東プロイセン的大気」であると評している。(「日記」(V章註26参照)1934年8月27日)

36 カント(前掲註35)の認識論からの引用であるが、タウトが引用した原典は特定できない。

VII

社会、そしてその他の芸術との関係

建築と社会との関係、たとえば国家やさまざまな団体、そして一般大衆との関係は明らかに広範にわたります。ほかの芸術作品に比べて、建築は人の眼に常にさらされ、街並みや公共に属するというだけではなく、その寿命もまた非常に長いからです。建築においては、作品相互の作用が大きな役割を果たします。都市の美しさは、主として建物のアンサンブルから創り出されます。新聞にあるコンサートや展覧会批評と比べれば建築批評はわずかですが、建築は等しくすばらしい社会的芸術であり、人々が現実的に建築に向ける感心は、絵画、彫刻作品、音楽作品——ときには文学に向けるよりも強いのです。小説は、出版されたときの反響が大きくても、10年を経てだれも読まなくなれば文学的価値がないと評価されます。しかし大規模建築物は、竣工時に大きな反響があり、その後建築として適切ではないことが判明しても、白日の下に存在し続けるのです。大勢の人がそれを眺め続け、50年、１００年あるいはそれ以上にわたり何もすることができません。この醜い石の塊が、すさまじい記念碑をさらに超えてそびえるのです。そのような醜さからなる都市は不運に遭遇したとしかいえず、耐えがたい長い間、だれもその不運から救うことができません。

建築ができあがる過程においても、社会と関わる特性はほかの芸術より大きなものです。はじめに建築家の事務所に直接の補佐が置かれ、技術的な器機のすべてと技術上の共働者、見積事務、現場監督事務所、さらに企業家、あらゆる種類の職人から未熟練な大勢まで。これほど多くの人力と巨大な資金がひとつの芸術作品を成立させることは、ほかの芸術にはみられません。大きなオペラ作品は資本と個人の巨大消費を伴いますが、それでも建築に比べれば小さなものです。

建築はただ芸術としてあるのではなく、密接に社会に関わります。その実現自体が社会的であり、建築はその意味においても完全に共働の芸術なのです。

この事実は、かつては規則に示され、それについては継続性もしくは不変性のなかで述べてきました。

今ではその痕跡をみつけることさえできないため、だからこそ建築の社会性や共働性といった特性を語るのです。建築が継続するものであることは昔は当然のことでしたし、不変であることも同じでした。

私たちが今、建築と社会との関係を考えるには、結局建築がその存在根拠、不変性を与えられることを明らかにするしかありません。不変性がなくては、大勢の人が信念を持って大規模な建設に関わり、またこの建築が長く継続して存在する質を充分に維持することは不可能だからです。

そこではじめに場合によりますが、一般的に拘束力のある見解、慣習、つまり建築自体を成り立たせている建築の客観的根拠について構築することです。これについては、技術、構造、機能の章で試みました。

次の問題は、活気を得るためにはどの条件が質に必要なのかということですが、これは建築の直接の関係者ではないすべての社会に関わります。建築についての見解を確立することは、その見解をだれも知らなければ、建築の質を求める方向がわからないという点では第一義的なことです。しかし新しい建築を実現する場合、この見解に従わざるを得ませんが、質を生みだすためには意志を強くしなければなりません。この場合、社会は代理人を通して積極的に働きかけてきます。

そこで、社会は建築家たちに、どのような要求をすることができるのかという問題が生じます。建築家が、あらゆる要求を実用性と経済性から満たす努力をするのは当然のことです。また、芸術としての建築に固有の特性は、この努力なくしては確かに存在し得ないものですが、実用性の要求が満たされること、もしくはそれが大半を占めれば、プロポーションの芸術はかなりぼんやりとしたものになるでしょう。

時折この事実が認められなくても、社会はそのことを本能的に知っています。重要な建設に際しては、大衆の興味が議会の演説や新聞記事に向けられることに明確に現れています。実際に対象が目立つものばかりでなく、普通の人でも自分の家や隣の家を、気分に応じて侮辱したりほめたりすることは日常的なことです。

外部、つまり素人や社会から、建築家への要求が持ち込まれることは歓迎すべきです。実際に外部から持ち込まれた要求は、素人が芸術、とくに建築について何を考えているかを伝えるからです。ただこの要求は、建築家の仕事を後押しするように思えますが、しかしたいていの倍は逆です。建築家に敵意を抱いた要求や要望が、彼の仕事をめちゃくちゃにするような可能性があり、建築家は個人的に苦悩したとしても、それに対して不平を言う理由がありません。建築の問題に関する見解の混乱は、結局すべて建築家に帰ってきます。建築家に要求されたキッチュな要望は、建築家としての専門性と彼の仕事がおかれている状態のまさに鏡だからです。そして最終的に、素人が建築家に差し出したスローガン、そこに彼がかつて自ら宣伝したものをしばしば見ることにさえなるのです。

この課題は建築家に限って考えるべきことではありません。すべての仕事、学術、手工業、もしくはそのほかの仕事であっても、本来果たす必要のない要望を満たして仕事をしたとたんに、仕事の価値の一部を見失います。学者のいわゆる厳密な仕事の場合は、判断根拠を説明させられますが、とくに純粋に実用的なエンジニア、機械技師そして手工業者の明確な仕事では、信頼が置けないことがすぐにわかってしまいます。技術者は、不可能なことを素人から指示されれば、その責任を回避するでしょう。手工業者も同じです。権力のある国家の代表者からだとしても、治療方法に口出しさせる医師はいません。

しかし建築が芸術を問題とする限りにおいて、ことはそれほど単純ではありません。実用的な問題であれば比較的簡単に解決します。それは理性的に把握できるからです。しかしプロポーションについては、そのようにはいきません。

ところでプロポーションの美しさのなかにその質を持つ建築は、完璧なプロポーション以外の何かを達成することができるのでしょうか？

建築は何を表現できるのでしょうか？

建築もほかの芸術と同じように芸術家の個性によることは確かですが、まず問いかけてみたいと思います。詩人、画家、音楽家、ダンサーなどと同じように、建築家も個人的な気分を表現できるのでしょうか？　そもそも、建築家にそのことが許されるのでしょうか？　たとえば、ある建物が、喜び、痛み、嘆き、そして深い悲しみの気分を、芸術的内容にできるのでしょうか？　建築家が彼の個人的な気分から、住宅、学校に、個人的な痛みや喜びを表現したならば、彼は笑いものになるでしょう。[1]

建築は、個人的表現を許さないことで、ほかのすべての芸術から区別されます。ほかの芸術が主観的な情緒的内容や主題を、絶対に持つとはいえませんが、文学、絵画、彫刻そして音楽は、ほとんど内容に関連づけられています。それに対して、建築は抽象の芸術といわれ、建築自体に矛盾をふくむことは、V章で述べたとおりです。[2]　建築はせいぜい中庸の芸術という程度です。

主観的な気分を超越した偉大な作品としては、たとえばバッハを例にすると、その音楽は、人間の思考や感覚として耳を傾けられるのではなく、人はただ音色とハーモニーを聴いています。そして建築は、「凍れる音楽」[3]といわれるように唯一同じ特徴を持っています。まるで音楽が凍ったように、その形態はじっとして動きません。偉大な作品の例外のなかでも音楽だけが、主観的で超越的な性格を持つためだとすると、その表現は間違っています。むしろ音楽は、主観的情緒にまったく調和しています。ずば抜けた楽曲作品は、歓喜、喜びそして嘆きや悲しみを押し出し、描写どころか、自然の情緒を描写する主題や標題音楽の特別な内容まで表現します。対して建築は、そのようなことを許容しません。建築家が何か青春の感激を、彼の建築に心の叫びとして表現したいと考えたとき、それはキッチュなものになるにちがいなく、また詩人のように彼の悲歌において不運な愛で張り裂ける心を、建築作品に表現しようとすることも言わずもがなでしょう。

美しいプロポーションは、数量の世界に似ています。建築家のゆったりとした心は、その建築自身があるべきように完成されたところに示されます。しかし、日常の主観的体験や気分に心動かすすべての建築家には、美しいプロポーションは閉ざされたままです。スィナン[4]が偉大な建築作品を老齢にいたって創造したように、建築家の成熟が晩年になる理由はそこにあります。

以上のように、芸術家個人からはじめた考察によって、芸術家の作品に本来ふくまれないものを持ち込むことはできないこと、彼の才能にふさわしい客観性をもって、予感のある課題に形を与えることだけができることが示されました

ところが建築家は、主観的感情を「表現」できると主張しました。市庁舎に都市の誇りと富を、劇場建築に崇高な喜びを、校舎に子供への愛を、住宅に心のこもった暖かさを、そしてとりわけ国家の力とその偉大さを巨大な建物、政府——議事堂などの建物に。建築家は、建築の美しさを讃辞する詩人のような表現方法で、叙情的な言い回しを使いました。建築家がいう集団の表現、政治やそれ以外の理念もそれに属します。その理念は、強いプロパガンダの結果、建築家の側が世間を信じたその段階までに、建築において表現し得ること、またすべきことでした。建築家が世間からの要望と要求とによって頭を悩ませるのは驚くことではなく、もとはといえば自らが引き起こしたことだったのです。

そのほかの点では、この現象が諸芸術と相互に最良の関係にないということがあります。偉大な音楽家が非常にキッチュな住宅を建て、住まいに家具を取り付け、多くの建築家たちは音楽が理解できず、そして著名な画家や彫刻家が建築に対して特別な理解があると期待すると、道を間違えるのです。芸術家独自の作品が、芸術家によって奪い去られるのは意外なことではありません。残念なこと

に、一般的に芸術理解者全般にとって、造形芸術を解釈することは、文学の解釈、しかも最もすぐれた文学にときおり認められる解釈と同じなのです。芸術家やその作品をテーマとした小説から、芸術家ではない人が芸術についての見解を構築します。彼が芸術家たちの苦しみや喜びを解説し、自ら古典的な文学において、芸術がその主題に関わる生活や自然を描写することを良く目にします。ある画家について古代ギリシア人は、絵の葡萄の房が非常にみごとに描かれていたため、鳥がその果実を楽しむために飛んできた、と書くことに取り組みました。それは、この詩的決まり文句が想像させるほどキッチュなものではありません。しかし芸術についてのこの愚かな考え方は、文学のなか深くまで入り込み、芸術をそこねるプロパガンダとしての効果を持っているのです。

そのような文学的な吐露によって、素人はさらに考えます。もしも画家や彫刻家が、動物のような食欲を覚醒させるならば、建築家もそのような感覚を作動できるのではないか、つまり「抽象の芸術」である建築は、なぜ超越的な理念や感情を表現できないのか？　文学においては、ゴシックの大聖堂の塔は「天に昇るため」ではなく「魂を上方へと動かす」ものであり、また同様にギリシア神殿は、それ自体が崇高なのではなく、神のような幸運や何かしら超越的なものと見なされます。このように考えると、大聖堂とギリシア神殿の設計者は、継続的に陶酔状態にあったことになり、確かにこの建物を設計した当該者だけでなく、この形態を創造したすべての先駆者や、それらを数百年にわたり発展させてきた継承者たちもそうであったに違いありません。

前述のことは、現在の建築が、これまでに一度もなし得ないことを何かしら要求される場合の説明には役だちます。競技設計では、次のような文章がよく見られます。新しい建物は、当該の都市、もしくは当該国家の偉大さと力を表現すること。そして建築についての理解が乏しくなるほど、審査において意見を述べ、新しい建物を批評するときには、この文言にしがみつくようになるのです。

建築の質と、建築家に必要な内面的謙虚さにとって、これほど危険なことはありません。新しい良い建築を創造しようとする、誠実な建築家への大きな妨げでもあります。ある人物が、新しい大変良く完成されたコペンハーゲンの住宅建築を見てほめたとき、同行した評論家ハンゼン[5]に、「これはデンマークの国民性を示す建築ですね！」といったそうです。ハンゼンは「良い建築はすべて国民的なものですよ。」と答えて、――しばしの沈黙の後に付け加えました。「しかし国民的な建築というのはどれも、ひどい建築ですな。[6]」

そこで思い出されるのが、中国の美しく古い伝説です。思考の純粋さ、簡素さ、冷静さにおける高い精神性によって、支配者の理想とされる黄帝[7]が、高価な真珠をなくしました。荘子[8] [Tschuang-tse] によれば、黄帝は真珠をみつけるために、まず「知」を使いに出しました――しかし成果はありませんでした。次に「洞察」を送りましたがやはり無駄でした。また「能弁」もみつけることができませんでした。最後にそれをみつけたのはだれだったでしょう？――「無意」でした。

これまで特定の建築傾向を目指すべての意図は、形式のなかで行き詰まったままです。建築家の思潮が問題である限り、以前のグループの方向、たとえば古典主義や中世から歩み出ることは、建築家の基盤となる歴史様式を確かに無視する傾向です。しかしまた、建築家は建築の合理的要素からある独自の現象を選び出し、彼のさまざまなイズムや「新即物主義」[9]までを持ち出し、「時代様式」を宣言したのです。建築家はその原理において先人たちの傾向を区別したのではなく、古い様式を新しい様式、つまり彼らがもたらそうとした様式に置き換えたに過ぎません。何という形をした建物なのかという建築の非本質的なことを説明し、プロポーションにはるかに優れた位置を割り当てるという建築家内部の声は、ばらばらなものに過ぎませんでした。

建築に興味のある一般人たちが、口々に「国家的な建築」を要求するならば、彼らは建築家の傾向に従って別の基準を繰り返しているに過ぎません。彼らはすべての国々の過去の歴史的様式形態に、新しい国民的建築の基盤をみつけました。たとえばイタリアのファシズム建築[10]です。しかし、現代的もしくは旧来の手段であっても、それを建築家の責任に帰することは、最終的には大失敗に至るものです。結果的に実現できないからです。国民的中国建築、国民的日本建築、国民的英国建築などといわれますが、そのすべては、古い様式形態の衣装を纏っているに過ぎません。比較的良く完成した細部の繊細さに、まれに建築家の才能を見ることがありますが、国家的な意図が現れた途端に、過去の形態とそれを刈り込んだだけの現代建築の本質との対比が明確になるのです。

しかし幸いなことに、社会の代表者が、皇帝のものは皇帝に、そして建築のものは建築に与えよ、という立場に立っているということは、単なるユートピアではなく、確かにそこに現象として存在しています。ある実質的な分野で大きな業績のある人物にとって、この考え方は前提条件の単純な類似、彼が業績を成し遂げた前提条件に由来するのです。

国家はそのような前提条件下で、建築の発展に貢献することができます。何らかの精神的な業績に成功するためのキーワード、それは自由です。もちろん拘束がないという意味ではありません。プロポーションそれ自体が、一定の限界のなかで制限し分割することなのですから、建築とは矛盾します。[11]

建築家が、現実的な限界のなかで自由を手に入れるほど、その仕事はより良くなるはずです。ことは非常に簡単になります。つまり、一度選んだ建築家には可能な限り自由に仕事をさせるだけでなく、必要な援助も実現するのです。前に述べたように、建築批評にもいっそう完全な自由を与えなければなりません。建築批評は、適正に建築家を選ぶことにも、教育にも大きな効果を持つといわれます。的確な分析を通して、質の悪い建築の誤りの原因を明らかにするからです。

このような道筋の終わりに優れた建築が生まれ、そのような建築は人びとの願いとも一致するものに違いありません。ある地域特有の前提条件を考慮すること、世界的な流行を超えて建築を細分化すること、それはここで必然的な結果として詳しく述べたように、今日の不明瞭なイメージとあいまいな概念のなかで、国民的建築が求めるもの以外の何物でもないことを意味しています。良い建築はすべて、国民的であり得るのです。

もちろん、そのためには多くの時間が必要です。またその途上の実験では、耐えなければならない経験もあるでしょう。しかし充分な自由が与えられていれば、道に迷ったことが判明したときには自ら修正するのです。ある構想をみつけること、それは建築の確固とした基礎をみつけることですが、簡単なことではありませんし長い時間を要します。そのためには、人間の寿命とは異なる時間の尺度で計算しなければなりません。

社会は建築にたいして、このこととは別に、さらに高い関心をもっています。この論考のはじめに、建築のイメージ言語が、哲学、宗教、政治の発言に良く認められることに言及しました。現実的にまともな建築がひとつもなく、ひどい建築だけが建設されていると仮定すると、もはや何も、つまり国家や学問、哲学的なものやさまざまなシステムを「構築」することができないのではないでしょうか。プロポーションの領域で建築を生みだしている形態の象徴がそこにないとしたら、混沌とした始原の状態、政治、道徳そしてさまざまな意味における全体的な無政府状態が支配するでしょう。

むろんそのような状態にはなり得ません。芸術無しではすまないからです。人間は感覚のコンパスを、たとえそのコンパスが使い古されたものであっても必要とします。

人間の感覚がすべての領域の美しい秩序、部分や構成に対して、より明確に、そして調和的でなければならないことは理解できるはずです。そして建築によって、より強く新鮮に、プロポーションの純粋さが眼前に示され続けるのです。

前述の意味において、その他の芸術家、画家、彫刻家も社会に属しているのですが、一般には建築とそのほかの芸術とは密接な関係にあるとする見解があります。

多くの彫刻や絵画が付随する古い建築作品の研究が、この見解を導きました。しかし、画家と彫刻家の活動がほぼ彼らのアトリエのなかにあり、建築に依存しない私たちの時代は、事情が違うということを証明しています。現代の画家や彫刻家が、かつての建築様式で建築に参加すべきだと要求することは、純粋な理論的要望に過ぎません。もしくは要求のほとんどは、画家と彫刻家が彼らの貧しい存在を回復するための、単なる経済的な事情に由来することを示しています。

単なる要望と意図だけでは、何もなし得ません。際だって彫刻と絵画を多用する建築様式は、本来「バロック」ということばで特徴付けられています。ヨーロッパやアジアのバロック、インドや東アジアの仏教寺院のように——至るところに彫刻家や画家が関わっていますが、彼らは現在のようなアトリエ芸術家ではなく、職人なのです。彼らはさまざまな技術に精通していることに加え、仕事に関わる間、その建築様式の内にあります。建築家はいつの時代も、自由に装飾させる場所を準備するだけで、装飾、彫刻、漆喰の天井装飾、絵画などの職人芸術家たちがその建築を損なうことや、建築的効果を壊すことはないと確信していました。

現在のようななめらかで平坦な空間や建物に、何かを描かせることとは違うのです。それはまるで、寸法、技術、様式において、まるで窓ガラスに貼り付けた子供の移し絵[12]のように浮かんでいます

（図99）。姿を写した彫刻と建築（図100）の間には、食い違いが生じます。彫刻家はもはや石工ではなく、同じように板絵画家はフレスコ画の技術を知らないからです。画家と彫刻家の芸術的な問題は、芸術家それぞれのつながりが自由になったことです。すばらしい画家や彫刻家の業績――セザンヌ[13]、ファン・ゴッホ[14]、ピカソ[15]、ノルデ[16]などやマイヨール[17]、ロダン[18]、バルラッハ[19]などは、建築から離れたところにその価値があり、彼らが昔の職人のように働くのを見たいとは、もはやだれも思わないでしょう。このことは、ほかの芸術を参加させず、芸術家を建築から離すことです。しかし彼ら芸術家の作品が空間や家の近くに置かれるのは、個人的な趣味によるアレンジであり、家やその空間はそのことによる影響を受けません。

　しかし、フレスコ画や彫刻のさまざまな材料など、一定の技術を大切にする優れた芸術家については事情が異なります。この場合、建築家との連携が可能になり、いくつかの成果も達成されて

図99　バイエルンの郵便局　カール・ハインツ・ドリンガー　関係のないファサードのフレスコ画　1935年頃

います。たとえば彫刻では、ゴシックの彫刻が近い例です。建築の線の焦点、たとえば正面入口の尖塔アーチが垂直に上昇するところ、彫刻のない箇所の斜めの線、大聖堂の雨樋〔ガーゴイル〕や入口で唐突に終わる彫像——この線の焦点は、際だった彫刻に明らかに集約することがわかります（図101）。しかしこのような事例は、今日では大変まれです。

現在は、造形芸術が建築から切り離されていても、建築は芸術の母であるということは、偉大な事実であり続けています。プロポーションの芸術としての建築は、事物の美しい秩序を使命として、また生産的な芸術として生きているのであれば、絵画や彫刻を建築物の内外に配置すること、また記念碑を通りや広場に配置することも使命なのです。

美術史の例によってよく考えてみると、働き盛りの建築家が画家と彫刻家に利益だけをもたらすことは明らかです。

まず芸術的なものと精神的なものですが、ルネッサンス時代の偉大なフレスコ画とジョット[20]、ミケラン

図100　帝国党大会会場
関係のない彫刻　ニュルンベルク

図101　ドイツ交通連盟の室内レリーフ　ルドルフ・ベリング
ベルリン　1929年　図53内部

ジェロ[21]について考えてみましょう。偉大で有名な絵画は、計り知れない影響を与えましたが、薄暗い場所にあってはっきりと見えませんし、しっかりと観察するためにはかなり肉体的な負担が伴います。私は中国の寺院で、同様のすばらしい壁画を充分に調査する機会や、また日本最古の有名な仏教壁画も見る機会を得ましたが、ともに薄暗い場所にあったため、ほとんど見ることができませんでした。ろうそくの灯りを頼りに見る祭壇も同じで、教会堂のなかの価値ある彫刻や東アジアの寺院も同じです。価値ある芸術作品が、かつては遠くからの視線と明るい光にさらされることから隠されたのは、現在の私たちには奇妙に思えます。神秘的で宗教的なこの現象についてここでは問題にしませんが、建築の観点から見ても、ここには壮大な考えがあるのです。強い芸術の力を与える芸術作品は、建築空間から身を引きます。そのような作品がうるさく登場すると、それらは建築を壊し主観的な領域へと押しやり、中庸であるべき純粋な段階のプロポーションを完全に閉じ込めてしまうからです。そのような芸術作品は、暗闇に潜り込んでいても寺院や教会堂への訪問者を発見へと駆り立て、建築のプロポーションを純粋な領域へと高め、訪問者の個人的な悩みや喜びがそこで終わった後で、とりわけ彼らの期待に報いるのです。

日本の古典的な建築の彩色された紙の壁とドア［襖］が、控えめでわかりやすく扱われているのも似た理由からです。白い生地はそこから輝きでるものを浮かび上がらせ、静けさのなかで草のマット［畳］の上に腰を下ろしていると、ゆっくりその光を増していきます。

額縁入り絵画を自由に壁に掛ける最近の傾向は、芸術が互いに退廃したことをはっきりと示しています。建築がその力を失うことによって大衆に広がりました。絵を掛けることに対して、ようやく最近は批判するようになりました。しかしこれは、単なる趣味の問題ではありません。昔の聖遺物箱[22]はときおり開帳されるものでしたが、現在のヨーロッパからなくなってしまいました（図102）。ところが日本の住宅では、今でも絵画用の龕［がん、ニッチ］、床の間があり、床の間はその究極の世界として、どのように絵画を掛け、彫刻そしてそのほかをあてはめるべきかについて、絶対的な解決を示します（図103）。教養のある人は、好みや時節に応じた巻き絵［掛け軸］を床の間だけに掛け、床の間のなかだけで、掛け軸の前に絵にふさわしい植物を配置した花瓶［生け花］を置き、またそこのなかだけに香煙の器［香炉］、ときに彫刻の形をしたものや彫刻そのものを置きます。床の間は芸術と芸術の連想の場であり、時々の要望に応じて、わずかなもので空間と雰囲気を変えるのです。日本の空間には特別な装飾はなく、古典的な住宅の空間は完全に中立で、壁、天井、床のプロポーションによる純粋さ以外に芸術的なものは何もありません。その中立性が、床の間の多様な方法による影響をためらうことなく許容するのです。床の間は、芸術の境界と意味を、卓越した方法のなかで明確にします。つまり建築は、そのプロポーションの戯れが可能な限り中立であるときに美しく、彫刻や絵画は、その作品が住人の精神や感情と近い関係にあるときに美しいのです（図104）。芸術家が彼の作品がどのように使われ、様式と技術に従いどのように調整するかを知っていることが、絵画や彫刻の質にとって必要な基礎です。ある絵画を見るために床の間に歩み寄るのですから、大きな効果を作る必要はありません。美術展覧会のセンセーショナルな作品が、いかに喝采と名人芸を

図102　中世イタリアの蓋付き聖遺物箱

図 103　日本の床の間

持って描かれたとしても、この場所ではひどいいかものになるのです。

床の間は住宅の一部であり、ゆえに建築の創造物です。床の間は、ほかの芸術に多大な効果を及ぼし、それはほかの芸術が到達し得ない例でもあります。芸術作品を取り付けるか否かの解決は、建築家の課題であり、建築家はそれを床の間から最大限に学ぶことができます。

建築はまた、その他の面からもほかの造形芸術を援助しますが、それは建築自体がさらに発展できたとしたらです。それは、基本的な線や形態の光による歪みや変形に関して、研究されることから生じると私は思います。IV 章で述べたように、さまざまな国の光が歪みや変形を引き起こすからです。また同じ章で述べた

図104　ブローニュ市庁舎（セーヌ州）　トニー・ガルニエ　1934年

「中間音」[23]は、特色のあるものや曲線、それに類するものだけからではなく、なめらかな平面のほかにざらざらした面からも生じます。しかしざらざらしていれば良いのではなく、ざらざらしたものが形に、いいかえれば装飾になります。ここから自然に、道は再び彫刻と絵画へとつながります。建築に彫刻と絵画が必要であれば受け入れ、また画家や彫刻家は、もはや建築家の尊厳のもとで彼らに従うことはありません。彼らは装飾を、何かしら質の悪いものであるとか、「高尚な芸術」の下にあるものと見なす必要はもはやないのです。現在でも、建築に関わる装飾のために、画家や彫刻家を登用することによって、彼らへの物質的な援助が生まれます。しかしここに至るのも遠い道のりです。要不要に関わらず、建築を芸術的に飾り立てることを強いるのは、待ち伏せからの不意打ちのようなものです。まずそのことによって建築家が苦しみ、その反動のなかで、建築がさらに発展を遂げるために、画家と彫刻家をやはり振り払わなければならないからです。すべての芸術にとっての新しい混乱と障害が、ここにあるのです。

こうしたことは絵画と彫刻を建築に直接連結することに起因しますが、もちろん、あちらこちらに彫刻を配置し、絵を掛けることを閉め出すという意味ではありません。

厳密に言えば、画家と彫刻家が建物への協力を見下すのはもっともなことです。彼らがその作品

図 105　ドーリス式柱頭

を、より良い質を持って制作しようとすれば、建築各部はそれに対抗するに違いありません。そうでないと、各部分には意味がないのです。しかし現代の建築のどこに、入念に仕上げられた究極の細部があるでしょうか？　すべての偉大な繊細さ、ゴシックの個性の豊かさ、イスラム・ムーア人の芸術の精巧さ、そしてドーリス式やイオニア式柱頭についてなど、それらについては考えるまでもありません。現在は建築家が、主要な輪郭と目障りではない建物を完成させれば喜んでいます。私たちの時代の建築は、そのために不格好で未熟で粗いという烙印を押され、それが事実であるということ、長い観点からの犠牲に充ちた努力だけが、その烙印から解放するということを知らなければなりません。

図106　イオニア式柱頭

ドーリス式（図105）やイオニア式（図106）の柱頭を考えると、私たちは意気消沈せざるを得ません。それは、それ自体が優れた繊細な彫刻であり、それ以上にはなり得ない完璧さです。ギリシア盛期の建築――たとえばパルテノン神殿を例にすると――その形態において完全自足しており、それゆえに彫刻も同等にふさわしいものになっています。破風下の彫像はトルソ[24]として、彫刻的な形をそれ自体で満たしています。この像は円柱の柱頭やその他建築すべての細部に等しくあって、より純粋に、より簡潔に、またより美しく作ることではないのです。

　ギリシア芸術の比類ない驚異は、次のように説明されます。神殿の彫刻は、建築の線や形にとらわれず完璧に自らの形を達成し、自ら展開して――原理的には「自由な」彫刻と同じなのです。

この驚異的なできごとを確認し賞讃しているのは、手本として模倣するためではありません。模倣しようにも、私たちにはすべての初歩的で単純な前提条件が欠落しています。

私たちの今の「建築」がとにかくどのような状態か、誠実な建築家の仕事がどのように評価されているのか、彼の苦労の価値を認め彼を社会的に優遇しているのか、ずる賢いビジネスマンや手慣れた型どおりの仕事など――とにかくすべての現実はどうなのか、実際にどのように建設されているのかは論外です。建築はその地位を下げられ、建設される多くの建物が良いかどうかは意味を成していません。無味乾燥で意味のない多くのもののなかに沈んでいくのです。

現実主義は悲観主義ではなく、少なくとも建築家にとって、そしてプロポーションの芸術を愛する少数の人びとにとっては、そうあってはなりません。

どの建築家も、良い建築への前提条件をこれ以上悪化させないために、最善を尽くそうとするでしょう。なぜなら、建築家の本性がそうさせるからです。

しかし現在は、建築を実現するには非常に困難であり、その結果、微々たるりっぱな仕事がほとんど意味を成さないことが自覚されるはずです。また現在は建築が問題の時代ではなく、せいぜい後の建築の時代の準備ができるくらいであることは明確に意識されるでしょう。

前述のなかで、建築に関する徴候のすべてが、消極的な性格です。つまり、望んでもなし得ません。何かをしようと考えても、真珠はみつけられないのです。

この消極的なイメージは、現在の一般的な状況を反映したに過ぎません。私たちの世界は、航空機、無線電信機、ラジオなどの技術を発明し、それらを介して国々と諸民族とが親密に結びつかなければなりませんが、逆に、全体的な自己分裂が地球の住人たちの魂に反映されて、彼らは落ち着きをなくしています。もっとも簡潔なモラルの規範まであきらめてしまいました。

社会と技術の発展は人間を無視し、人間は知性と感性を持ってしてもその発展を理解できないままです。考えることと感じるために必要な形式が欠落しているからです。

世界史には現代とよく似た多くの時代があり、何世代にもわたる国内外での戦いが自らを荒廃させました。しかしまさにその時代にこそ新しい文化の基礎があったのです。素材と技術の発展のなかに、すでに事実として存在していたものを助けとして新しい形態を創造し、秩序を回復することができました。偉大な現代文化の典型的な特性は、5世紀の中国、14―15世紀の足利時代の日本、日本と同じ時代のドイツ、政治的分裂状態にあった初期ルネッサンス時代のイタリアなど、それぞれの時代に創造されました。[25] 文化学の課題は、そこから現代をさらに理解するために、この関連を究明することです。なぜならば、当時は小さな規模でおこなわれたことが、現代は工業や交通手段を必然的に伴い、大規模におこなわれているからです。

この類似から結論を導くことができます。つまり、私たちが生きる時代は、新しい文化を創造するための典型的な時代であるということです。

それぞれの時代の芸術家たちは、おそらく私たちよりも簡単ではなかったはずです。彼らがその時代に創造したもの、それは人知れず咲くスミレのようなものだったでしょう。彼らの孤独さは、当時の資料が語っています。芸術家たちは互いに戦い、政治や公共の生活から注目されることもなく小さな仲間を作り、そして彼らの芸術の保護者をみつけました。やがて彼らが創意工夫したものが広まり、彼らの死後しばらくして、初めは人目につかず注目されなかった核が公式の形を生みだし、それを国家が受け入れただけでなく、それを義務として認め、感謝さえ表明したのです。この形式無しでは、国家を強化することができなかったのです。

このことは、芸術だけでなく思考の形式にも関係します。両者は必要不可欠であり、繰り返し新しく創造されなければなりません。芸術の形式は感覚にそのよりどころを与え、建築の形式はプロポーションのための感覚、つまり良い秩序、分割、そして構成のための感覚を与えます。

新しい創造のどの過程にも、静けさと隠棲が必要です。現在、優れた建物が大衆のなかに姿を消すということは、その外面的な徴候かもしれません。誠実な建築家は、彼が考え、スケッチし、調査するとき、かつて新しい文化に従事し、建築の新しい形式を求めたすべての建築家たちを、何よりも仲間だと感じるのです。

オルタキョイにて

1937年8月27日

訳註

1 関連する内容について、19世紀ウィーンの美術史家ダゴベルト・フライ（Dagobert Frey, 1883–1962）の「建築の本質規定」（Wesensbestimmung der Architektur, 1925）に建築と感情表現の問題が取りあげられているほか、フリッツ・ノイマイアー（Fritz Neumeyer, 1946–）の「建築理論の原典文献」（Quellentexte zur Architekturtheorie, München, 2002）425頁に所収。

2 V章203頁参照。

3 I章註7参照。

4 II章註23に同じ。

5 テオフィル・フォン・ハンゼン（Theophil von Hanzen, 1813–1891）デンマーク生まれの建築家で、後にウィーンを中心に活動し、「ウィーン楽友協会」（1870）の設計者でもある。

6 この話は、タウトとも交流のあったユリウス・ポーゼナー（Julius Posener, 1904–1996）（ドイツの建築史家）の回想録にも記されている（マンフレート・シュパイデル談）が、タウトはポーゼナー本人から聞いたと考えられる。

7 黄帝（こうてい、2510–2448 B.C.）、伝説では、神である三皇（諸説あるが、天皇、地皇、秦皇）の後中国を統一した聖人五帝（諸説ある）のうちの最初皇帝とされる。

8 荘子（そうし、369–286 B.C.頃）、中国戦国時代の思想家で、道教の始祖のひとりとされる。

9 新即物主義（Neue Sachlichleit）、無名性や匿名性のなかで存在する人間を冷静に観察して即物的に表現すること思潮として、第一次世界大戦後に興隆した造形美術運動。

10 イタリアファシズム建築。一般的には、ムッソリーニのローマ進軍（1923年）から第2次世界大戦中に建設され、ファシズム体勢のなかで国家体制やその理念を体現した建築を指す。ジュゼッペ・テラーニ（Giuseppe Terragni, 1904–1943）のファシスト党本部（コモ 1936）、アダルベルト・リベラ（Adalberto Libera, 1903–1963）のマラパルテ邸、ローマ大学都市が代表作で、新古典主義をモダニズムの手法で実現したかのような建築。

11　１９３７年11月６日付蔵田周忠宛の手紙で、タウトはトルコ共和国大統領ケマル・アタチュルク（VI章註25参照）からアンカラに大学文学部の校舎建設依頼を受けたと記し、そのことに関して「トルコ文化のこの新たな中心は（中略）、私にとっても喜びであり、私には芸術家としての特別な自由が与えられている。」（１９３７年11月６日付上野伊三郎宛）としている。

12　写し絵。水溶性の糊を塗った台紙に模様や絵を印刷し、水にぬらしてものに貼り付け、乾かないうちにはがして台紙の模様や絵を転写する。

13　セザンヌ（Paul Cézanne, 1839–1906）、フランスの画家。印象派のメンバーとして活動するが、印象派との理念の違いからポスト印象派といわれる画風を確立する。画面上に多視点があり空気遠近法を用いた画法は、20世紀芸術の革新といわれるキュビスムに大きな影響を与えた。

14　VI章註７参照。

15　ピカソ（Pablo Picasso, 1881–1973）、スペインマラガに生まれ、フランスで活躍した。「アヴィニヨンの娘たち」（1907）によって20世紀芸術の革新といわれるキュビスムを確立し、絵画のほかに、彫刻、工芸など多様な活動を展開した。「ゲルニカ」（1936）は、20世紀を象徴する反戦絵画といわれる。

16　ノルデ（Emil Nolde, 1867–1956、本名はEmil Hansen）、ドイツの画家。原色の多用、単純な形態を特徴とする。

17　マイヨール（Aristide Maillol, 1861–1944）、フランスの彫刻家、画家。生涯にわたり、女性の裸体像をモチーフとする彫刻を制作した。

18　ロダン（François-Auguste-René Rodin, 1840–1917）、フランス近代を代表する彫刻家。ルネッサンスの彫刻家ミケランジェロの作品に大きな影響を受け、人間の動きを誇張した独自の作風を確立した。

19　バルラッハ（Ernst Balrach,1870–1938）、ドイツの彫刻家、画家、劇作家。「マグデブルク戦没者記念碑」（1929）をはじめ、戦争の悲劇を題材とした作品を多数制作した。

20　ジョット（Giotto di Bondone, 1267頃–1337）、中世後期イタリアの画家、建築家。イタリアルネッサンスの嚆矢に位置づけられ、西洋絵画の父ともいわれる。代表作は「スクロヴェーニ礼拝堂装飾画」（パドヴァ、1305）、「ジョットの塔」（フィレンツェ、1334頃）など。

21　ミケランジェロ（Michelangelo di Lodovico Buonarroti Simoni, 1475–1564）、盛期イタリアルネッサンスを代表する彫刻家、画家、建築家。「ダビデ像」(1504)、「システィーナ礼拝堂天井画」(1508–1512) など、西洋美術史上に大きな影響を及ぼす作品を残した。

22 聖遺物箱は、キリスト教におけるイエス・キリストやマリアなど、聖人の骨や衣服などの遺品、もしくは聖人に関わるものを収めた箱。

23 Ⅳ章176頁参照。

24 トルソ (torso)、人体の胴の意味で、首・四肢のない胴体だけの彫像。

25 5世紀の中国は、宋と北魏が勢力を競った南北朝時代、14–15世紀の日本は南北朝時代を挟む鎌倉から室町時代にかけての戦乱が続いた時代、14–15世紀ドイツは、ルターによる宗教改革前の宗教的混乱と十字軍の派遣などの戦乱、ルネッサンス期以前のイタリアでは教皇派と神聖ローマ帝国の皇帝派の対立によって頻繁に戦争が起こったことなど。

解題——「タウト建築論講義」について

１．本書の成立について

本書のドイツ語原典には、次の２種類の原稿資料がある。

①Architekturgedanken oder Architekturlehre（資料番号S-No. 217　1,2）

「建築的思考もしくは建築論」と題された、タウトとエリカの筆跡が混じる２分冊の手稿。第１分冊第１—４章（１—１９５頁）、第２分冊第５—７章（１９６—３７０頁）。１９３６年末に、イスタンブールで執筆に着手し、１９３７年８月27日に脱稿（篠田英雄訳『建築芸術論』として１９４８年に岩波書店から刊行）。

②Architekturlehre　Grundlagen, Theorie und Kritik, Beziehung zu den anderen Künsten und

zur Geselschaft. Istanbul, Ende 1936, angefangen.（資料番号S-No. 239）
「建築論――基礎、理論と批評、他の芸術及び社会との関係」と題され、ほぼ同時期に着手された①のタイプ打ち原稿。本文２５６頁（扉と目次を含めて２５８頁）。

①と②の関係を示す資料はないが、本書の翻訳にあたっては、①②をともに翻訳原本にすることとした。ただし本文中にタウト自筆の図版指示番号と図版該当箇所に図版枚数を示す□の印の書き込み（図版番号は１―１０６）があることから、初版復元の根拠は①とした。

①の原題は「建築的思考もしくは建築論」と訳出されるが、本書の内容は、タウトがトルコに着任後に芸術アカデミーで講義していた内容であることと、「いずれはトルコの教科書になるはず」であるとタウト自らが書簡（１９３７年２月22日付け上野伊三郎宛）に記していることから、「建築論講義」（以下①を「建築論講義」と表記）と訳出した。

なお、「建築論講義」が成立するまでの過程などについては、既刊の『建築芸術論』（篠田英雄訳　岩波書店　１９４８年、１９６１年）訳者後記、および『建築とは何か』（篠田英雄訳、鹿島出版会ＳＤ選書95　１９７４年）の長谷川堯による解説に詳しいためここでは省略する。

（翻訳原本の資料番号は、岩波書店所蔵「ブルーノ・タウト遺品および関連資料」（早稲田大学中央図書館特別資料室に寄託）の資料番号である。）

2.「建築論講義」初版復元の意味について

１９３７年８月に脱稿した「建築論講義」初版は、１９３８年末にトルコ語で上梓された。タウトは同年12月24日にトルコのイスタンブールで死去するが、トルコ語初版が、手稿およびタイプ打ち原稿と同じ内容で完成していることと、タウトが「校正刷りに目を通していた」というエリカのメモ（１９４０年２月12日付け）から、この初版はタウトの意図を忠実に反映した内容と形式であると判断した。

以上の点を踏まえた上で、「建築論講義」のこれまでの翻訳出版経緯に触れておきたい。１９３８年末にトルコで初版が出版された後、各言語による出版経緯は次の通りである。

①『建築芸術論』篠田英雄訳　岩波書店　１９４８年

トルコ語初版は図版１０６点から構成されているが、この翻訳では図版が３分の１程度削除され76点になっている。また１９６１年の重版に際しては、図版のほとんどを差し替えたことが訳者後記に記されている。

②Architekturlehre, Westberlin, 1977, Analysen zum Planen und Bauen 8

ペーパーバックシリーズの1冊としてドイツで出版され、本文だけで図版はまったくない。

③Architekturlehre , ARCH+ 194, 2009

ドイツのタウト研究者マンフレート・シュパイデル監修。106点の図版は、初版図版の原図を収集するなどしてすべて挿入されているが、図版プロポーションや挿入箇所に若干の違いがある。初版との最も大きな違いは、本文の改行変更、ポイントとなる文章へのマーカー処理、キーワードの抽出などがあり、読み易さを優先した大幅な編集がおこなわれている。

以上の経緯から、「建築論講義」は1938年にトルコ語の初版が出版されて以来、一度も原本に忠実に、つまりタウトの意図を反映して出版されていないことがわかる。日本におけるタウトの言説の多くを翻訳した篠田英雄と、「建築論講義」を原典に近い形で出版した研究者マンフレート・シュパイデルは、いずれもが「建築論講義」をタウトの建築思想が最も明快に示された作品であると評価している。つまり「建築論講義」は、晩年のタウトが自らの建築観を集大成した内容と考えて良い。今回の翻訳ではこれまでの出版経緯と「建築論講義」の位置づけを踏まえ、トルコ語初版を可能な限り忠実に復元することを第一義とした。なお忠実な復元を目指すにあたり、欧文と和文の横書きと縦書きによる違いは、当然大きな問題点であったが、縦書き書籍の読みやすさを優先して、縦書きとしたための若干の変更点があることをご理解いただきたい。

日本におけるタウトの評価や研究は、まず「翻訳」というフィルターを通していくぶんの歪みが生じた可能性は否めない。これは言語変換の問題として、現代のどのような領域でも起こり得ることであり、本書の翻訳においても当然勘案されるべき点である。近年、学際的研究の進展により、髙橋英夫の『ブルーノ・タウト』（新潮社　1991年、講談社学術文庫　1995年、ちくま学芸文庫　2005年）のように、タウトの翻訳から派生する重要な問題を取りあげた研究も散見されるようになった。中庸等価な翻訳は不可能に近いとしても、比較的著者の意図を忠実に反映できる、もしくは反映するのが図版と文章構成ではないかと考える。1930年代から戦時にかけてのこととはいえ、日本におけるタウトの著書の多くが、タウトの意図とは切り離された事情から、図版の差し替え（削除、追加）や文章構成の変更がおこなわれたことには、タウト研究そのものに関わる意外に大きな問題が潜む可能性がある。

今回、「建築論講義」の初版復元を試みたことは、その問題への意識喚起の意味が大きい。その裏付は、筆者をふくむ研究グループが、岩波書店が所蔵するタウトの遺品資料を整理し、タウトによる撮影写真を検証した際に、タウトの文章が写真によるタウトの視覚と密接に関わる内容をふくむ確証を得た経緯にある（「平成17―19年度科学研究費基盤研究Ｂ報告書」および拙著『タウトが撮ったニッポン』（武蔵野美術大学出版局　２００７年）を参照いただきたい）。

昭和８（１９３３）年から昭和11（１９３６）年までの滞日中に、出版されたタウトの著作は『ニッポン――ヨーロッパ人の眼で見た』（平井均訳、明治書房　１９３４年）と『日本文化私観』（森儁郎訳、明治書房　１９３６年）の２冊である。タウトの離日後、そのいずれもが、戦時へと傾斜する時代を背景として、日本人が求める内容に変化した軌跡をその出版変遷が示している。このことを特徴的に示すのが図版の差し替え（削除、追加）であり、タウトの著作内容が視覚体験に裏付けられていたことを考えるならば、タウトの意図を伝達するための片輪ともいうべき図版の変更は、タウトの意図のいくぶんかを失った可能性もある（『タウトが撮ったニッポン』所収、酒井道夫「昭和戦前ヴィジュアル時代の『ニッポン』」参照）。

たとえば、日本でタウトといえば桂離宮評価と結びつけられる傾向があるが、トルコ語初版での桂離宮図版はさほど大きなものではなく、「機能」の章で論じられる桂離宮はあくまでも機能を説明するための一事例として論じられていることがわかる。その扱いは、スレイマニエモスクやパルテノン神殿以上でも以下でもない。この意味からも、タウトの建築思想の集大成というべき「建築論講義」の視覚イメージを忠実に再現することは、翻訳や解釈による歪みをいくぶんでも修正するとともに、タウトの意図の中庸な理解、研究につながるものと考える。

3. 「建築論講義」印刷をめぐって

１９３６年、タウトはトルコ共和国建国の父といわれるムスタファ・ケマル・アタテュルク（Mustafa Kemal Atatürk, 1881–1938）の招聘を受け、その地へと赴いた。１９２３年にトルコ共和国を成立させ、自ら初代大統領に就任したアタテュルクは、１９２６年以降、欧化政策を推進していく。タウトの招聘は、教育推進のための教育施設建設など、一連のトルコ共和国欧化政策に呼応したものであった。

１９２８年、欧化政策推進のための重要な基盤となる言語改革運動が始まり、アラビア文字の使用を廃止し、トルコ語の音韻にも対応した合理的なラテン文字の導入が決定される。このとき、29文字から成るトルコ語アルファベットが制定された。つまり、それまで高い印刷水準を誇っていたアラビア語活字印刷に変わり、新しいラテン文字による活字印刷が、１９２８年以降急速に進められたと考えられる（以上、菅原睦「現代トルコ語における正書法の変更」『語学研究所論集』第７号 ２００２年、および、林瞬介「アラビア文字活字印刷の普及とムハンマド・アリー時代のブーラーク印刷所」『アジア情報室通報』第７巻３号２００９年９月、による）。

そのようなトルコ共和国の状況を勘案すると、「建築論講義」の見出しの活字やレイアウトの不統一、行間の乱れなど、その初版が書籍として美しいとは言いがたい理由が推察される。「建築論講義」の刊行準備に着手した１９３７年頃は、新たな活字を導入した時期から10年にも満たない時代だったのである。

トルコ語や活字印刷の歴史について、門外漢の筆者が詳述できる問題ではない。しかし、本書の担当編集者とデザイナーが指摘した初版にみる印刷物としての不完全さは、「建築論講義」が、図らずも１９３０年代トルコの活字印刷事情までをも反映していたことを物語っているのかもしれない。

４．キーワードについて

プロポーション（Proportion）について

「建築論講義」は全７章から成るが、そのすべてを貫くキーワードが「プロポーション（die Proportion）」である。Ｉ章註６で示したように、微妙かつ多彩な意味内容を日本語の語感に無理に当てはめることを避け、あえて「プロポーション」と表記した。そのことばの内実は、本書II章「プロポーション」をはじめとする各章において、タウト自身のことばによって充分に説明されていると考える。ここでは「プロポーション」に関する興味深い指摘を紹介するにとどめたい。

建築史家ユリウス・ポーゼナー（Julius Posener, 1904–1996）は、タウト生誕100周年記念展の講演会（「タウトの遺したもの」1980年6月29日於ベルリン芸術アカデミー、『ブルーノ・タウトと現代』岩波書店 1981年、47–51頁）で、タウトのプロポーションについて興味深い解釈を示している。それはジードルンクをはじめとするタウトの建築に認められる、「小さなずれ」（kleinen Verschiebungen）についての指摘である。「小さなずれ」「小さなゆがみ」（kleinen Abweichungen）によって、あらゆるものが「実在」になると観察し、また実際の作品においてその「小さなずれ、ゆがみ」を実践した建築家タウトの姿勢を、ポーゼナーは、同時代の建築家と比して際立つタウトの特徴としている。またプロポーションに対する観察と姿勢は決してあいまいな美的理由からなどではなく、「人間を自由に呼吸させるものに対する確かな感情」（同前）に由来するというポーゼナーの指摘は、タウトの生涯とその活動を俯瞰した上での、「プロポーション」解釈に関するきわめて正鵠を射た見解といえよう。

ポーゼナーは、小さなずれやゆがみは形態的なものだけに止まらず、「日常茶飯の心配も金銭の配慮も小さなかけひきの世話も」ふくむことを加え、タウトのいう「プロポーション」の芸術としての建築」が、政治、経済、社会、文化をもふくむ理想的なバランス関係を総体的に示す理念であったと結んでいる。この見解には、第一次世界大戦後のドイツ革命（敗戦と皇帝の廃位から自然発生的なものであったとされる）のさなか、タウトが芸術労働評議会（Arbeitsrat für Kunst）の中心的存在であった特異な状況がふくまれている。大戦後まもない時期に、タウトはドイツ革命を主導した数人の革命家と接触し、ロマン主義的社会主義（romantishe Sozialismus）、無政府社会主義（Anarchosozialismus）の実現に意識を傾注していく。ポーゼナーは、この時期のタウトの活動を踏まえ、プロポーションの理念が建築を超えて、理想の社会を目指したタウトの意識の集約であったと指摘しているのである。

「建築独裁」について

「建築はまさしく専制的な独裁者であり（die Architektur ist ein tyrannischer Diktator）、建築とは、一切を支配するプロポーションの抽象芸術なのです。」

本書I章で示されるタウトのこの考え方（以下「建築独裁」と省略）は、すでに第一次大戦前に萌芽が認められるタウトの理念のひとつである。しかし「独裁」ということばについては、字義通りに理解すべきではないことを補足する必要がある。

まず、20世紀の歴史を知る現在の私たちが、ナチズムやファシズムに代表される「独裁」から連想する様態とは、まったく異なる内容であることを明記しなければならない。

タウトが「独裁」ということばを使用した記録をたどると、第一次大戦前にさかのぼる。1914年8月にケルンで開催された「第七回ドイツ工作連盟展」の年次総会席上で、タウトは「独裁」ということばを使い、前述の理念に類似する考え方を示している。後に「ドイツ工作連盟論争」といわれる激烈な議論が展開されたこの総会は、ドイツデザインのとるべき将来の方向についてだけでなく、これからの「デザイン」はいかにあるべきかを俎上に載せ、20世紀デザインの方向性を議論した初期の事例として、デザイン史上重要な位置づけにある。（以下「論争」については、土肥美夫『タウト 芸術の旅——アルプス建築への道』（岩波書店 1986年）、96—148頁の資料による。）

論争は、当時の連盟を牽引するヘルマン・ムテジウス（Adam G. Hermann Muthesius, 1861–1927）が、大量生産品の規格・類型化（Typisierung）の必要性を唱え、製品の質と雇用の安定、結果としての輸出促進を主張したことに始まる。対する連盟の長老アンリ・ヴァン・ド・ヴェルド（VI章註11）を中心とするメンバーは、「工作連盟に芸術家が存在する限り、（中略）規準あるいは規格・類型化のいかなる提案にも異議を申し立てる」として、規格・類型化による芸術家の創作意欲の束縛、もしくは個性の圧迫に対する抗議の声をあげた。論争の内容は以上のように要約される。

タウトは論争の席上でヴァン・ド・ヴェルド支持の側に立ち、「芸術的な事柄における独裁」

(eine Diktatur in künstlerischen Dingen) を表明した。それは、芸術を貫くためには、だれもが才能を認める絶対的な「独裁者」が必要であり、ヴァン・ド・ヴェルドの考え方と権威に「独裁」をゆだねることを提案するものであった。1914年当時といえども、「独裁」「独裁者」ということばに対しての反発は大きく、会場は大きな混乱に包まれたという。論争が中断した夜、ヴァン・ド・ヴェルドは、独裁の理念は自由で創造的な芸術の理念とは相容れないものであり、独裁の理念はむしろ規格・類型化に近いものだとタウトを諭したとされる。

おそらくタウトは、ヴァン・ド・ヴェルドの説諭にかみ合わぬ何かを感じ、煮えきらぬ思いを抱いたにちがいない。この論争から4年後、タウトのいう「独裁」「独裁者」は、芸術のピラミッド構造、つまり、真の芸術は至上であるという当時のタウトの考え方を基盤として、第一次大戦後のドイツ革命による混乱期に、「建築独裁」の明確な理念を形成していく。その形成には、アナキストのピョートル・クロポトキン (Pjotr A. Kropotkin, 1842–1921)、そしてグスタフ・ランダウアー (Gustav Landauer, 1870–1919) のロマン主義的社会主義、無政府社会主義の思想と、ランダウアーとの直接の接触が大きな影響を及ぼしたと考えられている。この激動の時期を経て、独自の精神的エリート意識へと昇華した理念が、本書に示された「建築独裁」である (グスタフ・ランダウアーの思想については、ランダウアーの代表的著作 “Die Revolution” (1907)、『レボルツィオーン　再生の歴史学』(大窪一志訳、同時代社　2004年) を参照されたい)。

大戦終結直後に発表された「社会主義政府へ」(『社会主義月刊誌』1918年11月26日)('An die Sozialistische Regierung', Sozialistische Monatshefte, 26, Nov. 1918)と題した一文において、タウトは新しい文化の創造を革命政権に訴え、あらゆる芸術文化施設を包含する「民衆の家」(Volks Haus)の建設を提案し、建築のもとにすべての芸術が統合されること、つまり芸術と文化による社会再生を呼びかけている。この考え方が、当時の同士ともいうべきヴァルター・グロピウス(Ⅳ章註17)によって、1919年に設立された造形学校バウハウスの「バウハウス宣言」にも反映されていることは言を俟たないが、当時タウトひとりに限られたものではなく、まさに共有の時代思潮として、若い建築家たち自身が再生するための精神的基盤であったとも考えられる。タウトの「建築独裁」のイメージは、同時期に発表された著作『アルプス建築』『都市の冠』(いずれも1919年)に、アルプスの高峰や中心的構築物を仰ぎ見る仰視性、中心の建築物から都市を構成する階層性に可視化されていると考えてよい。また同書には、クロポトキンやランダウアーが「安定した秩序を保っていた」とする中世社会に関する文章が引用されている。その引用をもとに、「生活のための闘いではなく、相互扶助を!」と結ぶところに仰視性と階層性を重ね合わせれば、タウトのプロポーションの根底を成す理念が見え隠れする。つまり本書に繰り返し登場する、建築細部の良き相互関係、建築と社会の良き相互関係、すべての相互関係、相互扶助の関係である。

タウトの「建築独裁」は、第1次大戦の敗戦による価値観全体の崩壊後に、新たな秩序と調和の再生を目指す意識の表象ととらえるべきであろう。指揮者がオーケストラを指揮するように、いわゆる「独裁者」とはおよそ無縁の芸術の指導者（Führer）、つまり建築のもとに、諸芸術を総合化するイメージと結びついた理念であった。緩やかに関連し合う総体は、何よりも個、細部への注視とその自由を前提とすることによって、プロポーションの理念にも通底すると考えられる。

5.「タウト建築論講義」翻訳にあたって

「建築論講義」の草稿にあたる「建築に関する考察」は、滞日中の1935（昭和10）年に起草され、翌年3月には脱稿した。1936年末にトルコに到着した後、タウトは草稿をもとに芸術アカデミーでの講義をおこないながら、講義内容を教科書にすべく本書の執筆を進めたと思われる。本書の翻訳にあたってはその経緯を踏まえ、建築を学ぶ学生にタウトが語りかけるさまを思い浮かべながら作業を進めた。

本書のなかでタウトが繰り返し嘆く建築状況の貧しさとは、1920年代以降、急速かつ無批判に世界的に受容されつつあったインターナショナルスタイルや、経済の論理のもとに進行する建築の高層化である。これらの建築についてタウトが糾弾する、陰りの無さ、個と細部への視線の欠如、地域性や風土の無視などの問題は、１９５０年代末から６０年代初めにかけて、建築再考の視点として建築論、ジャーナリズムが取りあげ、１９７０年代のポスト・モダンの潮流のなかであたかもスローガンのように叫ばれていく。１９３８年に生涯を終えたタウトは、建築界のその後の顛末を知るよしもない。

　しかし、タウトが長い生を得ていたとしても、本書に示されたタウトの建築観が時代を先取りしたとタウトは思わなかったに違いない。タウトは自らが生きた時代と、そこでの建築体験から、建築家として「建築」を論じただけだからである。ただ、タウトが本書を著しその生涯を閉じた後、20世紀から今日までの建築の歴史を知る私たちには、どこか預言的な印象さえ覚える。

　家族を残し祖国を去るタウトの不幸の大きさは、筆者の想像の域を超えるものである。しかし、ベルリンを離れた後、日本までの２ヶ月の旅の途上、３年半の日本生活、そしてトルコへの移住と、期せずして得た見聞を、ヴァイマール共和国時代の思想的体験と建築活動に共鳴させ、この建築論へと結実させたタウトには、改めて感謝のことばを捧げたい。タウトのことばひとつひとつが現代にもいきいきと迫り、私たちが見落とし続けているものへ視線が誘われるように思えるからである。

本書の翻訳にあたっては、I―IV章を落合桃子が担当し、V―VII章は沢が担当した。訳語の統一、訳者註などの全体的な監修は沢がおこなった。また翻訳作業を進めるにあたっては、著者が所属する東京造形大学を運営する学校法人桑沢学園の学事振興資金の助成をいただいた。

最後になったが本書のタイトル『建築論講義』をご提案いただいた建築史家、長谷川堯氏、本書の再翻訳にあたり多大なご協力をいただいた、岩波書店、早稲田大学中央図書館特別資料室、そして再翻訳の機会とご尽力をいただいた鹿島出版会と川嶋勝氏、安昌子氏に、心よりお礼申し上げたい。

2015年早春

沢　良子

ブルーノ・タウト略歴　Bruno Taut

１８８０年　5月4日、東プロイセン、ケーニヒスベルク（現ロシア連邦カリーニングラード）に生まれる。

１９０９年　現場での建築修行を経た後、フランツ・ホフマンと共同でベルリンに設計事務所を開設。第一次大戦前まで、博覧会パヴィリオンや色彩を取り入れた労働者住宅などを手がける。

１９１８年　大戦の終結と同時に芸術労働評議会を結成し、混乱のドイツ建築界を主導する。１９２１年にマグデブルクの都市建築監督官に就任し、色彩建築の実践によって物議を醸す。１９２３年、ベルリンの公益住宅建築貯蓄組合（GEHAG）主任建築家に就任、以後1万２０００戸にのぼる色彩豊かな集合住宅団地（ジードルンク）を建設する。

１９３２年　モスクワの都市計画に参加（翌年2月まで）する。

１９３３年　ナチス政権の成立直後の3月1日、生活を共にしていたエリカ・ヴィティヒ（Erica WITTICH 1893–1975）とベルリンを後にし、ヨーロッパ諸国を探訪し、ウラジオストックを経て釜山から敦賀に5月3日到着。翌4日の誕生日に、桂離宮を見学する。6月から7月にかけて、神奈川県葉山で『ニッポン――ヨーロッパ人の眼で見た』を執筆（翌年5月、明治書房より出版）。11月、仙台の商工省工芸指導所嘱託となる（翌年3月まで）。

１９３４年　5月、2度目の桂離宮訪問後に「桂のアルバム」を作成する（『画帖桂離宮』として岩波書店より１９８１年刊行）。8月1日、群馬県高崎市の少林山達磨寺（洗心亭）に居を移し、離日まで地元の工芸品指導と制作にあたる。12月から翌年1月にかけて「日本の芸術 ヨーロッパ人の眼で見た」を執筆（『日本文化私観』として翌年10月、明治書房より出版）する。

１９３５年　5月、飛騨から富山、新潟など、日本海の地方を旅行。麻布大倉邸、熱海日向邸を設計する（翌年9月竣工）。

１９３６年　2月、秋田県内を旅行。トルコ共和国からの招聘を受け、10月15日に離日。11月10日にイスタンブールに到着し、年末から「建築論講義」の執筆を開始する（翌年8月27日脱稿）。イスタンブール芸術大学建築学科長、アンカラで文部省建築局主任を兼任し、アンカラ大学文学部校舎をはじめとする多数の学校建築、ジャパニーズ・ハウスなどを手がける。

１９３８年　12月24日、イスタンブールで死去。58歳。

（沢　良子）

監訳

沢 良子 Ryoko SAWA

デザイン史・建築史／東京造形大学教授

福島県生まれ。早稲田大学大学院文学研究科芸術学（美術史）博士課程単位取得退学。主著『タウトが撮ったニッポン』武蔵野美術大学出版局（二〇〇七年）。「桑澤洋子展」（二〇〇六年）「白井晟一展」（二〇一〇年）などを企画。

翻訳

落合桃子 Momoko OCHIAI

美術史／九州産業大学美術館学芸室長

神奈川県生まれ。早稲田大学大学院文学研究科美術史学コース博士後期課程単位取得満期退学。ドイツ学術交流会（DAAD）奨学生としてブレーメン大学に留学。第一五回鹿島美術財団賞受賞。

タウト建築論講義《けんちくろんこうぎ》

二〇一五年三月二五日 第一刷発行

監訳者 沢《さわ》 良子《りょうこ》

訳 者 落合《おちあい》桃子《ももこ》

発行者 坪内文生

発行所 鹿島出版会

〒一〇四―〇〇二八 東京都中央区八重洲二―五―一四

電話〇三―六二〇二―五二〇〇 振替〇〇一六〇―二―一八〇八八三

デザイン 渡邉 翔 印刷 三美印刷 製本 牧製本

ISBN 978-4-306-04620-7 C3052

本書の内容に関するご意見・ご感想は下記までお寄せ下さい。

URL : http://www.kajima-publishing.co.jp/

e-mail : info@kajima-publishing.co.jp